한국 구전서사의 부친살해

김영희

도서출판 월인

머리말

'부친살해(父親殺害, Vatertötung, patricide)'는 필자가 '아기장수이야기'로 석사학위논문을 쓰던 때부터 관심을 갖고 있던 주제였다. 그러나 엄밀히 말해 사실상 필자가 주목한 것은 '부친살해'가 아니라 '자식살해'였다. 그러니까 꽤 오래 전부터 '왜 자식이 부모를 죽이는 이야기가 아니라 부모가 자식을 죽이는 이야기를 전승해왔을까'라는 질문을 품어왔던 것이다.

한 연구자가 어떤 주제를 선택하거나 구성하는 데에는 반드시 개인적인 계기가 있기 마련이라고 생각한다. 필자는 개인적으로 부모로부터의 분리, 독립을 제대로 성취해내지 못한 딸 많은 집 칠남매의 막내딸이었다. 다섯 번째 딸을 뒤로 하고 외아들이자 장손인 아들이 태어난 후에 세상에 나온 막내딸로서, 필자는 언제나 잉여적인 존재일 수밖에 없었다. 아들의 탄생으로 가족은 이미 완성된 상태였기 때문이다.

말 그대로 '바리데기'에 다름 아닌 정체성을 안고 살아가는 존재로서 언제나 화두는 '부친살해'였다. 대학 1학년 겨울방학 때 경주 인근 시골의 이야기판에서 처음 접한 '아기장수'의 서사가 내도록 머릿속을 떠나지 않았던 것은 아마도 우연이 아니었을 것이다. 부모에 의해 죽음에 내몰리는 남다른 아이의 이야기에 지나치게 공명한 것도, 그 이야기가 필자의 내면 깊숙한 곳에 자리잡고 있던 불안과 강박을 건드린 것도 모두 어떤 인연에 이끌린 결과라고 생각한다.

'부친살해'는 전 세계 신화(神話)와 동화(童話)에서 가장 많이 등장하는 보편적인 주제다. 또한 인류 역사의 단절면을 만든 무수한 혁명적 사건들이 '부친살해'에 은유되었다. 그러나 한국의 서사적 전통에서 '부친살해'는 쉽사리 발견하기 어려운 주제다. 오히려 수많은 효자와 효녀의 이야기에서, 또 비극적으로 죽어가야 했던 어린 장수들의 이야기에서 더 자주 발견되는 것은 '자식살해'의 모티프다.

자식은 부모의 세계를 벗어나야 새로운 세계의 주인이 될 수 있다. 딸과 아들이 아버지나 어머니의 세계에서 벗어나 그 세계와 단호히 결별하고 다른 세계로 나아갈 때 그들은 진정으로 자기 세계의 중심이 될 수 있다. 아들이나 딸이 이와 같은 '부친살해'를 단행하지 못할 때 그들은 분리되지 못한 채 강박적으로 부모의 세계를 수호하고 부모의 질서에 순응하는 데 자신을 내던진다.

개인적인 차원에서 '부친살해'가 이루어지지 않을 때 심리적인 독립과 분리가 지연된다면, 사회적인 차원에서 '부친살해'가 이루어지지 않을 때 역사는 다음 세대가 주도하는 미래로 나아가지 못하고 과거에 고착된다. 만약 특정 사회가 '부친살해'가 아닌 '자식살해'나 그에 버금가는 주제를 서사 전통의 핵심으로 삼는다면, 우리는 그 사회를 어떻게 이해해야 할까. 그 사회의 '아들들'은 어떤 신경증을 안고 살아가게 될까.

이 책은 이와 같은 질문이 추동해낸 탐색의 산물이다. 나는 몇 년 전 「한국 구전서사 속 '부친살해' 모티프의 역방향 변용 탐색」이라는 논문을 발표한 후 이를 확장하고 심화하는 저술을 계획하였다. 자기서사에서 비롯된 오랜 연구 주제를 서툴게나마 갈무리하고 다음 단계로 나아가고 싶었기 때문이다. 부족하나마 이와 같은 기회를 갖게 되어 부끄러우면서도 기쁘다.

대학 시절부터 문학 연구의 여정을 함께 하면서 많은 가르침과 학

문적 자극을 아끼지 않았던 여러 선생님들과 선배님들, 논문과 저서를 통해 간접적인 배움을 주신 선배 연구자들, 석박사 과정을 이끌어 한 사람의 연구자로 설 수 있게 도와주신 지도교수님, 힘들 때마다 손 잡아주던 백양관의 벗들에게 진심어린 감사의 마음을 전한다. 또한 책이 나오기까지 도움을 아끼지 않았던 월인출판사의 여러 담당자들과 편집을 맡아준 최미영 씨에게도 감사드린다.

나의 '부친살해'는 아직도 진행 중이다. 이 필생의 과업을 지속할 수 있도록 지금까지 내 곁에 계시는 부모님께 진심으로 감사드린다. 또한 내 '부친살해' 동료들인 언니들과 오빠에게도 감사와 격려의 마음을 전한다. 언젠가 내게 대적하여 나를 딛고 오를 아들 우현이를, 나는 든든하게 서서 기다려주고 싶다. 내 아이의 '부친살해'를 함께 감당할 동료이자 벗인 남편에게 용기를 북돋우며 글을 마친다.

2013년 7월 28일

안개 낀 호압사(虎壓寺)를 바라보며 金昑希가 쓰다

차례

서장. 왜 '부친살해'인가 9

1장. 한국 신화의 '부친살해' 부재

1. 아버지 부재와 '부친살해'의 회피 21
2. '부(父)'의 결여와 '부친탐색' 30
3. '기아(棄兒)'와 '자식살해'의 징후 44

2장. 효행담의 '자식살해'

1. 〈손순매아〉의 '자식살해'와 효행(孝行)의 강박 61
2. 〈동자삼〉의 '자식살해'와 거짓 보상 67
3. 〈자식 버리고 시아버지 살린 며느리〉와 〈실수로 손자 죽인 시부모 잘못 덮은 며느리〉의 자식 외면한 어머니 74

3장. '반(反) 부친살해'의 균열

1. 〈아기장수〉의 '집단살해'와 뒤늦은 반성 91
2. 〈우투리〉의 '자식살해' 공모와 비판 152
3. 비밀폭로자로서의 '어머니' 187

4장. '부친살해'의 징후

1. '아지설화(兒智說話)'류 이야기의 '부친살해' 201
2. '남성의 집을 벗어난 여성'의 계보 208
3. 〈내 복에 산다〉 속 막내딸의 입사기(入社記) 228

결장: '부친살해' 탐색의 의의 263

서장

왜 '부친살해'인가

"어느날 문득 추방당했던 형제들이 힘을 합하여 아버지를 죽이고 그 고기를 먹어 버림으로써 부군(父群)을 결단낸다. 말하자면 자군(子群)은 단결함으로써 혼자서는 도저히 불가능하던 일을 성취시키고 마침내 부군의 결단을 성사시킨다. 그들은 식인종들이었으니, 살해한 아버지의 고기를 먹었을 것임은 두말할 나위도 없다. 폭력적인 원초적 아버지는, 아들 형제들에게는 누구에게나 선망과 공포의 대상이자 전범(典範)이었다. 이들 형제들은 먹는 행위를 통해 아버지와의 일체화를 성취시키고, 각자 아버지가 휘두르던 힘의 일부를 자기 것으로 동화시켰다. 아마도 인류 최초의 제사였을 토템 향연은 이 기억할 만한 범죄 행위의 반복이며 기념 축제였을 것이다. 그리고 이 범죄 행위로부터 사회 조직, 도덕적 제약, 종교 같은 것들이 비롯되었을 것이다."[1)]

정신분석학자 프로이트(S. Freud)는 인류학적 보고서와 연구 성과들을 토대로 인류 문명의 시작과 남성 주체의 탄생을 '부친살해(父親殺害, Vatertötung, patricide)'의 대서사로 재구해냈다. 오이디푸스 신화를 비롯한, 유수한 다른 문화권의 서사에서 반복 등장하는 '부친살해' 모티프는 그 자체로 과거, 혹은 지난 세계와의 단절과 새로운 세계의 시작을 알리는 서막을 표상하는 동시에 새로운 세계를 건설할 창조의 주체가 필연적으로 거쳐야 하는 입사(入社)의 과정을 상징한다. 새로운 질서의 중심이 될 아들의 무리는 아버지로 표상되는 구질서와의 절연을 선언하고 그 단절면 위에 자신들의 세계를 구축한다.

루이 16세를 광장에서 처단한 프랑스 혁명이 '부친살해'의 서사로 은유되는 것은 우연이 아니다. 혁명과 같은, 역사적 단절과 변혁의 사건은 '아버지'로 상징되는 구질서와 구체제, 다시 말해 기존의 법・규범・윤리・도덕을 '살해'하는 과정을 거쳐 새로운 체제와 가치 규범을 건설한다. '부친살해' 서사가 상징하는 것은 생물학적 아

1) 프로이트, 「토템과 터부」, 『프로이트총서 16 종교의 기원』, 열린책들, 1997, 403～404면 참조.

버지의 살해, 혹은 생물학적 아버지와의 단절이 아니라 공동체가 금과옥조(金科玉條)로 수호하는 가치 체계와 규범적 질서에 대한 전면적 반성이며, '아버지'로 표상되는 낡은 체제의 변혁과 그 체제를 대표하는 정치권력의 극복이다. 단선적으로 이야기할 수는 없지만, 추상적이고 상징적인 수준에서 역사를 논구할 때 '아버지'를 살해하는 과정 없이 진보나 변화는 존재할 수 없는 것이다.

살해당한 '아버지'가 토템으로서 사후적 숭배의 대상이 되듯이 기존 질서와 규범은 살해당해 과거로 흘러갔을 때 비로소 역사의 한 페이지를 구성하며 그 가치를 인정받게 된다. '아버지'로 표상되는 세계는 '아버지'를 살해한 아들들의 세계를 통해서 비로소 존재 가치를 획득하게 되는 것이다. 살해당한 '아버지'는 영원한 빈 자리로 남으며 이 결여를 통해 아들들은 비로소 상징적 질서로 진입할 수 있게 된다. 따라서 살해당한 '아버지'는 새로운 세계의 구축을 위한 필수 조건이며 '아버지'는 살해당했을 때 비로소 아들들을 상징계로 이끄는 진정한 안내자의 역할을 할 수 있다.

심리학적으로 '부친살해'는 오이디푸스 콤플렉스 형성을 통한 성적 주체의 탄생을 예고하는 사건이다. 아버지가 가진 것을 동경하며 아버지와 경쟁 관계에 돌입하는 심리적 주체는 아버지가 가진 것을 갖지 못한 어머니의 존재를 통해 거세 불안에 시달리게 된다. 공격과 숭배의 양가감정을 경험하는 주체는 자신의 환상 속에 구성된 상상적 '아버지'를 살해하는 과정을 통해 상징적 아버지와의 동일시로 나아감으로써 심리적 분리와 독립을 성취하게 된다. '부친살해'의 과정은 부모로부터 독립을 성취하려는 투쟁의 과정이며 이는 '아이를 놓아주지 않으려는 부모와 이로부터 독립을 선언하려는 아이 간의 갈등'이라는 점에서 '세대 간의 대립'을 표상한다.[2] '부친살해' 없이는

2) 필리프 줄리앵, 홍준기 옮김, 『노아의 외투-아버지에 관한 라캉의 세 가지 견해』, 한길사, 2000, 21~22면.

새로운 세대의 등장도, 심리적 주체의 분리 · 독립도 존재할 수 없는 것이다.

최근에 '이야기'는 '상상의 방향을 유도하여 세계상과 역사상을 구성하고 고착시킬 수 있는 수단'으로 작용하면서 '특정 사고나 행동의 패턴을 보편화하거나 정당화함으로써 정체성을 생산하는 힘을 발휘하는 것'으로 논의되기도 한다.[3] 이야기치료 전문가인 고미영은 '인간은 이야기 구조에 따라 생각하고 지각하며 상상하고 도덕적 결정을 내린다'고 말한다. 그에 따르면, 이야기는 '우리의 세계를 만들어 가는 데 강력한 힘을 발휘'하고 '우리의 자아와 세계가 서로 관계하는 방식을 결정하는 데 관여'하며 '한 개인의 지나온 역사를 반영하는 동시에 그 사람의 미래의 삶을 조형'한다.[4]

이야기가 인식과 기억의 틀을 만들고 세계상을 구성하며 정체성의 핵심 시나리오를 제공하는 힘을 발휘한다고 할 때 '부친살해'의 서사는 새로운 역사의 시작과 신 · 구 질서의 교체, '아들'로 표상되는 새로운 세대의 등장과 심리적 주체의 성장 및 상징 질서로의 진입을 이끌어내는 효과를 만들어낼 수 있다. 그런데 만약 서사적 전통 속에서 '부친살해'의 주제가 등장하지 않는다면 이것은 어떤 의미를 지니는 것일까? '부친살해'의 모티프가 우회되거나 회피된다면, 혹은 오히려 상반된 방향의 살해 모티프가 등장하는 서사적 전통이 발견된다면 우리는 이를 어떻게 의미화해야 할까?

중국 사회의 변화를 갈망했던 노쉰이 '청년들아 나를 딛고 오르거라'고 외쳤던 것처럼 질적인 단절면을 만드는 새로운 질서의 성립은 필연적으로 '부친살해'를 요구한다. 그렇다면 '부친살해'의 서사적 전

---

3) 신형기, 「이야기의 역능(力能)과 김일성」, 『문화/제도의 형성과 이야기의 힘』, 연세대 국어국문학과 <이야기와 문화> 사업단 학술대회 발표문, 2010. 2. 20, 102면.

4) 고미영, 「가능성을 불러오는 이야기의 힘」, 『국어국문학』 146, 국어국문학회, 2007, 156~160면.

통이 발견되지 않거나 변형된 사회, 혹은 그 반대 방향으로의 서사가 발달한 사회는 변화를 거부하거나 변화에 저항하면서 기존 질서의 묵수만을 요구하는 것일까? 이와 같은 사회에서 이른바 '아들들'은 기존 질서로의 편입과 동화, 순응의 길 외에 다른 선택을 생각할 수도 없는 것일까? 살해당하지 않으려 애쓰면서 오히려 아들들을 살해하려 드는 '아버지'의 세계에서 '아들들'은 불안과 우울 속에 신경증을 앓을 수밖에 없다. 아버지의 명분과 선택을 지지하기 위해 꽃다운 나이에 죽음을 마다하지 않았던 '심청'이나 버림받고서도 아버지를 위해 고난의 여정을 감내했던 '바리데기'야말로 신경증적인 인물들이 아닌가?

이 글은 한국 구전서사의 전통 속에서 '부친살해' 모티프가 변용된 양상을 살피고자 한다. '부친살해'의 과정이 회피되거나 '자식살해' 모티프로 변주되는 양상을 고찰함으로써 이와 같은 서사적 전통이 어떤 효과를 만들어내고 또 무엇을 의미하는지 분석해 보려는 것이다. 아울러 구전서사의 전통 내에서 변형된 형태로나마 '부친살해'의 서사적 징후를 발견할 수는 없는지, '부친살해'가 '자식살해'로 변주되는 움직임에 이탈과 균열의 조짐은 없는지 살펴보려 한다.

'자식살해'는 '부친살해'에 연계된 것으로, '부친살해'가 변주되거나 반대 방향으로 나아간 것으로 이해할 수 있다. 클라이드 클럭크혼(Clyde Kluckhohn)은 아버지가 아이를 살해하는 유형 역시 오이디푸스 유형에 속하는 것으로 보았다.[5] 그는 헤르스크비치의 견해를 인용하여 부모와 자녀 간의 적대는 한 방향이 아니라 쌍방향의 상호작용임을 역설하였으며, 오이디푸스 범주의 원동력에는 부친에 대한

5) 클라이드 클럭크혼(Clyde Kluckhohn)은 아버지가 아이를 살해하는 유형 역시 오이디푸스 유형에 속한다고 보았으며, 근친에 대한 적대, 혹은 폭력이 신화에서 광범위하게 등장하는 주제임을 논증하였다(Clyde Kluckhohn, "Recurrent Themes in Myth and Mythmaking", Alan Dundes ed., The Study of Folklore, Pretice-Hall, Inc., Englewood Cliffs, N. J., 1965, pp.158~168).

아들의 질투뿐 아니라 아들에 의해 바뀔 것이라는 아버지의 공포도 존재하다고 보았다. '부친살해'로 표상되는 '분리'와 '독립'의 사건에 아버지를 향한 아들의 욕망뿐 아니라 아들을 향한 아버지의 불안과 공포도 개입되어 있음을 논증한 것이다.

이와 같은 문제의식에 토대를 두고 이 글에서 가장 먼저 살펴보게 될 대상은 한국 신화의 텍스트들이다. 한국 신화에는 '부친살해'가 등장하지 않는다. 애초에 신화적 주인공의 '아버지'가 언급되지 않거나 부재하는 상황으로 제시된다. 새로운 세계의 주인공이 될 신화적 영웅의 아버지가 부재할 때 '부친살해'는 회피되거나 다른 방향으로 나아간다.

예를 들어 한국 신화의 주인공들 중에는 아버지의 부재 속에 태어나거나 성장한 이들이 있는데 이들은 '부친살해'가 아니라 '부친탐색'을 통해 자기 세계의 중심으로 거듭나는 입사(入社)의 과정을 치르게 된다. 이들에게 '아버지'는 자신의 정체를 확인하고 보증하는 존재로 등장한다. 이들은 '부친살해'를 통해 분리를 성취할 필요가 없는데 그것은 자신의 곁을 이미 떠난 아버지를 통해 분리가 이루어졌기 때문이다. 부모에 의해 분리가 주도된다는 점에서 이 역시 '부친살해'의 역방향[6] 징후를 보여주는 서사라고 할 수 있다.

한국 신화에 흔히 등장하는 장면 가운데 '부친살해'와 연관이 있는 모티프는 태어난 아이를 버리는 '기아(棄兒)'다. 태어난 아이는 기존 질서의 집단 동일성에서 벗어난 차이를 갖고 있고 이 차이 때문에

---

6) '부친살해'의 역방향은 '부친보존'이나 '부친구원'으로 해석될 수도 있다. 그러나 여기서 '역방향'은 '부친살해'의 반동적 변용이라는 의미를 내포하며, 아버지를 살해하는 방향으로 나아가는 사건의 지향성이 자식을 살해하는 방향으로 전변되는 '전환'의 역동에 주목하고자 창안한 개념이다. 아버지와 아들이라는 주체와 살해라는 사건은 그대로 두고 사건의 전개 방향만 정반대로 뒤바뀌는 셈인데, 아들에서 아버지로 나아가던 사건의 움직임이 아들을 향해 나아가는 방향으로 역전(switching)된 것으로 설명할 수 있다.

버려져야만 하는 존재로 그려진다. 버려진 아이는 동물들의 보살핌을 통해 자연과 하나된 존재임을 증명하고 이 자연과의 합일을 통해 아이는 자신이 우주의 중심이 될 자임을 예고한다. '기아' 역시 부모에 의해 주도된 분리이기에 '부친살해'의 역방향 조짐을 보여주는 모티프라 할 수 있는데 앞서 언급한 '부친탐색'보다 훨씬 더 '자식살해'에 가까이 다가가 있다.

현전하는 구전서사 가운데 '부친살해'의 역방향 변주에 해당하는 '자식살해'를 보여주는 이야기에는 여러 유형이 있다. 가장 먼저 주목할 것은 부모에게 효를 다하기 위해 자신의 자식을 기꺼이 희생하는 효행담(孝行談)들이다. '자식살해'의 징후를 드러내는 효행담으로는 <손순매아(孫順埋兒)>와 <동자삼(童子蔘)> 이야기, 그리고 할아버지나 할머니의 실수로 아이가 죽고 이를 지켜보는 부모가 사태를 방관하는 부류의 이야기들이 있다. 이 글에서는 이들 부류 이야기를 <실수로 손자 죽인 시부모 잘못 덮은 며느리>로 부르게 될 것이다.

이들 이야기에서 주인공은 늙은 부모를 모시고 살아가며 어린 아이를 키우는 부모들이다. 이들은 자신들의 부모를 공경해야 한다는 사명과 어린 자식을 키워야 한다는 부모로서의 책임 사이에 있다. 이야기의 주인공들은 자신의 부모에게 효를 다하기 위해 기꺼이 자신들의 자식을 희생하려 한다. 이들은 자신들의 효행에 대해 보상을 받게 되는데 이 보상의 핵심 내용은 자신들이 죽인 아이가 '죽지 않고 살아돌아오는 것'으로 구성된다. 보상이 주어지기는 하되 이것은 사후적(事後的)인 것일 뿐 이들이 '자식살해'를 결심하고 단행했다는 사실에 주목할 필요가 있다.

<아기장수>와 <우투리> 이야기에서도 마찬가지로 '자식살해'가 단행된다. 이들 이야기에서 아이의 부모는 직접 '자식살해'에 가담하지 않는 대신 '자식살해'의 주체인 질서나 집단에 공모하거나 일조한다. 이들 이야기의 부모 가운데 특히 '어머니'가 '자식살해' 과정에 주

도적인 영향력을 행사하는데 이 '어머니'에게는 '자식살해'의 의지나 의도가 없다. 다만 '자식살해'를 요구하는 집단이나 기존 질서의 중심에 순응하거나 맞서지 못할 뿐이다. 따라서 이들 이야기의 '자식살해'는 집단에 의해 공모되거나 실행되는 성격이 강하다.

이들 이야기의 서사와 연행에서는 아이의 죽음에 대한 연민과 회한의 감정이 강하게 드러나기도 한다. <효행담>의 서사에서 '자식살해' 후 이에 대한 윤리적 책임을 회피하는 방어 기제로서 '보상'이 등장하는 반면, <아기장수>나 <우투리>들에서는 '자식살해' 후 이에 대한 파토스적 회한과 반성의 조짐이 나타나는 것이다. 특히 일부 작품의 연행에서는 아이의 죽음을 요구한 집단이나 질서에 대한 강한 비판과 반발이 나타나기도 한다. 또한 부모에 대한 동일시를 통해 아이의 죽음에 동참하거나 방관했다는 자기 반성의 어조가 등장하기도 한다. 이들 서사를 통해 '反 부친살해'에 해당하는 '자식살해'의 흐름에 일정한 균열이 발생하는 징후를 포착할 수 있다.

마지막으로 살펴볼 대상은 '反 부친살해'의 흐름을 뚫고 '부친살해'의 징후를 드러내는 서사들이다. 어른들이 해결하지 못한 난제(難題)를 손쉽게 해결하는 지혜로운 아이가 등장하는 유형의 이야기들이 있는데 이를 '아지설화(兒智說話)'로 부르기도 한다. '아지설화(兒智說話)'류 서사에 등장하는 아이들은 '아버지'를 상징하는 기성세대의 한계를 뛰어넘어 그들에 대해 절대적인 승리를 성취한다.

이들 서사에서는 불합리하고 부조리한 '아버지'를 표상하는 관장(官長)-부당한 요구를 하는-이나 한계 투성이인 이름뿐인 '아버지'를 표상하는 어리석은 부모가 등장한다. 아이들은 부조리한 '아버지'와 대결하여 이름뿐인 '아버지'를 구원하거나 이 두 '아버지'가 결합된 표상에 해당하는 '어리석은 관장'이 풀지 못한 난제를 해결한다. '아버지'를 극복하고 '아버지'에 대해 승리하는 슬기로운 아이들은 '부친살해'의 주역이라 할 만하다.

한국 구전서사에서 주목할 만한 또다른 '부친살해'의 주역은 아버지의 집을 박차고 나와 자기 세계의 주인임을 선포하는 '가출한 딸'들이다. 선화공주나 평강공주의 계보를 이은 <내 복에 산다>의 막내딸은 아버지의 세계를 벗어나 자신의 세계를 스스로 건설함으로써 '부친살해'를 통해 입사(入社)에 성공한다. 이 이야기는 일반적으로 심청의 이야기와 밀접한 연관이 있는 것으로 논의되곤 하는데 심청이 '부친살해' 역방향의 강박적 자녀상을 보여준 반면, <내 복에 산다>의 막내딸은 당당히 '부친살해'에 성공하는 딸의 모습을 보여준다.

1장에서는 한국 신화에서 '부친살해'가 나타나지 않거나 회피되는 양상을 살펴보고, 한 걸음 더 나아가 '부친살해'가 '부친탐색'이나 '기아(棄兒)'등의 모티프로 변용되는 양상을 고찰하게 될 것이다. 2장에서는 효행담을 통해 '反 부친살해'에 해당하는 '자식살해'가 등장하는 양상을 살펴보고, 3장에서는 <아기장수>와 <우투리>를 통해 '부친살해' 역방향의 변주 움직임 속에 일정한 균열 조짐이 나타나는 양상을 살펴보려 한다. 4장에서는 '아지설화'류 이야기와 <내 복에 산다>를 통해 '자식살해'를 벗어난 '부친살해'의 징후가 발견되는 양상을 고찰하려 한다. 마지막 결장에서는 '부친살해' 모티프를 탐색하는 것이 구전서사 주제 분석에서 어떤 의미를 가질 수 있는지 되짚어보게 될 것이다.

1장

한국 신화의 '부친살해' 부재

1. 아버지 부재와 '부친살해'의 회피

신화는 질서화의 주체에 관한 이야기로 해석된다.[1] 새로운 질서를 건설할 자의 근원과 내력을 풀어내는 서사이기 때문에 신화는 '본풀이'로 명명되기도 한다. 새로운 질서의 구축은 기존 질서와의 단절, 혹은 분리를 전제로 이루어진다. 질서화의 주체는 서사 속에서 반드시 아버지의 질서와 단절되거나 아버지의 세계로부터 분리되는 과정을 거쳐야 한다. 이것이 질서화의 주체가 통과해야 할 입문의례의 핵심 내용이라 할 수 있다.

질서화의 중심이 될 신화적 주인공이 탄생하기까지의 과정, 곧 부모대의 서사가 드러나지 않는 <혁거세>, <수로>, <알지> 등의 신화에서는 이와 같은 분리의 사건이 드러나지 않는다. 이들 신화에서 세계 질서의 중심이 될 자들은 '생물학적 탄생이 아닌 탄생'의 과정을 거쳐 태어난다. 그들의 탄생은 우주적 질서를 새롭게 할 자로서의 '입사적 탄생'으로 상징화되기 때문이다. 이들은 모두 알이나 궤짝, 금합(金盒)에서 나왔는데 이는 모두 <단군> 신화에 등장하는 동굴과 같이 밀폐된 공간을 표상하면서 입사(入社) 공간으로서의 상징성을 지닌다.[2]

〈신라시조 혁거세왕〉[3]

1. 진한 땅에는 옛날에 여섯 촌이 있었다.-6부의 조상은 모두 하늘에서 산

---

1) 천혜숙, 「전설의 신화적 성격에 관한 연구」, 계명대 박사학위논문, 1987 참조.

2) 신화학에서 완전하게 밀폐된 공간은 흔히 입사적 공간으로서의 상징성을 지니는 것으로 해석된다.

3) 아래 <삼국유사> 서사단락별 정리 내용은 모두 이민수 번역본(일연, 이민수 옮김, 『삼국유사』, 을유문화사, 1994, 1～505면.)과 리상호 번역본(일연, 리상호 옮김, 『삼국유사』, 까치, 1999, 1～464면.)을 참조하여 최대한 원문 내용을 살리는 방향으로 단락을 정리하여 재기술한 것이다. 단, 이 글의 주제와 상관없는 부분은 요약하거나 생략하였음을 미리 밝혀둔다.

으로 내려왔다.

2. 전한 지절 원년 임자 3월 초하룻날 6부의 조상들이 각각 자제들을 데리고 함께 알천 둑 위에 모여, '덕이 있는 사람을 찾아 그를 임금으로 삼아서 나라를 창건하고 도읍을 정하자'고 의논하였다.
3. 모두 높은 곳에 올라가 남쪽을 바라보니 양산 밑 나정 곁에 이상한 기운이 번개처럼 땅에 드리우더니 웬 흰 말 한 마리가 무릎을 꿇고 절하는 시늉을 하고 있었다.
4. 조금 있다가 거기를 살펴보니 보랏빛 알 한 개가 있고 말은 사람을 보자 울음소리를 길게 뽑으면서 하늘로 올라갔다. 그 알을 쪼개니 형용이 단정하고 아름다운 사내아이가 있었다.
5. 놀랍고 이상하여 아이를 동천에서 목욕시키매 몸에는 광채가 나고 새와 짐승들이 모조리 춤을 추며 천지가 진동하고 해와 달이 맑고 밝았다. 따라서 이름을 혁거세왕이라 하고 왕위의 칭호는 거슬한이라 하였다.
6. 당시 사람들이 다투어가면서 치하하여 말하기를, "이제 천자님이 이미 이 땅에 내려왔으니 마땅히 덕 있는 여자 임금을 찾아서 배필을 정해야 하겠다."고 하였다.
7. 이날 사량리 알영정에 계룡이 나타나서 왼쪽 옆구리로부터 계집아이를 낳으니 자색이 뛰어나게 고왔다.
8. 그러나 입술이 닭의 부리 같은지라 월성 북쪽 냇물에 가서 목욕을 시켰더니 그 부리가 퉁겨져 떨어졌으므로 그 냇물 이름을 발천이라 하였다.
9. 남산 서쪽 기슭에 궁실을 짓고는 두 명의 신성한 아이를 모셔 길렀다.
10. 사내아이는 알에서 나왔는지라, 알은 바가지같이 생겼고 우리나라 사람들이 바가지를 '박'이라 하므로 성을 박(朴)이라 하였다.
11. 계집아이는 그가 나온 우물 이름으로 이름을 지었다.
12. 두 성인의 나이가 열세 살이 되자 오봉 원년 갑자에 남자는 즉위하여 왕이 되고 여자 알영은 왕후가 되었다.
13. 나라 이름을 서라벌 또는 서벌이라 하였다. 더러는 사라 또는 사로라고

도 한다.

14. 처음에 왕이 계정에서 났으므로 혹은 일러서 계림국이라고도 하니, 계룡이 상서를 보여주었기 때문이다.
15. 일설에는 탈해왕 때에 김알지를 얻으면서 숲속에서 닭이 울었으므로 나라 이름을 계림으로 고쳤다고 한다.
16. 후세에 와서는 드디어 신라라고 이름을 정하였으며 나라를 다스린 지 61년 만에 왕이 하늘로 올라갔는데 이레 뒤에 유해가 땅에 흩어져 떨어졌으며 왕후도 역시 죽었다고 한다.
17. 나라 사람들이 합장을 하려고 하였더니 큰 뱀이 나와서 못 하도록 방해를 하므로 다섯 동강 난 몸뚱이를 다섯 능에 각각 장사하고 역시 이름을 사릉이라 하니 담엄사 북쪽 왕릉이 바로 이것이다. 태자 남해왕이 왕위를 계승하였다.

〈김알지 탈해왕대〉

1. 영평 3년 경신 8월 4일에 호공이 밤에 월성 서쪽 동리에 갔다가 시림 속에서 환하게 밝은 빛이 나는 것을 보았다.
2. 보랏빛 구름이 하늘로부터 땅에 드리우고 구름 속에는 황금 궤짝이 나뭇가지에 걸려 있었는데 그 궤짝에서 빛이 나오고 또 흰 닭이 나무 아래에서 울므로 이 사연을 왕께 보고하였다.
3. 왕이 그 숲으로 거동하여 궤짝을 열어보니 사내아이가 들어 있어 누워 있다가 일어났다.
4. 마치 혁거세의 옛 사적과 같았으므로 혁거세가 자신을 알지라고 한 그 말에 따라 알지라고 이름을 지으니 알지는 우리말로 어린아이를 이르는 말이다.
5. 그를 안고 대궐로 돌아오는데 새와 짐승들이 뒤따르면서 기뻐서 뛰며 너울너울 춤을 추었다.
6. 왕이 좋은 날을 받아 그를 태자로 책봉하였으나 알지는 뒤에 파사에게

왕위를 사양하고 오르지 않았다.

7. 알지가 금 궤짝에서 나왔으므로 성을 김씨라 하였으나 알지가 열한을 낳고 열한이 아도를 낳고 아도가 수류를 낳았다. -이하 생략-

〈가락국기〉

1. 천지개벽 후에 이 땅에는 아직 나라로 부르는 칭호가 없고 임금이나 신하라고 부르는 칭호도 없었다. -중략- 아홉 간의 추장들이 백성들을 다스렸다.
2. 바로 후한의 세조 광무제 건무 18년 임인 3월 계욕일 이곳 북구지에서 무엇을 부르는 수상한 소리가 나 200~300명 되는 무리가 여기에 모였더니 사람 목소리 같은 소리가 나는데 형체는 감추고 소리만 내어 말하기를, "거기 누가 있느냐?" 하였다.
3. 아홉 간들이 "우리들이 있다"고 대답하자 어디냐고 물어 구지라고 대답하였다. (요약)
4. 또 말하기를, "하느님이 내게 이곳에 와서 나라를 새롭게 하고 임금이 되라고 하셨다. 그리하여 여기에 내려온 것이다. 너희들이 봉우리 꼭대기의 흙 한 줌씩을 쥐고 '거북아 거북아 머리를 내밀어라 만약 아니 내밀면 불에 구워 먹겠다'라고 노래를 부르면서 춤을 추면 이것이 대왕을 마중하여 즐겨 뛰노는 일이 될 것이다" 하였다.
5. 아홉 명의 간들은 그 말대로 모두 즐겨 노래를 부르고 춤을 추었다.
6. 얼마 안 되어 쳐다보니 다만 보랏빛 노끈이 하늘로부터 드리워 땅에 닿아 있었고 노끈 끝을 찾아보니 붉은 보자기로 싼 금합이 있었다.
7. 그것을 열고 보매 해처럼 둥근 황금 알 여섯 개가 있었다.
8. 여러 사람들이 모두 놀랍고도 기뻐서 함께 수없이 절을 하다가 조금 뒤에 다시 알을 싸가지고 아도간의 집으로 돌아와 탁자 위에 두고는 각각 흩어졌다.
9. 그후 12일이 지난 다음 날샐 무렵에 무리들이 다시 함께 모여 합을 열었

더니 알 여섯 개가 사내아이로 화하였는데 얼굴들이 매우 틀스러웠다.

10. 이내 평상 위에 앉으니 무리들이 축하하는 절을 하고 정성을 다하여 공경하였다.
11. 그들은 나날이 장성하여 10여 주야를 지났다.
12. 키가 9척이매 은나라 천을이라 할 수 있었고, 얼굴이 용 같으매 한나라 고조라 할 수 있었고, 눈썹이 여덟 가지 빛깔이매 당나라 요임금과 같았고, 눈동자가 겹으로 되었으매 우나라 순임금과 같았다.
13. 그 달 보름에 왕위에 올랐다. 처음으로 나타났다고 하여 이름을 수로 혹은 수릉이라고 하고, 나라를 대가락 혹은 가야국이라 일컬었다. 이는 여섯 가야 중 하나였다. 남은 다섯 사람은 각각 돌아가 다섯 가야의 우두머리가 되었다.
14. -중략(나라의 경계를 설명하는 내용)- 왕이 임시 대궐을 짓고 들어가 살았는데 질박하고 검소하여 짚 이엉도 자르지 않았으며, 흙으로 된 섬돌 층대가 3척 높이밖에 되지 않았다.
15. 2년 계묘 봄 정월에 왕이 말하기를, "짐이 서울 자리를 잡아야겠다" 하고 곧 임시로 지은 대궐 남쪽 신답평으로 거동하여 사방의 산악을 바라보고 측근들을 돌아보면서 말하기를, "이 땅이 여뀌 잎만하게 좁고 작지만 땅이 청수하고 범상치 않으니 16나한 부처님이 머물 만한 곳이다. 더군다나 하나에서 셋이 생기고 셋에서 일곱이 생기는 원리가 있는지라 일곱 분의 성인이 머물 만한 곳이 원래 여기인가 싶다. 강토를 개척한다면 나중은 참으로 좋겠구나!" 하고 주위 1500보 되는 외성에 궁궐 전각과 일반 관사들이며 무기고와 곡식 창고들의 자리를 잡았다.
16. 일을 마치고 대궐로 돌아와서 국내의 장정 역부들과 재인바치들을 두루 징발하여 그달 20일부터 견고한 성터를 닦기 시작하여 3월 10일에 이르러 역사를 마쳤다. 궁궐과 관사들은 농한기를 타서 짓는데 이 해 10월부터 공사를 시작하여 갑진년 2월에 낙성하고 좋은 날을 받아 왕이 새 대궐로 들어가 모든 정사를 처리하고 일체 사무에 근면하였다.

17. 이 때에 완하국 함달왕의 부인이 임신하여 달이 차서 알을 낳았는데 화하여 사람이 되매 그의 이름을 탈해라고 불렀다.
18. 그는 바다를 건너왔는데 키가 3척이요, 머리 둘레가 1척이었다.
19. 그가 반갑다는 듯이 대궐을 찾아와서 왕에게 말하기를, "내가 왕의 지위를 빼앗고자 일부러 왔노라" 하였다.
20. 왕이 대답하되, "하늘이 짐에게 명하여 왕위에 오르게 하고 장차 국내를 안정시키며 백성들을 편안케 하려고 한지라 하늘의 명령을 저버리고 왕위를 내놓을 것이 못 되며 또 우리 나라와 백성들을 너에게 맡길 수도 없다" 하였다.
21. 탈해가 술법으로 왕위를 정하자 하였다.
22. 탈해와 수로가 변신 경쟁을 하였다.
23. 탈해가 항복하면서 수로에게 임금 자리를 양보하였다.
24. 탈해가 계림의 땅 안으로 달아났다.
25. 아홉 간들이 배필 정할 것을 청하자 수로가 하늘이 정해줄 것이라 하였다.
26. 유천간을 시켜 경쾌한 배와 좋은 말을 가지고 망산도에 가서 기다리라 하고 신귀간을 시켜 승점으로 가게 했더니 갑자기 바다 서남쪽 구석에서 붉은 비단 돛을 달고 붉은 깃발을 펼친 배가 북쪽으로 향하고 있었다.
27. 배가 닿자 간들이 아뢰었다. 왕이 화려하게 꾸민 배로 맞고자 했으나 왕후가 처음 본 터라 경솔하게 따라갈 수 없다 하였다.
28. 왕이 대궐로부터 서남쪽 60보 가량 되는 산 가장자리에 장막을 치고 왕후를 기다렸다.
29. 왕후는 산 바깥쪽 별포 나룻목에 배를 잡아매고 상륙하여 높은 산에 올라가 쉬었는데 입었던 비단 바지를 벗어서 폐백으로 삼아 산신령에게 바쳤다. -이하 생략(수로가 허황옥과 결혼하는 내용)-[4]

---

4) 일연(一然), 『삼국유사(三國遺事)』 「기이편(紀異篇)」 <신라시조(新羅始祖) 혁거세왕(赫居世王)> · <김알지(金閼智) 탈해왕대(脫解王代)> · <가락국기(駕洛國記)>.(이민수 옮김, 『삼국유사』, 을유문화사, 1994 참조; 리상호 옮김, 『삼국유사』, 까치,

이지영은 <혁거세>와 <수로> 신화를 '천남지녀(天男地女)'형 건국신화의 대표적인 예로 들고, 이들 신화의 특징을 '건국시조 자신이 신성성을 지닌 채 지상에 탄생'할 뿐 아니라 '하강한 운반체를 통하여 알에서 태어나 나라를 세우며 지상의 신성한 여성과 혼인하고 치국(治國) 후 陵에 모셔져 제향을 받는 것'으로 정리한 바 있다.[5] 앞서 언급한 신화에서 부모대의 사건이 형상화되지 않는 것은 이들의 탄생이 생물학적 탄생이 아니기 때문이다. 이들의 탄생은 국가라는 우주적 질서의 중심이 세워지는 신화적 사건의 서막으로, 질서의 중심이 될 자로 거듭나는 재생 및 재탄생의 과정이자 새로운 세계 건설의 시작을 알리는 원초적 사건이다. 이들의 입사적 탄생은 하늘을 표상하거나 하늘과 연관된 수직적 질서가 땅에 내려오는 것으로 시작된다.

하늘로부터 시작되고 하늘에 의해 주도되지만 사건이 벌어지는 공간은 땅이라는 점에서, 다시 말해 알의 존재속성은 하늘에 기원을 두고 있지만 알이 위치하고 발견되는 곳은 땅이라는 점에서 이들의 탄생은 하늘과 땅이 교섭한 결과물이라 할 수 있다. 이들이 세울 질서는 땅에 토대를 두고 있는데 이들의 존재속성은 하늘에 더 깊이 결부되어 있기 때문에 이들은 땅 위에 세계를 건설할 토착적 주체로 거듭나기 위해 한 번의 입사를 더 거쳐야 한다. 이것이 이들 신화 서사에서는 여성으로 표상된 신적 대상과의 결합으로 구체화된다.

이지영은 앞서 언급한 '천남지녀(天男地女)'형 건국신화의 특징을 부모대의 신성혼(神聖婚)이 아니라 건국시조 자신의 신성혼이 중시되는 것으로 규정하였다. 아울러 그는 "건국시조는 부모의 신성혼이나 자신 스스로에 의하여 반드시 '천지(天地)의 신성성'을 갖추어야 하고 이제까지 한국의 건국신화에서 이와 같은 신성성을 갖추지 않은 예

1999 참조.)

5) 이지영, 『한국 신화의 신격 유래에 관한 연구』, 태학사, 1995, 160~183면.

는 발견할 수 없다"고 덧붙이고 있다.[6]

그의 논의를 이 글의 맥락에서 재해석해 보면 다음과 같이 정리할 수 있다. '나라'라는 새로운 질서를 일으켜 세울 주체는 반드시 존재 속성의 근원을 하늘과 땅의 양자(兩者)에 두어야 하고 그의 탄생은 양자 사이의 교섭이나 결합으로 구체화되어야 한다. 이를 위해 이른바 '건국시조신화'의 주인공은 하늘을 표상하는 아버지와 땅을 표상하는 어머니 사이에 양자의 결합으로 탄생하는 존재로 그려지거나[7] 하늘을 표상하는 사물과 땅을 표상하는 사물 사이의 교섭으로 출현한 후 다시 '땅의 여인'과 결합하는 존재로 그려진다.

신화적 주체는 자기 존재의 신성한 근원을 밝히고 이를 증명해야 한다. 신성한 존재로서의 표상과 권위가 세계 건설과 우주적 질서의 창조라는 신화적 사건의 핵심 근거이자 출발점에 해당하기 때문이다. 그래서 창조와 건설의 사건에 앞서 신화적 주체는 반드시 자기 존재의 근원을 밝히고 이를 증명하는 입사(入社)의 과정을 거친다. 앞서 언급한 신화적 서사들은 생물학적 탄생의 징후를 지우고 부모대의 결합을 구체화하는 서사적 설정 자체를 회피한다. 이들 서사에서 신화적 주체의 신성성을 보증하는 하늘과 땅의 표상은 상징적 이미지로만 드러날 뿐[8] 인물과 사건으로 구체화되지 않는다. 다만 신

6) 이지영, 앞의 책, 182~183면.

7) 민긍기는 신화의 주인공을 '세계의 질서와 질료의 결합'으로 탄생한 '인식한 자'로서, 입사식을 거쳐 사회 통합의 주체가 된 존재로 보았다. 단군과 주몽은 모두 하늘에서 내려온 존재와 땅 위의 존재 사이에서 태어났는데, 이것이 곧 세계의 질서인 하늘과 질료인 대지의 결합으로 인한 인식적 탄생을 상징한다고 그는 주장한다. 이때 환웅과 해모수는 질서를 상징하는 존재가 되며 웅녀와 유화는 질료로서의 대지를 상징하는 존재가 된다.(민긍기, 「문학작품의 형식에 관한 한 생각-문학작품에서 구성 혹은 구조의 개념은 어떻게 적용되어야 할 것인가」, 『사림어문연구』 7집, 사림어문학회, 1990 참조.)

8) 이들 서사에서 '하늘'의 표상은 어떤 기운, 번개와 같은 빛, 끈과 같은 수직적 이미지로 구체화된다. 이는 '하늘로부터 내려와 땅에 닿음', 곧 '땅과 접촉하거나 교섭한 하늘'의 표상을 띠어야 하기 때문으로 추론할 수 있다. 이를 보완하는 존재로

화적 주인공 자신이 땅의 속성을 대변하는 여신적 존재(알영과 허황옥)와 결연을 맺음으로써 하늘과 땅의 결합이 다시 한 번 신화적 사건으로 구체화되는 사례가 있을 뿐이다.

이들 서사에서는 신화적 주체가 '부친살해'를 통해 아버지의 세계로부터 독립하는 과정이 소거되어 있다. 분리되거나 극복되어야 할 대상 자체가 설정되어 있지 않은 것이다. 이들은 아버지의 세계가 드리운 흔적이나 아버지로부터 이어져 내려온 신성성을 통해 자신의 존재 가치를 증명하지 않고 제2의 탄생을 통해 가시적으로 드러난, 자신에게 내재한 '하늘'·'땅'의 신성성과 신성혼의 과정을 통해 자기 존재를 증명한다. 이들 서사에서 신화적 사건은 주인공의 탄생으로 시작되며 이들의 탄생은 그 자체로 새로운 세계의 창조, 곧 절연면 위의 사건이다. 앞선 세계 자체가 설정되어 있지 않기 때문에 앞선 세계와의 단절을 표상하는 '부친살해'의 장면을 설정할 필요가 없는 것이다.

'부친살해'의 서사가 없다면 아버지를 죽인 죄의식으로 더욱 굳건해지는 '아들들의 결속'과 아버지 사후 그를 '토템화'하고 아버지의 모든 것을 금기 대상으로 만드는 '터부의 설정' 또한 없을 것이다. '아들들의 결속'과 '토템 및 터부의 설정'이 공동체의 법과 규범의 토대가 된다고 할 때 '부친살해' 과정이 없는 이들 신화에서 공동체적 질서의 구축은 어떻게 표상되고 있을까? 이들 서사에서는 왕을 맞이하거나 발견하는 6부, 혹은 6촌 대표들의 역할과 위상이 중요하다. 6

하늘과 땅을 오가는 말과 닭의 이미지가 등장하기도 한다. '땅'의 표상은 나무와 우물, 거북이를 상징하는 봉우리 등의 이미지로 구체화된다. 신화적 주인공이 발견되는 곳은 '땅 위'이며 이들을 발견하는 것은 '땅의 사람들'이다. 거북이나 용은 지신적(地神的) 표상으로 흔히 활용되는 동물이며, 나무나 봉우리는 우주적 질서의 구심을 표상하는 대표적인 상징물이다.(엘리아데, 이재실 옮김, 『이미지와 상징』, 까치, 1997 참조.; 엘리아데, 이은봉 옮김, 『성과 속』, 학민사, 1983 참조.) 신성혼의 배우자가 되는 알영과 허황옥도 계룡의 옆구리에서 나오거나 속옷을 벗어 산신에게 제사를 지냄으로써 '땅'의 상징적 표상을 드러낸다.

부나 6촌으로 표상되는 공동체적 질서가 이미 주인공의 탄생 이전에 존재하는 것으로 그려지는데, 신화적 주인공의 탄생은 6부나 6촌으로 대표되는 기존 질서의 합의와 협력, 공동의 노력을 통해 새로운 왕을 맞이하는 과정이라 할 수 있다. 그리하여 신화의 전반부에서는 새로운 왕을 맞이하는 과정이, 신화의 후반부에서는 새롭게 등장한 왕이 자신의 결혼과 기타 활약을 통해 신성성을 증명하는 과정이 초점화된다.

따라서 '부친살해'의 과정을 생략한 이들 신화에서 주인공의 탄생은 '부친살해' 이후의 과정을 표상한다. 사후적 아버지의 토템화가 새로운 왕의 등장, 곧 '아버지'를 표상하는 새로운 구심적 존재의 재림으로 대체된 것이다. 이들 신화에서 주인공은 태어나자마자 왕이 된다. 아니, 더 정확하게 말하자면 왕을 기다리는 자들에게 왕으로서 등장한다. 태어난 그들이 자신의 신성성 때문에 왕이 되는 것이 아니라 왕이 필요해서 왕으로 태어나는 것이며 왕이 필요한 자들이 왕을 탄생시키는 것이다. 이는 구심적 존재로서 왕이 필요한 이들이 왕을 발견하는 과정, 더 나아가서는 왕을 만들어내는 과정으로 재해석할 수 있다.

2. '부(父)'의 결여와 '부친탐색'

'아버지 부재'는 한국 신화에서 가장 흔하게 나타나는 요소라고 할 수 있다. 앞에서 살펴본 신화들에서 '아버지 부재'는 거론할 필요조차 없는 자연적이고 필연적인 전제 조건으로 제시되면서 신화의 주요 사건은 주인공인 아들대의 행위와 사건을 중심으로 전개된다. 이들 신화에서 아버지는 물론 어머니조차 등장하지 않으며 신화적 주인공의 탄생은 어머니와 아버지의 결합을 통한 생물학적 탄생이 아니라 인식적이고 상징적인 탄생으로 그려진다. 그는 부모 없이 태어난 존재라는 점에서 이미 분리된 존재이며 그의 입사(入社)는 자신의 배우자를 만나는 것으로 완성된다.

그러나 '아버지 부재'가 비정상적이고 비동일적인 상황으로 설정되어 '아버지 탐색'이라는 새로운 사건을 추동하는 신화들이 있다. 『삼국유사(三國遺事)』 3권 흥법편(興法篇)에는 초기 불교 전래에 기여하거나 불교 정착의 기틀을 닦은 사람들의 이야기가 실려 전하는데 그 안에 고승 아도(阿道)의 이야기가 있다. 아도는 신라에 불교를 전하려 했던 인물로 『해동고승전(海東高僧傳)』에 따르면, <고기(古記)>나 박인량의 <수이전(殊異傳)>에도 그에 관한 이야기가 실려 있다.

『삼국유사(三國遺事)』 흥법편의 <아도기라(阿道基羅)>조에 전하는 <신라본기(新羅本記)>의 기록은 그 내용이 『해동고승전』의 <아도전>[9]과 거의 같은데 대체적인 내용을 서사단락별로 정리하면 다음과 같다.

---

9) 각훈(覺訓), 『해동고승전(海東高僧傳)』 <아도(阿道)>(각훈(覺訓), 『해동고승전(海東高僧傳)』, 이병훈 옮김, 을유문화사, 1987(4판), 60～68면).
『해동고승전(海東高僧傳)』의 내용은 거의 이와 같다. 다만 '묵호자'가 '흑호자'로 등장하며, '아도의 태생에 대한 기록이 많지만 어느 기록이 옳은지 알 수 없다'는 내용이 맨 앞에 덧붙여져 있다. 또한 '아도의 풍채는 특이했고, 신이한 변화는 더욱 기이했으며, 항상 돌아다니면서 교화하는 것을 임무로 삼았다'는 내용과 '경전을 강할 때마다 하늘에서 신묘한 꽃들이 비 오듯 했다'는 내용이 바로 뒤이어 덧붙여져 있다. 그 나머지의 내용은 동일하다. 『해동고승전』에는 아울러 <古記>의 기록도 전하고 있는데 그 내용을 단락별로 정리하면 대략 다음과 같다. 서술 말미에 고득상의 <시사(詩史)>를 인용하여 "아도가 재차 침해를 당했으나 신통하여 죽지 않았고, 양나라 사신인지 오나라 사신인지 판별하기 어렵다. 아도의 행적이 흑호자와 같은 것은 무슨 까닭인가?"라는 기술이 덧붙여져 있다.
"1. 양나라 때 아도가 일선군에 이르자 천지가 진동하였다.
2. 승려의 차림새로 모례의 집에 찾아가니 모례가 깜짝 놀라면서 불법을 전하러 온 사람들이 모두 죽었음을 알리고 밀실에 숨겨주었다.
3. 향이 들어왔으나 아무도 용도를 몰랐다. 법사가 향의 용도를 알려주자 왕이 칙령을 내려 널리 행하는 것을 허락하였다."

1. 제19대 눌지왕 때 묵호자라는 사람이 고구려에서 일선군으로 와서 모례의 집 굴 속에 방을 만들어 살았다.
2. 양나라에서 사신을 통해 의복과 향을 보냈는데, 왕과 신하들이 향의 명칭과 용도를 알지 못했다.
3. 이에 사람을 시켜 향을 가지고 나라 안을 두루 돌아다니며 그 사용법을 물었는데 묵호자가 향의 명칭과 용도를 일러주었다.
4. 공주가 병이 위독하여, 왕이 묵호자로 하여금 향을 태워 기원하게 했더니 병이 나았다.
5. 왕이 기뻐하여 사례하자 묵호자가 모례에게 사례하고 순식간에 가야할 곳이 있다며 사라졌다.
6. 비처왕 때 아도화상이 시자(侍子) 3인과 함께 모례의 집에 와서 머물렀는데 묵호자와 거동과 모습이 흡사했다.
7. 여러 해 머무르다가 아무런 병도 없이 죽었다. 시자 세 사람이 머물면서 경과 율을 강독하니 그를 따르는 무리들이 생겼다.[10]

위 내용은 단편적인 사건을 기술하고 있을 뿐 신화적 서사의 구조를 드러내지 않으며 이에 따라 '아버지 부재'와 '아버지 탐색'의 과정 또한 나타나지 않는다. 그러나 『삼국유사(三國遺事)』 흥법편의 <아도기라(阿道基羅)>조에는 <아도본비(阿道本碑)>의 내용을 인용하여 아도의 이야기를 하나 더 전하고 있는데 이 이야기에서 신화적인 구도와 '아버지 부재' 및 '아버지 탐색'의 모티프가 선명하게 드러난다. 그 내용을 서사단락별로 정리하면 다음과 같다.

1. 아도는 고구려 사람이고 어머니는 고도령이다.
2. 조위 사람 굴마가 사신으로 고구려에 왔다가 고도령과 사통하고 돌아갔

10) 『삼국유사(三國遺事)』 3권 「흥법편(興法篇)」 <아도기라(阿道基羅)>(『삼국유사(三國遺事)』. (앞의 책 참조.)

는데 이때부터 태기가 있었다.

3. 아도가 다섯 살이 되자 어머니가 아도를 출가시켰다.
4. 16세 위나라에 가서 굴마를 뵙고 현창화상이 강독하는 자리에 나가서 불법을 배웠다.
5. 19세가 되자 돌아와 어머니를 뵈자 어머니가, '이 고구려는 지금까지도 불법을 알지 못한다. 하지만 앞으로 3000여 달이 지나면 계림에서 성왕(聖王)이 나서 불교를 크게 일으킬 것이다. 그 나라 서울 안에 일곱 곳의 절터가 있으니, 하나는 금교 동쪽의 천경림이요, 둘은 삼천의 갈래요, 셋은 용궁의 남쪽이요, 다섯은 사천의 끝이요, 여섯은 신유림이요, 일곱은 서청전이다. 이것은 모두 전불(前佛) 때의 절터이니 불법이 앞으로 길이 전해질 곳이다. 너는 그곳으로 가서 불교를 전파하여 불교를 여는 개조(開祖)가 되어라.'라고 아도에게 말했다.
6. 아도가 이 가르침을 듣고 계림으로 가서 왕성 서쪽 마을에 절을 짓고 살았다.
7. 아도가 대궐에 들어가 불법 행하기를 청하니 당시에 꺼리는 자가 많았고 심지어 죽이려는 자까지 있었다.
8. 이에 속림(續林, 일연 저술 당시 一善縣, 곧 지금의 경북 선산) 모록(毛祿, 毛禮의 오기)의 집으로 도망가 숨었다.
9. 미추왕 3년에 성국공주가 병이 났는데 무당도 의원도 효험이 없어 사방으로 의원을 구했다.
10. 법사가 대궐에 들어가 병을 고쳤다.
11. 왕이 소원을 묻자 법사가 천경림에 절을 세워서 크게 불교를 일으키기를 바란다고 말했다.
12. 법사가 강연을 하니 하늘에서 꽃이 내려 땅에 떨어지므로 그 절을 흥륜사라고 했다.
13. 모록의 누이동생도 중이 되어 절을 짓고 살았다.
14. 미추왕이 세상을 뜬 후 사람들이 해치려 하자 법사가 무덤을 만들어 들

어가 自絶하고 나타나지 않았다.

15. 불교가 폐해졌다가 법흥왕 때 다시 일어났으니 고도령이 말한 3000여 달이 맞다 할 수 있다.[11]

『삼국유사(三國遺事)』 홍법편의 <아도기라(阿道基羅)>조에서는 <신라본기>에서 모호하게 암시되기만 했던 아도 아버지 묵호자의 부재가 조금 더 명확하게 가시화되었다. 아도 아버지 굴마는 뒤에서 살펴볼 주몽의 아버지 해모수나 유리의 아버지 주몽처럼 여성적 존재와 관계를 맺은 후 자신의 세계로 떠나버린다. 홀로 남겨진 어머니 '여성'이 남편 부재, 곧 아버지 부재의 상태에서 아이를 낳고 그 아이가 새로운 세계, 곧 자기 세계의 주인공이 될 수 있도록 아이의 입사(入社)를 안내하고 추동한다. 아들이 앞으로 해야 할 일을 알려주고 미래를 예견하며 현재의 세계를 떠나 새로운 세계로 나아가도록 아들을 추동하는 역할을 한다는 점에서 고도령의 위상은 주몽신화에 등장하는 유화의 위상과 거의 같다.

'아버지 부재'의 상황은 박인량의 <수이전>을 인용한 『해동고승전(海東高僧傳)』의 기록을 통해 더욱 분명하게 드러난다. 아래 이야기에서 아도는 굴마가 떠난 후 다섯 살이 되었을 때 남다른 형상을 드러낸다. 무엇보다 주목할 것은 그가 '아비없는 자식'으로 일컬어지거나 이를 자각하는 계기가 나타난다는 점이다. '아비없는 자식'은 '아버지 부재'의 상황을 문제적인 상황으로 가시화하며, 이는 곧 현재의 세계, 곧 집을 떠나 새로운 세계로 입문하는 계기를 제공한다. 집을 떠난 후 시작된 사회입문의 여정에서, 아도는 자신의 아버지 굴마를 만난다. 그는 아버지를 만남으로써 불법을 배우는 기회를 얻고, 이를 통해 미래 자기 인생의 가장 주요한 과업을 시작할 계기를 연다.

---

11) 『삼국유사(三國遺事)』 3권 홍법편(興法篇) <아도기라(阿道基羅)>(『삼국유사(三國遺事)』. (앞의 책 참조.)

1. 법사의 아버지는 굴마이고 어머니는 고구려 고도령이다.
2. 굴마가 사신으로 왔다가 고도령과 사통하고 위나라로 돌아간 뒤에 고도령이 아도를 낳았다.
3. 굴마는 위나라로 돌아갔다.
4. 다섯 살이 되자 아이에게 남다른 형상이 있었다.
5. 어머니가 그에게, "아비없는 자식이니 중이 되는 게 좋겠다."라고 말했다.
6. 중이 되어 16세에 위나라로 들어가 굴마를 뵙고 현창화상에게 가르침을 받았다.
7. 19세에 어머니께 돌아오자 어머니가 신라에 가서 불법을 전하라 한다.-어머니가 30여 달 후에 불법을 밝힐 임금이 나올 것이라는 사실과 일곱 군데 가람터를 미리 일러주었다.
8. 계림으로 가서 불교를 행하고자 청하였으나 이전에 보지 못하던 것이라 괴이하게 여기고 장차 죽이려는 자까지 있었다.
9. 속촌 모례의 집에 도망가 숨었다.
10. 성국공주가 병들었는데 사방에서 의원을 구했으나 낫지 않아서 법사가 대궐로 들어가 공주의 병을 치료하였다.
11. 왕이 크게 기뻐하여 원하는 것을 물으니 천경림에 절을 세우고 중이 되고자 하는 자들에게 불법을 전수하겠다고 하여 왕이 승낙하였다.
12. 풍속이 질박, 검소하여 능히 불법에 귀의할 수 없으므로 여념집으로 절을 삼았다.
13. 7년 후에 비로소 중이 되고자 하는 자가 있어 불법을 전수받았으며 모록의 누이동생 사시도 중이 되었다.
14. 7군데 가람터 가운데 두 번째 절이 되는 영흥사를 세웠다.
15. 미추왕 이후에 후대의 왕들이 불교를 존중하지 않고 폐지하려 하자 스스로 속촌으로 돌아가 무덤을 만들고 그 속에서 문을 닫고 시멸하였다. 이 때문에 당분간 불교가 신라에서 행해지지 않았다.[12]

『해동고승전(海東高僧傳)』의 아도 이야기는 좀더 명확한 신화의 구조를 보여준다. 아버지는 바깥에서 와서 어머니와 관계를 한 후 다시 자기 세계로 떠나간다. 아버지의 부재 속에서 자란 아도는 '아비없는 자식'이며 다섯 살 때부터 집단 동일성에서 벗어난 차이의 표지를 드러낸다. 어머니는 아들인 아도에게 아버지가 없고 남다르니 현 질서를 벗어나 새로운 세계로 나아가라 이른다. 아도는 아버지를 찾아나서며 아버지를 만난 후에 불법을 전수받는다.

아도의 입사(入社)는 분명 아버지의 부재로 촉발되었다. '아비없는 자식'은 특수한 상황이며 이것은 집단 동일성에서 벗어난 차이이다. 더구나 그는 다섯 살 때부터 남다른 표지를 드러냈다. 어머니는 그의 앞일을 예견하며 입사로 이어질 그의 여정을 안내한다. 해당 이야기에서 아도가 건설할 새로운 세계의 구심은 불법으로 설정되어 있다. 아도는 아버지를 만나 자신의 정체를 확인하며 이와 같은 정체성 정립의 계기를 통해 그는 본격적으로 불법을 전수받는 입문의 길로 들어선다.

불법을 전수받고 돌아온 그에게 어머니는 새로운 세계 건설의 거점이 될 가람터의 위치를 알려준다. 그러나 그가 일으키려는 불법에 대적하는 자들로 인해 그는 다시 모례의 집에 들어가 칩거하게 되며 다시 공주의 병을 고치고서야 왕에게 승인을 얻는다. 그러나 자신을 인정한 왕이 죽은 후에 다시 그의 불법을 삿된 것으로 규정하는 무리가 득세하게 되고, 이 때문에 그는 영원한 칩거의 길에 들어선다.

그의 입문은 아버지 탐색에 나섰다가 아버지를 찾아 자신의 정체를 확인한 것으로 끝나지 않는다. 아버지를 만나 불법을 전수받은 후 다시 신라에 불법을 일으키는 새로운 사명을 완수하는 길에 나서며 이 과정에서 입사의 여러 관문을 거치게 된다. 그러나 그의 입사가

12) 각훈(覺訓), 『해동고승전(海東高僧傳)』 <아도(阿道)>(각훈(覺訓), 『해동고승전(海東高僧傳)』, 이병훈 옮김, 을유문화사, 1987(4판), 60～68면).

시작된 계기는 분명, 아버지의 부재라는 결핍이 촉발한 아버지 탐색의 여정이었다.[13)]

13) 결핍으로 인한 떠남은 신화에서 자주 등장하는 모티프 가운데 하나다. 아도의 경우에도 집을 떠나는 여정의 첫 출발은 '아버지의 결핍'에 의해 비롯된다. 그리고 이 탐색 여정을 통해 일정한 획득이 이루어진다. 이 획득의 내용은 아버지를 만나는 것과 불법을 전수받는 것이다. 결핍에 의한 '떠남'과 탐색 과정을 통한 획득은 프로프(V. Propp) 등의 신화학자들에 의해 이미 검증된 것처럼 신화적 구조의 주요한 특징이다. 그러나 획득된 '불법'은 단순히 불교 교리의 이해에만 그치지 않는다. 강연을 할 때 하늘에서 꽃이 비오듯 한다거나 외국에서 온 향을 알고 사용할 수 있는 능력을 가졌다거나 공주의 병을 고칠 수 있는 능력이 있었다는 등의 주술적 능력을 포괄하는 '불법'의 개념임을 알 수 있다. 탐색의 과정을 통해서 마술적 능력이 획득되는 것 역시 신화의 주요한 특성이다. 특히 '아도이야기'에서는 이러한 능력을 사람들 앞에 보임으로써 불법을 전수할 수 있는 기회를 얻게 된다. 즉 획득된 능력을 통해 새로운 질서의 창조나 새로운 종교 관념, 가치체계 확립의 단초가 마련되는 것이다. 그러나 여기서 그치지 않는다. 새로운 질서가 수립되기 위해서는 아직 더 많은 시련이 요구된다. 새로운 종교가 확립되기 위해서는 기존 질서와의 갈등이 생겨날 수밖에 없는 것이다. 그리하여 아도는 더 큰 능력과 새로운 가능성을 획득하기 위하여 모례의 집 굴 속으로 들어간다. 이것은 전형적인 통과의례의 신화적 상징과 유사하다. 신화적 특성으로 주목할 수 있는 또 하나의 요인은 '아도의 어머니'이다. 그녀는 '동명왕 이야기'의 '유화'와 같이 모든 탐색의 과정을 주관하고 있으며 '아도'가 탐색과정을 통해 얻어야 할 것과 가야할 방향, 그리고 그 이후에 예정된 그의 운명까지 모두 일러준다. 이것은 '아도의 어머니'가 신화에서 자주 등장하는 탐색의 안내자, 조력자, 주관자의 역할을 담당하고 있음을 알게 한다. 이외에도 그가 태어날 때부터 선천적으로 특이한 형상이나 신이한 능력을 어느 정도 타고났다는 것 역시 신화적 특성의 하나로 볼 수 있다. 그러나 이러한 신화적 흔적은 '아도이야기'의 역사적, 시대적 맥락에 따라 재구성되어 있다. 즉 신화적 흔적의 의미가 본래의 의미에서 벗어나 재맥락화되어 있는 것이다. '아도'의 신이한 능력은 불교적인 것으로 채색되었다. 이것은 이 이야기가 불법을 전수한 한 승려의 이야기로 재편되었기 때문인데 '불법'으로 표현된 신이한 능력은 그 능력을 드러내는 과정에서 '향'과 연계되거나 '강을 할 때 꽃이 비오듯 하는' 등 마술적이고 신비한 능력보다는 불력이 높은 고승들의 능력으로 표현되고 있다. 또한 어머니의 말을 통해서 탐색의 안내자로서의 어머니의 역할이 강조되기보다는 신라가 원래 가섭불 시대에 불국토였다는 불국토 사상이 강조되고 있다. 아도가 신라로 불법을 전하러 오게 되는 것 역시 애초에 신라가 불국토였기에 가능하다는 식으로 이야기가 전개되고 있는 것이다. 모례의 집에 머무르게 되는 과정 역시 통과의례적 속성은 거의 사라지고 대신, 갈등 위기의 국면이 강조되고 있으며 한편으로는 아도가 민중들 속에서 불법을 펴는 승려였음을 부각시키는 모티브로 작용하고 있다. 즉 지배이념의 전수자, 교화자이자 새로운 종교 관념의 대변자가 민중들과 가깝고 친숙한 인물이었음을 강조하는 방향으로 모티브의 의미가 변화된 것이다. 이것은 구전으로

'아버지 부재'가 신화적 주인공의 문제적인 상황으로 설정되어 입사를 촉진하는 서사 전개 양상은 다음 절에서 살펴볼 주몽의 이야기에서도 확인할 수 있다. 주몽이 아버지를 만나는 장면은 없지만 주몽 신화에서도 '아버지 부재'는 서사 전개를 추동하는 핵심 요인으로 설정된다. 유화는 아도의 어머니와 같이 입사를 안내하는데 주몽의 이야기에서 다르게 나타나는 점은 낳아준 아버지의 부재 대신 길러진 아버지와의 갈등 관계가 설정되어 있다는 것이다.

또한 주몽은 아버지를 직접 만나는 대신 길러준 아버지의 세계를 떠나면서 강가에 이르러, 자신이 하늘 존재인 해모수의 아들이며 물의 신 하백의 외손임을 부르짖어 자신의 정체를 확인하고 증명한다. 아버지를 만나는 장면은 없지만 자기 자신과 세상에 대해 아버지와의 관계를 증명함으로써 스스로 자기 정체를 확인하는 장면이 입사의 핵심 사건으로 등장한다.

아버지 탐색의 여정은 주몽의 아들 유리에게서 가장 명확하게 드러난다.

1. 주몽이 부여에 있을 때 예씨에게 장가 들어 태기가 있었다.
2. 주몽이 떠난 후에 예씨가 해산을 했는데 이름이 유리였다.
3. 유리가 어려서 거리에 나가 놀면서 참새를 쏘다가 물 긷는 부인의 물동

전해지는 아도이야기에서 아도가 부잣집의 머슴으로 나타나는 것에도 부합한다. 『영남의 전설』에 수록된 아도 이야기는 선산 도리사 유래담으로 기술되어 있는데 대체적인 내용이 다음과 같다.(「선산 도리사 전설」, 유증선 편, 『영남의 전설』, 형설출판사, 1971, 305~307면.) "신라 때 본군 모량리의 모례라는 부잣집에 아도라는 젊은이가 난데없이 떠들어 와서 수 년 동안 보수 없는 머슴살이를 했다. 하루 종일 농사일은 물론 집안일까지 알뜰하게 보살피자 주인 모례 역시 한집 식구처럼 극진하게 대접했다. 10년의 세월이 흐르자 어느날 아도가 갑자기 떠나겠다고 하직인사를 했다. 주인이 보답하고자 곡식을 주자 아도는 그 곡식으로 도리사를 지었다. 아도가 선산에 왔을 때, 흰눈이 날리는 엄동설한의 겨울이었으나 오색 복사꽃이 만발하여 '도리사'라는 이름이 붙었다.(1968년 9월, 선산군 예산국민학교장 강종덕(남, 51세)씨 제공.)"

이를 잘못 쏘아 깨뜨렸다.

4. 부인이 꾸짖기를, '이 아이는 아비가 없기 때문에 이렇게 못되게 군다' 하였다.
5. 유리가 집에 돌아와 어머니에게 왜 아버지가 없는지, 아버지는 어디에 있는지 물었다.
6. 어머니가 아버지는 보통 사람이 아니어서 나라에 용납되지 못하고 남쪽에 내려가 나라를 세우고 왕이 되었다고 유리에게 말해주었다.
7. 아버지가 떠나면서 남긴 말을 어머니가 유리에게 전하기를, "아들을 낳으면 '나의 유물이 일곱 모진 돌 위의 소나무 밑에 묻혀 있다'는 말을 아들에게 해주라."고 하였다.
8. 당시 유리의 아버지는 만약 자신이 숨긴 유물을 발견한다면 그 아이가 바로 자신 아들일 것이라는 말을 덧붙였다.
9. 여러 곳을 찾던 유리가 결국 기둥 아래 일곱 모로 된 주춧돌 위에서 부러진 칼 조각을 찾아냈다.
10. 유리가 옥지, 구추, 도조 세 사람과 함께 졸본으로 가서 아버지를 만나 칼을 바쳤다.
11. 주몽이 자신이 가지고 있던 칼 조각을 꺼내 맞춰보니 칼이 완전한 하나로 완성되었다.
12. 주몽이 유리를 태자로 삼아 왕위를 잇게 하였다.[14)]

유리의 이야기에서도 '아비없는 자식'의 상황이 문제적인 조건으로 설정되며, 이것이 '아버지 찾기', 곧 '부친탐색'을 촉진한다. 이 이야기에서도 주인공의 어머니는 아들이 앞으로 가야 할 길과 완수해야 할 사명이 무엇인지 일러주는 입문 안내자의 위상을 보여준다. 특이한

---

14) 김부식, 『삼국사기(三國史記)』 권13 <고구려 본기 제1 유리(琉璃)>(김부식, 『삼국사기(三國史記)』 상, 고전연구출판위원회 옮김, 조선민주주의인민공화국 과학원, 1958, 354~355면).

것은 유리가 아버지를 찾기 위해 아버지가 낸 수수께끼를 풀어야 한다는 사실이다.

수수께끼를 푼다는 것은 그가 '우주의 비밀'을 알고 태어난 자임을 증명하는 과정이다. 오이디푸스가 스핑크스가 낸 수수께끼를 풀었듯이 세계의 중심이 될 자는 이미 '인식한 자'이며 그는 우주의 가장 은밀하고 중요한 핵심 비밀을 이미 알고 있는 자이다. 그의 정체는 그가 이 비밀을 푸는 과정을 통해 증명된다.

'아버지 탐색', 곧 '부친 탐색'의 과정이 주인공의 정체 확인 및 정체성 정립의 과정을 표상한다고 할 때 유리에게 이 과정은 '신성한 존재인 주몽의 아들'임을 증명하는 과정이다. 그리고 이것은 다시 우주의 비밀을 알고 있는 자임을 증명함으로써 그가 신성한 존재인 주몽과 마찬가지로 타고난 신성의 존재임을 입증하는 과정이라고 할 수 있다.

아버지를 만난 유리는 부러진 칼조각을 통해 자신이 아버지가 낸 수수께끼를 풀었으며 이를 통해 우주의 비밀을 알고 있는 자로서 성스러운 혈통의 존재임을 증명한다. 주몽이 갖고 있던 칼조각과 하나로 합쳐진 유리의 칼조각이 주몽과 유리를 연결하는 성스러운 계보의 증거이며, 이는 곧 유리가 확인하고 완성해야 할 정체성의 핵심 내용이다.

신화적 서사의 주인공이 보여주는 '부친탐색'의 여정은 무속신화에서도 고스란히 반복된다. <제석본풀이>에서 당금애기 등으로 불리는 여성 주인공은 어느날 갑자기 시주온 도승과 잠자리를 갖게 되고 그가 떠난 후 삼형제를 낳는다. 그리고 이 삼형제는 아버지인 도승이 남기고 간 예언에 따라 아버지를 찾아가 시험을 치르고 아들임을 인정받아 드디어 이름과 직책을 받게 된다.[15)]

---

15) 김태곤, 『한국무가집』 1~2, 4, 집문당, 1971~1980 참조.

각편마다 차이가 있긴 하지만 다른 세계, 혹은 경계 바깥에서 온 존재인 중이 주인공 여성을 선택하여 하룻밤 잠자리를 가진 후 떠나고 홀로 남은 여성이 아이를 낳은 후 그 아이들이 아버지를 찾아 떠나는 과정은 대체로 반복된다. 이때 중은 떠나면서 미래를 예견하고, 홀로 아들을 낳은 여성은 자신이 소속된 공동체로부터 내쳐진다. 중요한 것은 여성이 낳은 아들들이 '아비없는 자식'이 되어 조롱과 멸시를 받는 과정을 겪게 되며 이것이 '부친탐색'을 추동한다는 사실이다. 또한 이 아들들은 시험을 거쳐 아버지의 자식임을 증명하며 이 증명을 통해 이름과 직책을 부여받음으로써 입사를 완성하게 된다.

제주도 본풀이인 <천지왕본풀이>나 <이공본풀이>에서도 '부친탐색'의 과정이 나타난다.[16] <천지왕본풀이>에서는 천지왕이 지상에 내려와 총멩부인과 결연한 후 돌아가면서 아들을 낳으면 대별왕과 소별왕이라고 이름을 지으라 말하고 박씨를 준다. 총멩부인은 천지왕의 예언대로 아들을 형제를 낳는데, 그들이 15세가 되었을 때 서당에서 '아비없는 자식'이라는 말을 듣고 어머니에게 아버지의 행방을 묻는다. 총멩부인이 아버지가 누구인지 아들들에게 밝히자 아들들은 박씨를 심은 후 그 줄기를 타고 하늘로 올라가 천지왕을 만난다. 자신들의 이름을 말해 천지왕의 아들임을 밝힌 후 아들들은 아버지에게 아들로서 인정을 받는다. 그 후 대별왕과 소별왕은 수수께끼를 풀고 꽃 피우기 내기를 거쳐 각각 저승과 이승을 다스리는 신이 된다.

<이공본풀이>에서는 구덕혼인을 맺은 사라도령과 원강아미가 서천 꽃밭의 꽃감관이 되기 위해 길을 떠났다가 사라도령이 만삭인 원강아미를 천년장자의 집에 두고 혼자 가면서 얼레빗 반쪽을 남긴다. 천년장자의 성적 요구를 피해 홀로 아들을 낳은 원강아미는 사라도

16) 현용준, 『제주도 무속자료사전』, 신구문화사, 1980 참조.; 진성기, 『제주도 무가본풀이사전』, 민속원, 1991 참조.

령이 미리 말하고 간 대로 아들에게 할락궁이라는 이름을 지어준다. 15세가 된 할락궁이가 아버지를 묻자 원강아미는 처음에 천년장자라고 말했다가 결국 사라도령임을 밝히게 된다. 얼레빗 반쪽을 들고 아버지를 찾아나선 할락궁이는 온갖 시련을 딛고 서천 꽃밭에서 아버지를 만나 자기 이름을 말하고 얼레빗을 바친다. 얼레빗을 맞춰본 꽃감관이 할락궁이를 자신의 아들로 인정하고 여러 가지 꽃을 주어 아들을 돌려보낸다. 아들이 돌아와 장자를 망하게 하고 장자에게 죽은 어머니를 되살려 어머니와 함께 서천 꽃밭으로 간 후 아버지인 사라도령은 서천 꽃밭의 왕이 되고 할락궁이는 꽃감관이 되어 꽃밭을 다스린다.

두 이야기에서 새로운 세계를 다스릴 주인공은 아버지 부재의 상황에서 태어나 입사를 치러야 할 15세의 나이에 아버지가 없는 자신의 조건을 문제적인 상황으로 인식하게 된다. 그리고 이들은 모두 어머니가 밝히는 아버지의 정체를 듣고 자신의 정체를 증명할 물건과 아버지가 지어준 이름을 들고 아버지를 찾아나서는 '부친탐색'의 길에 접어든다. 그리고 아버지를 만난 후 자신의 정체를 승인받아 새로운 세계를 다스릴 권한과 자격을 위임받는다.[17]

'부친탐색' 서사의 주인공들은 아버지를 살해하는 과정이 아니라 아버지를 찾아 아버지로부터 권력을 위임받거나 정체를 승인받는 과정을 거쳐 자기 세계의 중심이 된다. 아버지 부재의 상황에서 아버지를 찾아나서는 과정을 입사의 관문으로 치르게 되는 것이다. '부친살해'가 아버지의 세계에서 벗어나는 분리와 독립의 과정이라면 '부친탐색'의 주인공들은 아버지의 부재로 인해 이미 분리된 상태에 놓여

17) 1990년대 중반 '부친탐색'이라는 주제에 주목했던 김은지는 앞에서 언급한 신화들 외에 <성만 알고 찾은 아버지>나 <아침에 심어 저녁에 따는 오이>와 같은 부류의 구전서사들에서도 '부친탐색'의 주제가 발견됨을 논증하였다. 또한 그는 이와 같은 주제가 <안락국전>이나 <유충렬전> 같은 소설에도 계승되고 있음을 주장한 바 있다.(김은지, 「부친탐색담 연구」, 연세대 석사학위논문, 1996 참조.)

있으며 아버지를 찾아나서는 여정을 통해 어머니로부터도 분리된다. '부친탐색'의 주인공들이 거쳐가는 입사에서는 아버지로부터의 분리보다 어머니로부터의 분리가 더 중요한 관문이 되는 셈이다.

'부친살해'에서 사후에 신이 된 아버지가 아들들의 권력을 사후 보증하는 반면 '부친탐색'에서는 아들이 태어나기도 전에 아들 곁을 떠나 이미 신이 된 아버지가 아들을 만나 그의 정체를 확인한 후 아들의 권력을 승인한다. '부친탐색'의 서사에서 아버지는 원래부터 신이었거나 아들과는 상관없는 자기 입사의 과정을 거쳐 먼저 신이 되어 있는 존재로 그려진다. 아도나 유리의 이야기에서도 아버지는 신은 아니지만 신과 마찬가지로 자기 입사의 과정을 거쳐 이미 어떤 세계의 중심이 되어 있는 존재로 나타난다. 아도의 아버지는 어머니를 만날 당시부터 이미 불력 높은 도승이었으며 유리의 아버지 주몽 역시 이미 자기 입사를 거쳐 세계의 중심이 된 자였다.

그리하여 이들 '부친탐색'의 주인공들은 어머니의 곁을 떠나 아버지의 세계로 가서 자신의 정체를 승인받은 후 아버지로부터 권력을 위임받는다. 어머니로부터 분리를 성취했으되 아버지의 세계로 회귀했다는 점에서 '부친탐색'의 주인공들이 제대로 된 분리와 독립을 성취했는지는 의문이다. 그들의 세계는 아버지의 세계에서 이어져나온 것일 뿐 아니라 아버지의 후광 없이는 존재할 수 없는 세계이기 때문이다. 따라서 '부친탐색'은 '부친살해'가 우회되거나 회피되면서 오히려 가부장적 권력 승계 과정으로 변주된 양상을 보여준다. 여기서는 오로지 어머니로부터의 분리가 문제가 될 뿐이다.

어머니의 품에서 벗어났지만 아버지의 그늘 아래 있다는 점에서 아들들의 입사는 아직 미완성의 것으로 보인다. 그들은 여전히 자기 세계의 완전한 중심, 독립적인 주인이 되지 못한 것으로 보이며, 이는 '자식살해'로 나아간 반동적 변주 못지 않게 문제적인 상황으로 인식된다. '부친살해'를 정상적인 과정으로 설정하거나 반드시 성취해야 할 목표로 두지 않더라도, '부친탐색'은 부모로부터의 완전한 독립과 분리를 성취하지 못한다는 점에서 불완전한 입사의 과정을 보여준다. '아비없이' 태어나 이에 분격해 아버지를 찾아나선 아들들, 그리하여 어머니 곁을 떠나 아버지에게 가서 자신들의 정체를 확인받은 아들들은 스스로의 힘으로 자기 세계를 건설하지 못한 채 아버지로부터 완성된 세계를 물려받았기 때문이다. 그들의 세계는 결국 아버지의 세계에 속해 있거나 아버지의 세계와 이어져 있으며, 그들이 세계의 중심이 될 수 있도록 그들의 정체를 보증하고 확인하여 승인한 것 또한 그들의 아버지들이었다.

3. '기아(棄兒)'와 '자식살해'의 징후

서대석은 앞서 언급한 <혁거세>, <수로>, <알지> 등의 신화와 함께 <탈해> 신화를 남방지역의 신화로 분류하여 이들이 공통된 특질을 지니고 있음을 논증한 바 있다.[18] 그러나 탄생, 혹은 출현에 관련된 부모대(父母代)와의 관계를 중심으로 고찰하면, <탈해> 신화는 다소 다른 면모를 보인다. 아래에서 볼 수 있듯이 알에서 나오는 것을 제외하고는 궤짝에 담겨져 버려졌다가 발견된다는 점이나 '아진의선'이라는 여성[19] 개인에게 발견된다는 점, 토함산 위에 올라가서 돌무덤을 만들고 이레 동안 머물다가 호공의 집을 빼앗을 뿐 아니라 심부름하는 자의 성실함을 시험하는 신이한 행적을 보인다는 점 등이 모두 위에 언급한 신화와의 차이를 드러내는 대목들이다.

---

18) 서대석은 <단군>, <주몽>, <해모수>, <해부루>, <금와> 신화를 북방지역 신화로, <혁거세>, <수로>, <탈해>, <알지>, 제주도 <삼성> 신화를 남방지역 신화로 분류하여 두 부류의 신화가 각각 구조와 서사 특질 면에서 상이함을 드러낸다는 사실을 논증하였다.(서대석, 『한국 신화의 연구』, 집문당, 2001 참조.)

19) 탈해를 발견하는 이 여성 또한 여신적인 속성을 지닌 존재로 파악할 수 있다.

〈탈해왕〉

1. 탈해 잇금이다. 남해왕 때에 가락국 바다 가운데 웬 배가 와서 정박하였으므로 그 나라의 수로왕이 신하와 백성들과 함께 북을 울리면서 맞아서 머물도록 하려 하였더니 배는 그만 나는 듯이 달아나서 계림 동쪽의 하서지촌 아진포에 닿았다.
2. 이 때에 갯가에는 한 노파가 있었는데 이름이 아진의선이라 하니 곧 혁거세왕의 배꾼의 어머니였다.
3. 그녀는 바다를 바라보고 말하기를, "이 바다에는 원래 바윗돌이 없는데 어인 까닭으로 까치들이 몰려서 울꼬?" 하고는 배를 저어가서 찾아보니 웬 배 한 척 위에 까치들이 몰려 있었다.
4. 배 한가운데에는 궤짝이 한 개 있는데 길이가 20척이요 너비가 13척이었다.
5. 그녀는 배를 끌어다가 어떤 나무숲 아래 가져다두고 좋은 일인지 언짢은 일인지 알 수가 없어 하늘을 향하여 맹세를 하고 난 뒤 궤짝을 열어보니 단정하게 생긴 웬 사내아이가 들어 있고 겸하여 가지각색의 보물과 노비들이 가득 실려 있었다.
6. 그녀가 이레 동안 그 아이의 바라지를 하였더니 그제야 말하기를, "나는 본래 용성국 사람이다. 우리 나라에는 일찍부터 28용왕이 있어 사람의 태로부터 나서 다섯 살, 여섯 살 적부터 왕위를 계승하여 만백성들에게 천품을 닦도록 교화하였으며 8품의 성골이 있으나 차별을 두지 않고 모두가 임금 자리에 오르게 되었다. 당시 나의 부왕인 함달파가 적녀국 왕녀에게 장가를 들어 왕비를 삼았는데 오랫동안 아들이 없어서 자식 낳기를 기도하였더니 7년 후에 커다란 알 한 개를 낳았다. 이에 부왕은 여러 신하들을 모으고 묻기를, '사람으로서 알을 낳는다는 것은 고금에 없는 일이니 아마도 좋은 일이 아닌가 보다.'하고 곧 궤짝을 만들어 나를 넣고 겸하여 가지각색의 보물과 노비들을 배에 싣고 바다에 띄우면서 빌기를, '인연 닿는 땅에 네 마음대로 닿아 나라를 세우고 가문을 만들라' 하였다.

때마침 붉은 용이 있어 배를 호위하면서 이곳까지 왔노라."고 하였다.

7. 말을 마치자 그 사내아이는 지팡이를 끌면서 두 종을 데리고 토함산 위에 올라가서 돌무덤을 만들고 이레 동안 머물렀다.
8. 그가 성 안의 살 만한 땅을 찾아보니 초승달처럼 생긴 산봉우리가 있음을 바라보고 그 지세가 오래 살 만한 자리인지라 곧 내려가 알아보았더니 이는 호공의 댁이었다.
9. 그는 곧 꾀를 써서 남몰래 그 집 옆에 숫돌과 숯을 묻고는 이튿날 아침에 그 집 문앞에 와서 말하기를, "이 집은 우리 할아버지적 집이다"라고 하니 호공은 그렇지 않다 하여 서로 시비를 따지다가 결판을 못 내고 결국 관가에 고발하였다.
10. 관리가 말하기를, "무슨 증거가 있기에 이것을 너희 집이라고 하느냐?"하니 그 아이가 대답하기를, "우리 조상은 본래 대장장이였는데 잠시 이웃 지방으로 나간 동안에 다른 사람이 빼앗아 여기에 살고 있는 것입니다. 땅을 파서 사실을 밝혀주소서." 하여 그 말대로 파보니 과연 숫돌과 숯이 나왔으므로 곧 빼앗아 살았다.
11. 이 때에 남해왕이 탈해가 지혜 있는 사람인 줄 알고 맏공주로써 아내를 삼게 하니 이가 바라 아니부인이 되었다.
12. 하루는 탈해가 동악에 올라갔다가 돌아오는 길에 심부름하느느 자를 시켜 물을 구하여 마시는데 심부름하는 자가 물을 길어서 오던 도중에 먼저 마시고 드리려 하니 물그릇이 입에 달라붙어 떨어지지 않았다.
13. 그래서 나무랐더니 심부름하던 자가 맹세하여 말하기를, "다음에는 가깝고 멀고 간에 감히 먼저 마시지 않겠소이다" 하니 그제야 그만 그릇이 떨어졌다.
14. 이로부터는 심부름하는 자가 감히 속이지 못하였다.
15. 지금도 동악에는 우물 하나가 있는데 속칭 요내우물이라 하는 것이 바로 이것이다.
16. 노례왕이 죽자 광무제 중원 2년 정사 6월에 탈해가 바로 왕위에 올랐다.

17. 그가 "이것이 옛날 우리 집이오" 하면서 남의 집을 빼앗았다고 하여 성을 옛 昔자로 하였다. 혹은 까치 때문에 궤짝을 열었으므로 까치 鵲자에서 새 조를 떼어버리고 석씨로 하였다기도 하며 궤짝을 풀고 알을 벗고 나왔으므로 탈해라 하였다고도 한다.
18. 임금 자리에 있은 지가 23년이요 건초 4년(79) 기묘에 죽어서 소천 둔덕 가운데 장사하였다.
19. 뒤에 탈해 신령의 명령이 있어 "내 뼈를 조심해 묻으라"고 하였다. 그의 해골 둘레가 3척 2촌이요, 몸뚱이뼈 길이가 9척 7촌이요, 이빨이 엉켜 있어 하나인 듯하고 뼈마디가 모두 연결되어 있었으니 소위 천하에 적수가 없을 장사의 뼈였다. 그 뼈를 부수어 그의 형상을 빚어 만들어 대궐 안에 모셨다. 탈해의 신령이 또 이르기를, "내 뼈를 동악에 두라"고 하였으므로 그 곳에 모셨다.[20]

<탈해> 신화에서 가장 주목할 차이는 '알에서 태어났기 때문에' 버려졌다는 사실이다. 알이나 궤짝의 이미지는 앞선 신화들에서와 마찬가지로 입사적 공간으로서의 표상을 지니지만 무엇보다 그가 '알에서 태어난 차이', 다시 말해서 인간이라면 누구나 사람에게서 태어난다는 집단 동일성에서 벗어난 이 차이 때문에 버려졌다는 사실에 주목할 필요가 있다. 앞선 신화의 주인공들은 이 '난생(卵生)'을 통해 신성성을 증명한 반면, 탈해에게는 이것이 '기아(棄兒)'의 원인이 된다. '기아(棄兒)'는 뒤에 언급할 <주몽>은 물론, 각종 이인(異人)과 도승, 영웅적인 인물의 탄생담에서 쉽게 발견되는 모티프이며 특히 궤짝에 담겨서 배에 띄운 채 버려지는 방식의 '기아'는 제주도 무속신화나 당신화에서 종종 확인할 수 있는 신화적 모티프다.

한국 신화, 혹은 신화적 서사에서 '기아(棄兒)'의 원인은 '남다름'에

20) 일연(一然), 『삼국유사(三國遺事)』 「기이편(紀異篇)」 <탈해왕(脫解王)>(이민수 옮김, 『삼국유사』, 을유문화사, 1994 참조; 리상호 옮김, 『삼국유사』, 까치, 1999 참조.)

있다. 남다른 출생이나 존재 속성 때문에 버려진다는 점에서 '기아(棄兒)'의 배경에는 집단 동일성에서 벗어난 차이를 위기징후를 포착하는 정치적 기제가 존재하며, 이는 곧 집단 내부에 존재하는 공포와 불안의 징후를 보여준다. '기아'를 요구하는 가치나 질서는 집단의 것이지만 '기아'를 단행하는 것은 부모인데 보통 '남성'인 경우가 많다. 버려질 아이를 낳은 여성의 배우자나 아버지, 혹은 그녀를 발견한 새로운 남성에 의해 버려지는 예가 많기 때문이다.

버려진 아이가 세계를 건설할 것이기에 이 버려짐은 새로운 세계 건설을 위한 단절면이다. 아이는 부모의 세계로부터 벗어나 자신의 세계를 건설할 곳을 찾고 그곳에서 스스로 중심이 된다. 신화적 주체가 앞선 세계와 단절하고 새로운 세계를 건설할 과업의 주인공이라고 할 때 이 단절과 부모로부터의 분리는 필연적 과정이자 신화적 사건의 시발점이다. 그런데 이 단절과 분리가 자식에 의해 주도되는 '부친살해'와 달리 부모나 부모 세대로 표상되는 기존 질서의 주체들에 의해 이루어진다는 점에서 '기아'는 '부친살해'의 역방향을 보여준다.

<단군> 신화에서는 아예 단군의 서사가 본격화되지 않는다. 부모에 해당하는 환웅과 웅녀의 서사가 신화의 핵심 내용이라 할 수 있는데 이들의 결합은 전형적인 천부지모(天父地母)의 형태를 보여준다. 생물학적 결합의 형태를 띤 듯 보이지만 21일 만에 사람의 몸을 얻은 곰과 하늘에서 내려와 잠시 사람의 형체로 화한 환웅이 신단수(神檀樹)라는 우주적 중심에서 이루어낸 우주적 결합으로서 의례적이고 신화적인 상징성을 띤 사건일 뿐이다. 이 신화에서는 단군이 서사적으로 초점화된 인물이 아니기 때문에 '부친살해'의 장면이 구체화될 여지가 없다. 단군의 신성한 존재 속성만 암시될 뿐 단군이 자신을 우주적 구심으로 삼아 새로운 질서를 구축하는 신화적 사건이 구체화되지 않기에 '부친살해'에 해당하는 사건 역시 등장하지 않는 것

이다. 다만 아직 온전히 땅의 사람으로 토착화되지 않은 채 '잠시 사람으로 化하여 곰과 결합한 하늘 사람 환웅'에게서 '해모수'의 형상을 겹쳐서 읽을 뿐이다.

〈고조선〉

1. 옛날 환인에게 서자 환웅이라는 이가 있어 자주 나라를 가져볼 뜻을 두고 인간 세상을 갈망하였다.
2. 그 아버지가 아들의 뜻을 알고 아래로 삼위 태백의 땅을 내려다보니 인간 세상을 널리 이롭게 할 만하였다.
3. -중략- 때마침 곰 한 마리와 범 한 마리가 같은 굴에 살았는데 항상 환웅에게 사람이 되게 해 달라고 빌었다.
4. 환웅이 쑥과 마늘을 주며 '너희들이 이것을 먹고 백 일 동안 햇빛을 보지 않으면 사람의 형체를 얻을 수 있으리라'고 말했다. 곰은 21일간 금기를 지켜 여자의 몸이 되고 범은 지키지 못해 사람의 몸을 얻지 못했다.
5. 웅녀가 매일 신단수 아래에서 아이를 갖게 해 달라고 빌자 환웅이 잠시 사람으로 화하여 혼인하였다.
6. 웅녀가 아들을 낳으니 이름을 단군왕검이라고 하였다. -하략-[21)]

<주몽> 신화는 여러 종류의 텍스트가 전승되고 있는데 아래 <삼국유사(三國遺事)> 외에도 <삼국사기(三國史記)>와 이규보 <동명왕편(東明王篇)>의 주석에 실린 <구삼국사(舊三國史)> 기록 등에서 해모수가 유화와 만난 후 돌아가는 장면과 유화가 낳은 알이 금와에 의해 버려지는 '기아' 모티프가 등장한다. 특히 '기아' 모티프는 <위서(魏書) 열전(列傳) 고구려조(高句麗條)>에 실린 <주몽> 신화에도 등장한다.

---

21) 일연(一然), 『삼국유사(三國遺事)』「기이편(紀異篇)」<고조선(古朝鮮)>. (이민수 옮김, 『삼국유사』, 을유문화사, 1994 참조.; 리상호 옮김, 『삼국유사』, 까치, 1999 참조.)

〈고구려〉

1. 처음에 북부여왕 해부루가 동부여로 자리를 피하고 나서 부루가 죽으매 금와가 왕위를 이었다.
2. 금와가 태백산 남쪽 우발수에서 한 여자를 만나서 사정을 물으니, 그녀가 '나는 하백의 딸로서 이름은 유화인데 여러 아우들과 나와 놀던 중 마침 천제의 아들 해모수라 칭하는 이를 만났습니다. 그런데 그가 나를 유인하여 웅신산 아래 압록강변의 방 속에서 나를 만나고는 가서 돌아오지 않았습니다. 내가 중매도 없이 남의 말을 들었다 하여 부모가 나를 꾸짖고는 마침내 이곳으로 귀양을 보냈습니다.'라고 하였다.
3. 금와가 이를 이상히 여겨 방 속 깊이 가두었더니 햇빛이 그녀를 비추었다.
4. 유화가 몸을 끌어 햇빛을 피아였으나 햇빛이 또 좇아와 그녀를 비추었다.
5. 그로 인해 태기가 있어 알 하나를 낳으니 크기가 다섯 되 들이는 되었다.
6. 왕이 이것을 버려 개와 돼지에게 주니 모두 먹지 않았다.
7. 다시 이것을 길바닥에 버렸더니 소와 말이 피해갔다.
8. 이것을 들에 버렸더니 새와 짐승이 덮어주었다.
9. 왕이 이것을 쪼개려 해도 깨드릴 수가 없어 그만 그 어미에게 돌려주었다.
10. 유화가 이것을 물건으로 싸서 따뜻한 곳에 두었더니 아이 하나가 껍질을 깨고 나왔는데 골격이나 외양이 영특하고 신비로웠다.-하략-[22)]

<주몽>에 등장하는 주목할 만한 서사적 요소는 '아버지의 부재'와 '기아(棄兒)'다. 해모수는 유화를 만난 후 돌아가서는 다시 주몽 앞에 등장하지 않는다. 주몽의 발언과 서사적인 맥락을 통해 그가 주몽의 아버지임이 증명될 뿐이다. 각편에 따라서는 해모수의 존재 없이 햇빛만으로 유화가 잉태하기도 한다. 어느 경우에나 서사적으로 부각되는 것은 '아버지의 부재'다. '아버지의 부재'는 '아버지' 스스로 '아

---

22) 일연(一然), 『삼국유사(三國遺事)』「기이편(紀異篇)」<고구려(高句麗)>(이민수 옮김, 『삼국유사』, 을유문화사, 1994 참조; 리상호 옮김, 『삼국유사』, 까치, 1999 참조.)

들'의 세계와 관계 맺지 않고 절연면을 만든다는 점에서 '부친살해'의 필요성을 소거한다.

그리고 이와 같은 '아버지의 부재'는 '남다른 출생'과 '아버지가 없다는 비정상성, 혹은 비동일성' 때문에, 혹은 '아들과 아들을 잉태한 배우자를 지켜줄 울타리가 없는 상태'를 유발함으로써 '기아'를 촉진한다. <주몽>에서도 유화는 배우자 없이 아이를 가졌다는 사실 때문에 아버지로부터 축출된다. 홀로 남겨진 상태에서 금와에게 발견된 유화가 알을 낳고, 이 알이 비정상과 비동일성의 표상을 띠면서 일종의 위기징후로 간주됨에 따라 '기아'가 유발되는 것이다. 따라서 '아버지의 부재'와 '기아'는 하나의 맥락으로 연결되어 있다.

유화를 떠나는 해모수의 행동이 일종의 '버림'이라면 '아버지의 부재'는 첫 번째 '버림'을 의미한다. 이 첫 번째 '버림'이 결국 두 번째 '버림'을 유발하는 셈이다. '기아'는 첫 번째 아버지에 의한 '버림'에서 시작되어 두 번째 아버지에 의한 '버림'으로 완성된다고 할 수 있다. 이때 어머니는 '기아'의 주체로 등장하지 않으며 '기아'에 협력하거나 동조하지도 않는다. 다만 그녀는 아들과 동일한 '첫 번째 버림의 대상'으로서, 자신의 아들을 지켜낼 힘이 없는 무기력한 존재일 뿐이다. 그러나 그녀는 뒤에 나라를 세우는 아들의 신화적 과업을 지원하고 이끌어나가는 역할을 수행한다.[23] '기아'에서는 '여성'이 '버림'의 주체로 등장하지 않으며 신화적 주체가 될 인물을 내치는 것은 어디까지나 '남성' 주체다.

'아버지의 부재'가 '부친살해'의 가능성을 원천봉쇄하는 일종의 '회피' 기제라면 '기아'는 '부친살해'의 역방향, 곧 '자식살해'로의 변주 징후를 드러낸다. <탈해> 신화에서 살펴본 대로 '기아'는 부모 내지

23) 그녀는 아들에게 위험을 알리고 말을 돌보는 트릭스터로서의 역할을 부여하며 나라를 세우는 일을 지시할 뿐 아니라 나라를 세운 아들에게 곡물 종자를 보내기도 한다.

는 부모 세대, 혹은 아이의 탄생을 맞이한 기존 질서에 의해 주도되는 '내쳐짐', 곧 '분리와 단절'이기 때문이다. <주몽>에서 '기아'는 <탈해>에서와 마찬가지로 집단적 동일성에서 벗어난 차이가 '비정상' 내지는 '비동일성'으로 해석되고 이것이 다시 위기징후로 간주됨에 따라 발생하는 사건이다. <혁거세> 등의 신화에서 질서의 구심을 기다리거나 일으켜세운 이들에게 '남다른 탄생'이 신성성을 증명하는 의미를 지녔던 데 반해 <탈해>나 <주몽>에서 이것은 기존 질서로부터 내쳐지는 원인이 된다. 주몽과 탈해는 탄생의 순간, 곧 그의 존재가 세계에 가시화된 순간이자 그가 질서화할 세상에 처음 접촉한 순간에 세상을 오염시킬 위험 요소로 간주되어 버려진다.

주몽이 처음 접촉한 세계가 금와의 세계였다면 금와 또한 '아버지'라고 할 수 있다. 알에서 태어난 주몽을 거부한 것은 이미 존재하고 있던 낡은 질서와 권력이었다. 금와는 알에서 태어난 주몽을 버렸으며, 금와의 아들들은 주몽을 위협하고 자기들의 세계로부터 축출하고자 하였다. '주몽'은 해모수와 금와라는 두 '아버지'에게 버려지며 '아버지의 세계'를 벗어남으로써 자기 세계를 건설하는 신화적 과업을 시작한다. 주몽은 금와의 세계를 떠남으로써 '부친살해'의 징후를 희미하게나마 드러내지만 이 떠남은 위협과 폭력의 예고로부터의 탈출이라는 점에서 본격적인 '부친살해'를 상징하지는 못한다. 이것은 축출의 성격이 강하다는 점에서 첫 번째 기아(棄兒)의 연장선상에 있다. '기아'는 낡은 질서에 의해 주도되는 단절과 분리라는 점에서 '자식살해'로 나아가는 '부친살해'의 역방향 조짐을 드러낸다.

'기아'는 제주도 무속신화나 당신화에서도 흔하게 발견되는 신화적 모티프다.[24] <칠성본풀이> 등의 제주도 일반무속본풀이에서도 중과

24) 이에 대해서는 문무병의 논문(「제주도 당신앙 연구」, 제주대 박사학위논문, 1993.)과 유달선의 논문(「제주도 당신본풀이 연구」, 대구대 박사학위논문, 1994.)을 참조하도록 한다. 또한 김영일도 제주도의 일반무속본풀이와 당신본풀이의 공통점을

교접하여 임신한 딸이나 딸이 낳은 뱀을 석함(石函)에 담아 바다에 띄워 보내는 '기아' 모티프가 등장하지만, '기아'의 장면이 가장 많이 나타나는 것은 당본풀이들이다.[25] <김녕궤내깃당본풀이>, <신풍·하천본향당본풀이>, <중문본향당본풀이> 등 여러 당본풀이에서 신화의 주인공은 과다한 식욕이나 불효 등으로 인해 '석함'에 담겨 바다로 내쳐지는 '버림'을 당한다.[26]

> "동이요왕할마님이 솟아납기는 신구월 초아흐렛날. 아방국 동이용궁 어멍국 서이용궁으로 솟아나, 열다섯 십오세 나니, ᄒᆞᆫ두설에 아버님 삼각쉬 메온 줴목, 아바님 통대 거끈 줴목, 어머님 ᄌᆞᆺ가심 허위튼은 줴목을 마련허연, 죽이기로 ᄒᆞᆯ 때, 서이용궁 어멍국이 말을 ᄒᆞ뒈, "이 내 속으로 난 ᄌᆞ식을 어찌 이 내 손으로 죽일 수 있오리까. 그리 말고 동이용궁 쉐처리 아ᄃᆞᆯ 불러당 무쉐설캅을 맹글아그네 죽으랭 동이와당데레 띄와불미 어찌ᄒᆞ오리까?""[27]

> "애기를 부려놓난 소천국 아바님 독ᄆᆞ립데레 올라 아, ᄌᆞᆺ가심을 삼시번 치여, 삼각쉬 심언 삼시번을 흝ᄄᆞ려. "에라 이 ᄌᆞ속, 배인 때도 숙신바인 ᄌᆞ속이라. 일개화목 못ᄒᆞ키여. 부미소심 못ᄒᆞ키여. 무쇠쟁일 불르라." 흔 시ᄉᆞᆯ 난 애길 무쇠설콱에 들여놓아 마흔ᄋᆞ돕 상거심통쉴 ᄌᆞᆼ가놓고 죽으라고 동이와당 틔와간다."[28]

'기아(棄兒)'와 '수용(受容)'의 양항(兩項)으로 분석한 바 있다. 그는 무속신화와 당신화를 아우르는 거의 대부분의 본풀이에서 '기아' 모티프가 등장한다는 사실을 간접적으로 논증하였다.(김영일, 「당신설화의 서사구조 연구-송당리 당신본풀이를 중심으로」, 『가라문화』 6, 경남대학교, 1998 참조.)

25) 제주도 삼성(三姓) 신화에도 세 신인의 배우자가 함에 실려 바다로 떠내려오는 모티프가 있기는 하지만 이는 본격적인 '기아' 모티프라 보기 어렵다.

26) 현용준, 『무속신화와 문헌신화』, 집문당, 1992 참조.

27) 「할망본풀이」, 현용준, 『제주도무속자료사전』, 신구문화사, 1980, 108면.

28) 「괴뇌깃당본풀이」(구좌면 김녕리, 괴뇌깃당2, 임을로 구송), 진성기, 『제주도무가본풀이사전』, 민속원, 1991, 375면.

"소천국은 하상천ᄌᆞ지국에서 날 적에 ᄀᆞ는ᄆᆞ들 ᄌᆞᆫ소남밭 알로서 탄생되였다. 백주할망은 왕대웃성 ᄀᆞ림질 알에서 탄생되였다. -중략- "저게 너의 아방이다" ᄒᆞ니, 송곡성은 아방 독ᄆᆞ립에 펏짝 ᄃᆞᆯ아지여 안을 적에, 아바님 쉰대자 삼각수를 심어 ᄃᆞᆼ겼다. 석 자 두 치 곰방대도 이리저리 흔든다. 소천국은 생각ᄒᆞᆯ 때 "이 ᄌᆞ식도 불효ᄌᆞ식이다." 당장 죽일랴고 ᄒᆞ다가 오백서 ᄄᆞᆯ애기 첩각시가 말을 ᄒᆞ되, "죽이지 말고, 앞이서 보기 싫으니까, 무쇠철갑을 해서, 바당데레 강 드리쳐부는 게 좋쑤다." 무쇠철갑을 ᄒᆞ여 들여, 그 쏘곱에 앚혀 동해용궁에 띄왔다."29)

첫 번째 자료는 '할망본풀이'이고 두 번째 자료는 '괴뇌깃당본풀이', 세 번째 자료는 '송당본향당본풀이'이다. 이 세 자료에서 무속신화의 주인공들은 부모에게 미움을 사 바다에 버려진다. 부모는 자식을 죽이려 했고 자식이 살아돌아올 때까지 죽은 줄 알았으므로 그들은 애초에 '자식살해'를 의도했던 것으로 볼 수 있다. 이와 같은 점에서 이들 '기아' 모티프는 '자식살해'로의 변주를 보여준다. 본풀이의 주인공들은 다른 신화의 주인공들과 마찬가지로 '기아' 이후에 새로운 세계로 통합되거나 새로운 세계를 건설함으로써 모두 과업을 성취한다. '동이요왕할마님'은 살아돌아와 삼신할머니 노릇을 하며, '송곡성' 역시 동해 용왕의 딸과 결혼하고 난을 평정한 후 살아돌아와 부모를 몰아낸다.

'부친살해'가, 신화적 주체가 자신을 구심으로 하는 세계를 건설하기 위해 반드시 거쳐야 하는 필수적인 단계인 것과 마찬가지로 '부친살해' 모티프가 역방향으로 변주하는 양상을 보여주는 '기아' 모티프 역시 신화적 질서화의 필수 과정으로 등장한다. '아버지'로 표상되는 권력과 질서에 의해 주도되는 분리로서 '기아'는, 절연면 위에 새로

29) 「송당본향당본풀이」(구좌면 송당리, 손당본향1, 이상문 구송), 진성기, 『제주도무가본풀이사전』, 민속원, 1991, 411면.

운 세계를 건설하는 신화적 창조의 시작을 알리는 출발점이 되는 동시에 이로 인해 신화적 주체임을 보증하는 상징적인 표상으로 기능한다. '기아' 자체가 결부된 인물의 신화적 속성을 증명하는 역할을 하는 셈이다. 이 때문에 각종 성씨의 기원을 알리는 서사나 이름난 영웅과 도승 등의 탄생 관련 서사에서 '기아' 모티프를 발견하는 것은 어려운 일이 아니다. 이들 서사에서 '기아'는 서사적으로 초점화된 인물의 '남다름'이나 '신성 징후'를 암시하거나 표상한다.

예를 들어『균여전』에 등장하는 탄생 서사에서 균여는 그의 어머니가 나이 60이 넘어서 일곱 달 만에 출산하는 것으로 그려지는데, 막 태어났을 때 용모가 너무 추악하여 부모가 길거리에 버렸으나 까마귀 두 마리가 날개를 펼쳐 아기의 몸을 덮어주는 것으로 형상화된다.[30] 이 이야기에서 '기아' 모티프는 균여를 신성한 혈통의 남다른 도승으로 신화화하는 데 결정적인 역할을 한다. '기아'는 나옹대사나 도선국사 등 이름난 승려를 주인공으로 하는 서사에서 이들을 신화화하는 모티프로도 작용한다. 이들 서사에서 주인공의 어머니는 처녀의 몸으로 빨래하다 물에 떠내려오는 오이, 대추, 뱀장어 등을 먹고 아이를 낳는데 처녀의 부모나 주변 사람들이 이를 수치스럽게 여기거나 아이에게 흉물스러움이 있다고 여겨 아이를 버린다. 그리고 버려진 아이를 학이나 비둘기, 혹은 길짐승 등이 보호하고 길러서 훌륭한 도승이나 이름난 영웅으로 자라게 된다.[31]

특히 최근까지 구전으로 전해내려오는 도승 관련 서사에 등장하는

30) 최철 · 안대회 역주,『역주 균여전』, 새문사, 1986 참조.

31)『한국구비문학대계』에 수록된 작품들 가운데 이처럼 아버지 없이 태어나 버려진 후 자연의 보살핌을 받는 '기아' 모티프가 등장하는 작품은 나옹대사, 무학대사, 도선국사, 범일국사 등의 도승이나 이여송 등의 장수에 관한 이야기들이다. 이와 같은 유형의 작품 목록과 줄거리는『한국구비문학대계』별책부록 1 · 2와 이인경의 책 참조.(『한국구비문학대계』 별책부록 1, 한국정신문화연구원, 1989, 60~61면.;『한국구비문학대계』 별책부록 2, 한국정신문화연구원, 1989, 180~181면.; 이인경,『<한국구비문학대계> 소재 설화 해제』, 민속원, 2008, 47~48면.)

'기아' 모티프는 앞서 살펴본 대로 '아버지의 부재'로부터 연결되는 경우가 대부분이다. 이는 이른바 '이물교혼(異物交婚)' 서사나 '야래자(夜來者)' 서사[32]에서도 같은 양상으로 발견된다. 백제 무왕(武王)이나 후백제 견훤(甄萱)의 서사에서는 '기아(棄兒)' 없이 '이물교혼(異物交婚)'만 등장하여 '아버지의 부재'나 '아버지의 결여'만이 강조되지만 그밖에 대부분의 신화적 서사에서 '아버지의 부재'는 '기아'와 연결된다. 특히 각종 성씨 시조에 관한 서사에서 '야래자'류의 '이물교혼'과 그에 뒤따르는 '기아'는 흔히 발견되는 모티프이며[33] 이들 모티프는 서사적으로 초점화된 인물의 신성성을 표상하면서 해당 서사를 신화화하는 데 결정적인 역할을 한다. 또한 어머니가 금돼지에게 납치되어 갔다가 잉태하여 낳았다는 최치원의 탄생 관련 서사에서도 이와 마찬가지의 '아버지의 (일시적인) 부재-이물교혼'과 '기아' 모티프가 등장한다.[34]

앞 절에서 살펴본 '부친탐색'의 '아버지 부재' 역시 기아 모티프가 등장하는 서사에 나타나는 '아버지 부재'의 상황과 연결된다. 앞에서 살펴본 단군 신화나 야래자 서사에 공통적으로 나타나는 '아버지 부재'는 '부친탐색'에서와 마찬가지로 문제적 상황으로 설정되며 이것은 집단동일성에서 벗어난 주인공의 '차이'를 표상한다. 이 '차이'가

---

32) <야래자> 서사에서 반복되는 핵심 내용을 간추리면 다음과 같다.
"1. 딸에게 밤마다 사내가 찾아온다. 2. 아버지가 딸의 이야기를 듣고 사내에게 실을 매달아 놓으라고 시킨다. 3. 딸이 시킨 대로 하여 매달아 놓은 실 끝을 따라가 보니 땅(우물 등) 속에 지렁이(수달 등)가 있었다. 4. 이후로 딸의 배가 불러와 열 달 만에 사내아이를 낳았다. 5. 태어난 아이를 길에 버리니 각종 짐승들이 아이를 보살펴 주었다. 6. 아이가 자라 위대한 인물이 되었다."

33) 이지영, 앞의 책, 280~285면.

34) 각편마다 조금씩 차이가 있지만, 반복되는 모티프를 중심으로 최치원의 탄생담 내용을 요약하면 다음과 같다. 최치원의 어머니가 어느날 납치되어 사라졌는데 찾아보니 금돼지 굴에 갇혀 있었다. 돌아온 후 잉태하여 최치원을 낳았는데 금돼지의 자식이라 하여 버려졌다. 버린 아기를 학들이 보살피자 다시 아기를 데려와 잘 길렀는데 그가 바로 최치원이다.(이인경, 앞의 책, 46면.)

'부친탐색'에서처럼 입사를 촉진할 수도 있고 '야래자'에서처럼 신성성을 증명할 수도 있는 것이다. 또한 '기아'에서처럼 '버림'의 근거나 이유가 되기도 한다.

'부친살해' 모티프가 등장하지 않는다고 해서 곧바로 '부친살해'가 회피되는 기제가 나타나는 것으로 해석할 수는 없다. 그러나 '기아'는 분명 '부친살해' 반대 방향으로의 변용으로 해석될 수 있으며, '기아'와 연결된 '아버지의 부재'나 '기아'의 징후를 드러내는 '아버지의 부재'는 '부친살해'와 같은 효과와 기능을 드러내되 '부친살해'의 대상을 소거한다는 점에서 분명 일종의 '회피'나 '우회'로 해석할 여지가 있다. 특히 '아버지의 부재'에서 연결된 '기아'가 생물학적 아버지로 표상된 존재가 아닌 제2의 아버지나 그밖의 다른 인물들에 의해 대리될 때 '아버지에 대한 살해'를 기피하려는 의도는 더욱 선명하게 드러난다. 그러나 어느 경우라도 '기아'가 등장한다면 이것은 분명 '부친살해'와 같은 분리와 단절 과정이 서사적으로 설정된 것으로 파악해야 하며, 이때 분리와 단절은 부모 세대, 혹은 '아버지'로 표상되는 권력 질서에 의해 주도된다는 점에서 '부친살해' 반대 방향으로의 움직임으로 인식할 수 있다.

신화적 주체가 새로운 질서화를 위해 필연적으로 단절과 분리를 성취해야 한다고 할 때, 이 단절과 성취는 앞서 살펴본 대로 신화적 주체의 능동적인 자기 분리 작업을 통해서 이루어질 수도 있고 부모에 의해 주도될 수도 있다. '기아'는 이 후자의 경우로, '부친살해'의 반대 방향, 곧 '자식살해'로 나아가는 반동적 변주의 한 형태다. '기아'가 '자식살해'와 양상을 달리 하는 것은 아버지의 존재가 지워지는 대신 어머니는 여전히 아들과 연결되거나 아들을 지지하는 경우가 종종 발견된다는 점, 그리고 제2의 아버지나 기존 권력 질서에 의한 거부는 형상화될지언정 부모대의 분리 의지가 '자식살해'와 같은 의지와 형태로 구현되지는 않는다는 점, 그래서 분리와 독립의 문제가 '아버지-아들'로 표상되는 부모-자식 사이의 갈등으로 구체화되지는 않는다는 점이다.

그러나 이제부터 살펴볼 '자식살해'의 모티프에서는 '부친살해' 역방향으로의 변용 양상이 더욱 뚜렷하게 나타나며 이는 '부친살해'와 다른 각도의 세대 갈등 및 가족 관계 내 대립을 예고한다. 또한 '자식살해' 사후에 어떤 보상이 주어지거나 회한의 파토스가 잇따르더라도 '자식살해'는 그 자체로 강력한 서사적 효과를 만들어낼 수 있으며 이 효과는 '부친살해'가 만들어내는 것과는 전혀 다른 내용으로 구성될 것이다.

2장

효행담의 '자식살해'

1. 〈손순매아〉의 '자식살해'와 효행(孝行)의 강박

효행(孝行) 서사는 한국 구전서사 레퍼토리 가운데 핵심적인 부분을 구성하는 이야기라 할 수 있다. 부모에게 효를 행하는 일과 관련된 이 이야기들 중에는 병든 부모를 위해 자식이 자신의 살을 베거나 피를 짜 먹이는 등의 사건을 형상화하는 사례가 많은데, 특히 병든 어머니를 위해 아들이 스스로의 몸을 상하게 하거나 극한의 고행(苦行)을 행하는 경우가 많다. 이런 부류의 효행 서사 중에는 병든 어머니를 위해 자기 자식을 희생시키는 아들이나 며느리의 이야기가 있는데, 이들 서사는 효행담으로 분류되기도 하고 희생담으로 분류되기도 한다.

〈손순매아(孫順埋兒)〉

1. -전략- 손순에게는 어린 아이가 있었는데 항상 어머니의 음식을 빼앗아 먹었다.
2. 손순이 아내에게 '아이는 다시 얻을 수 있지만 어머니는 다시 구하기 어려운데 아이가 어머니 음식을 빼앗아 먹어서 어머님의 굶주림이 심하시니 아이를 땅에 묻어 어머니를 배불리 해드려야겠소.'라고 말했다.
3. 이에 아이를 업고 취산 북쪽 들에 가서 땅을 파다가 이상한 석종(石鐘)을 얻었다.
4. 부부가 놀라고 괴이히 여겨 나무 위에 걸어 놓고 시험 삼아 두드렸더니 소리가 은은하게 울려퍼졌다.
5. 아내가 '이상한 물건을 얻은 것은 필경 이 아이의 복인 듯 싶습니다. 그러니 이 아이를 묻어서는 안 되겠습니다.'라고 하였다.
6. 남편도 아내의 말이 옳다고 여겨 아이와 석종을 지고 집으로 돌아와 종을 대들보에 매달아 두드렸다.
7. 종소리가 대궐까지 들려 흥덕왕이 종소리를 들었다.

8. 홍덕왕이 사자를 보내 사정을 살펴 아뢰게 하여 전후 사정을 전해 들은 후 손순의 효를 칭송하며 후한 상을 내렸다.(요약)
9. 손순은 예전에 살던 집을 희사하여 절로 삼았으며 석종을 그 절에 모셔 두었다.
10. 진성왕 때 후백제의 횡포한 도둑이 그 마을에 쳐들어와 종은 없어지고 절만 남았다. (요약)[1)]

이런 부류의 효행담으로는 <손순매아>가 있다. 이 이야기는 <삼국유사(三國遺事)>에 실려 전해 내려올 만큼 연원이 깊은 서사로, 『한국구비문학대계』에 수록된 작품을 중심으로 그 내용을 대략 정리하면 다음과 같은데 <삼국유사>에 실린 것과 크게 다르지 않다. 가난한 살림에 어머니가 드실 음식을 먹어대는 아들의 문제로 손순이 고민을 시작하고, 손순의 제안으로 의논을 시작한 부부가 아이를 묻기로 결정한 후 이를 실행에 옮기려다 종(금, 돈 등)을 발견할 뿐 아니라 왕이나 관리에게도 후한 보상을 받는다는 내용이 어느 각편에서나 반복된다.[2)]

① 『한국구비문학대계』(이하 『대계』) 1-4 <손순의 돌종>(하을용(남) 연행)
② 『대계』 1-9 <효자와 돌종>(김덕일(남) 연행)
③ 『대계』 2-8 <효성이 지극한 부부와 석종>(엄기복(남) 연행)
④ 『대계』 4-2 <식장산 전설>(김수헌(남) 연행)[3)]

---

1) 일연(一然), 『삼국유사(三國遺事)』 「효선편(孝善篇)」 <손순매아(孫順埋兒)>.(이민수 옮김, 『삼국유사』, 을유문화사, 1994 참조.; 리상호 옮김, 『삼국유사』, 까치, 1999 참조.)

2) 4번 작품에서는 왕이나 관리가 보상을 주는 대목이 나타나지 않는다.

3) 4번, 9번 작품에서는 아이를 묻으려 땅을 파는 도중에 금이 가득 든 독을 발견한다. 5번 작품에서도 아이가 등에 무언가 박혀 있다고 말하는데 그것이 바로 금덩이인 것으로 밝혀진다. 7번, 8번 작품에서도 부부가 땅을 파다 금을 발견한다. 15번 작품에서는 돈이 가득 든 단지를 발견한다.

⑤『대계』5-2 <아들 생매장하려다 금을 얻어 부모를 봉양한 효자>(조항근(남) 연행)

⑥『대계』6-4 <손순의 효성>(고광옥(남) 연행)

⑦『대계』6-7 <효성이 지극한 내외>(이호동(남) 연행)

⑧『대계』6-7 <하늘이 내린 효부>(황처자(여) 연행)

⑨『대계』6-9 <자식 파묻다 금독아지 얻은 효부>(유삼순(여) 연행)

⑩『대계』6-11 <손순과 효자>(조국환(남) 연행)

⑪『대계』7-1 <효자 손순(1)>(이원육(남) 연행)

⑫『대계』7-1 <효자 손순(2)>(이봉재(남) 연행)

⑬『대계』7-1 <효자 손순>(이승안(남)・김원락(남) 연행)

⑭『대계』7-1 <효자 손순>(한동수(남) 연행)

⑮『대계』7-15 <아들을 생매장하려 한 효자>(윤복열(여) 연행)

⑯『대계』8-5 <효자 손순>(박대제(남) 연행)

⑰『대계』8-8 <효자와 금북>(이귀조(여) 연행)

⑱『대계』8-8 <효자 손순>(이복순(여) 연행)

⑲『대계』8-9 <효도담>(안분도(여) 연행)

⑳『대계』8-11 <효자와 방울>(정복련(여) 연행)[4)]

㉑『대계』8-13 <북골 효자>(최돌이(남) 연행)[5)]

전체 19명의 연행자 가운데 13명이 남성이며 이들은 대부분 어린

---

4) 해당 작품에서는 아이를 묻으려다 방울을 얻는데 아이가 방울을 가지고 노는 데 빠져들어 노모의 밥상에 오지 않는 것으로 이야기가 마무리된다.

5) 그밖에『대계』2-3 <효성이 지극한 아들>(심상학(남) 연행)에서는 아이를 묻으러 가다가 가시 뽑아낸 자리에 돋아난 무를 뽑아 내다 팔라는 소리를 듣고 그대로 하여 부자가 되는 내용으로 이야기가 전개되기도 한다.『대계』2-8 <하늘 종>(고만성(남) 연행)의 내용은 다음과 같다. 부부가 아이를 바위 속에 넣으러 가는데 그 바위 속에는 하늘 종이 묻혀 있었다. 어사 박문수가 이 사실을 알고 있었는데 바위 닫는 소리를 듣고 전후 사정을 알게 되어 효자를 밝혀냈다. 이들 이야기에서는 모두 아내가 남편에게 아이를 묻으러 가자고 제안한다.

시절 서당 선생님이나 집안 어른들에게 해당 이야기를 전해 들었다고 구술하고 있다. 이들 가운데 너댓 명은 '손순'의 이야기를 <명심보감(明心寶鑑)>에서 읽었다고 진술하였다. 연행자들은 대부분 손순과 그 아내의 행동을 높이 평가하였으며 효자(孝子)·효부(孝婦)의 표상으로 칭송하였다.

이들 구전서사에서 누가 먼저 아이를 묻자고 제안하는지는 분명하게 드러나지 않는다.[6] 회피하는 듯 대부분의 연행자들이 이 부분의 진술을 얼버무리고 있다. 아들이 어머니 드실 것을 다 먹어버리는 것이 문제라고 먼저 생각하는 것은 손순이지만 손순이 말을 꺼냈을 때 그의 아내도 이미 같은 문제를 고민하고 있었던 것으로 서술된다. 대부분의 각편에서 부부는 누가 먼저랄 것도 없이 아이를 묻는 데 합의한다. 그리고 두 사람이 이와 같은 결론에 도달하는 근거도, '부모는 다시 얻을 수 없으나 자식은 다시 얻을 수 있다'는 논리로 동일하다.

<손순매아>에서 표면적으로 드러나는 갈등은 존재하지 않는다. 손자의 존재 때문에 할머니의 건강이 위협받지만 이는 두 사람 사이의 직접적인 갈등이 아니며, 상황을 이와 같이 해석하는 것도 손순과 그의 아내일 뿐이다. 아이를 땅에 묻자고 합의하는 과정에서 부부 사이의 갈등도 드러나지 않는다. 부부는 누가 먼저랄 것도 없이 이 문제에 적극 동의하고 나선다. 자기 부모에 대한 도리를 다하기 위해 아들의 희생을 요구한다는 점에서 부모와 자식 사이의 대결 구도가 존재하지만 이 역시 가시화되지는 않는다. 아직 어린 아들은 부모에 대항할 의지나 힘을 갖고 있지 않으며 서사적으로도 아들은 이와 같

6) 손순이 먼저 말을 꺼내는 듯 암시되지만 이는 분명하게 드러나지 않는다. 다만 1번 작품에서는 손순이 먼저 문제를 발견하여 대화를 제안하고 손순의 아내가 아이를 묻자는 말을 먼저 꺼낸다. 10번 작품에서는 아내가 먼저 말을 꺼내고 아이를 묻자는 제안도 먼저 건넨다. 14번 작품에서는 아내가 먼저 문제를 발견하는 것으로 그려지기도 하는데 아내가 말을 꺼냈을 때 손순 또한 같은 생각을 하고 있었던 것으로 서술된다.

은 의지를 가진 주체로 구체화되지 않기 때문이다.

서사의 층위에서 갈등이 가시화되지 않는 것과 마찬가지로 연행의 층위에서도 갈등의 조짐은 드러나지 않는다. 연행 주체 가운데 누구도 할머니의 생명과 손자의 생명 가운데 하나를 선택해야 하는 양자택일이 필연적인 상황인지 따져 묻지 않으며, 두 생명 가운데 할머니의 생명이 더 가치 있다고 판단할 근거가 무엇인지 질문하지 않는다. '자식은 또 낳으면 된다'는 말 속에 내포된, 어린 생명의 존엄과 고유의 생명 가치에 대한 전면적인 부정과 무시는 비판의 대상이 되지 않는다. 부모에게 효를 다하기 위해 자기 자식을 희생하는 이와 같은 부조리한 상황과 불합리한 선택이 효의 가치와 이념으로 다 포장될 수 있는 것인지 의문을 제기하지도 않는다.[7]

모든 질문이 봉쇄된 것은 바로 서사의 마지막에 결부된 '보상' 때문이다. 이 보상은 '자식살해'의 비극적 서사를 '미담(美談)'으로 포장한다. 가난으로 집안 살림이 곤궁한 가운데 노약자인 집안의 노모와 어린 자식이 모두 먹거리 부족으로 생존의 위협을 받고 있는 상황인데다, 불가피하게 내몰린 양자택일의 조건 속에서 '자식은 또 낳을 수 있다'는 궁핍한 논리로 아들의 목숨을 빼앗는 결정을 하는 순간, 바로 이 순간의 비극성을 다른 무엇에 비교할 수 있을까? 노모가 아니면 어린 자식이라는, 두 생명의 가치를 저울질하여 둘 중 하나를 선택해야 한다는 양자택일의 상황이야말로 가장 비극적인 상황이라 할 수 있다. 할머니의 생명을 좀먹겠다는 아무런 의지도 갖지 않은 채 그저 자신의 욕구에 따라 행동했을 뿐인 어린 자식의 생명을 앗겠다고 나서는 부모나, 다른 누구도 아닌 부모에게 죽임을 당해야 하는 자식의 운명이야말로 더 이상의 비교 대상이 필요치 않은 비극성

---

7) 부모가 자식을 죽이는 극단의 상황 앞에서, 더구나 다른 선택의 여지는 없다는 듯이 단정적으로 '자식살해'의 결단을 내리는 부부의 행동 앞에서 어떤 연행자도 의문을 품지 않는다는 사실이 어쩌면 가장 문제적이다.

을 구현하는 것이다.

아들을 묻으려 땅을 파던 부부는 그곳에서 종(鍾) 등의 진귀한 물건을 발견한다. 부부는 이것을 하늘의 선물, 일종의 계시로 받아들인다. 그리하여 하던 일을 중단하고 아들을 안고 집으로 돌아오는 것이다. '울림'의 성격을 가진 종의 속성상 이들의 이야기가 세상에 알려지고 이것을 통해 부부는 임금이나 원님에게 후한 보상과 함께 효자, 효부의 칭송을 듣게 된다. 부와 권력, 명예를 동시에 얻게 되는 것이다. 그러나 과연 이것은 진정한 보상일까? 아들을 땅에 파묻기 전에 돌아왔다는 점에서 이 서사는 마지막 단계까지 '자식살해'를 밀고 나가지 않는다. 그러나 무엇인가 발견되지 않았다면 부부는 자신의 아들을 땅에 묻었을 것이다. '자식은 또 낳을 수 있다'는 말이야말로 어린 생명의 가치와 존엄, 부모와 자식 사이의 가장 인간적인 관계의 토대를 무너뜨리는 발언이다. 이 말이 땅에 떨어지는 순간 어린 아들의 존재는 부정당한 것이다. 일체의 갈등 없이 부부가 함께 아들을 땅에 묻기로 결심한 순간 '아들은 이미 부모에게 죽임을 당했고', 부부는 이미 '스스로 아들을 죽인 부모'가 되었다.

공동체가 금과옥조(金科玉條)로 여기는 효(孝)의 가치를 실현한 후 종소리가 울려퍼지듯 이들의 행동은 공동체의 모범으로 전파된다. 그리고 이 과정을 통해 그들은 공동체의 승인과 인정, 그리고 공동체로부터의 보상을 받게 된다. 더구나 현 질서를 대표하는 '임금'이나 '원님'에게 물질과 명예(효자문 등)라는 직접적인 보상을 받음으로써 이들의 행동은 다시 한 번 공동체의 도덕과 규범을 지켜낸 전범(典範)으로 등록되고, 이를 통해 공동체 유지의 핵심 가치로 기능하던 '효'의 덕목은 더욱 굳건해진다. 죽이지 않았지만 죽이려 했는데, 자식을 죽이려 한 이 결정과 행동의 대가로 주어진 부와 권력과 명예가 진정한 보상일 수 있을까? 자신의 자식된 도리를 다하기 위해 자기 자식을 죽여야만 지켜낼 수 있는 효(孝)의 가치라면, 이 규범적 가치를 더욱 공고하게 만든 보상이 과연 누구에게 보상일 수 있으며, 또 궁극적으로 누구를 위한 보상이 될 수 있을까?

2. 〈동자삼〉의 '자식살해'와 거짓 보상

늙은 노모의 병든 몸을 낫게 하기 위해 아들을 솥에 삶아 약을 만드는 부모의 이야기는 또 어떤가? <동자삼(童子蔘)>으로 알려진 이 이야기는 효행 서사 가운데 가장 극단적이고 명확한 '자식살해'의 징후를 드러낸다. 이 이야기에서도 솥에 넣었던 아이가 집안으로 걸어 들어오는 장면을 통해 사후적 보상이 주어지지만 이 경우에도 아이는 이미 '죽은 상태'다. <손순매아>에서 한 걸음 더 나아가 <동자삼>에서 부모는 자신의 자식을 죽여 노모를 봉양하는 행위를 실행한다. '죽은 아이가 되살아났다거나 사실은 죽지 않은 것이었다'는 결구의 '덧붙임'이야말로 '자식살해'의 죄와 폭력을 다 덮기에는 너무나도 부족한 허구적인 보상에 지나지 않는 것이다.

〈동자삼(童子蔘)〉

1. 효심 깊은 부부가 있었다.
2. 백약이 무효한 늙은 어머니의 병 때문에 나날이 시름이 깊어가던 차에 중(의원)이 아들을 삶아 그 물을 드시게 하면 병이 나으리라 말했다.
3. 부부는 아들을 삶아 어머니께 드리기로 결정하고 이를 실행에 옮겼다.
4. 어머니는 부부가 만든 약을 먹고 병이 나았다.
5. 솥에 넣어 삶았던 아들이 멀쩡하게 살아서 집안으로 걸어 들어왔다.
6. 놀라서 가마솥을 열어 보니 그 안에 '동자삼(童子蔘)'이 있었다.[8)]

8) <동자삼>으로 알려진 구전서사 각편들에 나타나는 서사단락 가운데 지속지향성이 가장 강한 것들을 중심으로 서사를 재구성한 것이다. 요약한 이야기 줄거리의 보편

① 『대계』 1-4 <동자삼>(이희연(남) 연행)

② 『대계』 1-4 <동자삼>(최유봉(남) 연행)

③ 『대계』 2-2 <아들 삶아 부모 병 고친 효자>(유재춘(남) 연행)

④ 『대계』 2-3 <효자와 동자삼>(김진환(남) 연행)

⑤ 『대계』 2-6 <동자삼과 효자>(목수희(여) 연행)

⑥ 『대계』 2-7 <아들 죽여 아버지 병 고친 효자>(김응화(남) 연행)

⑦ 『대계』 4-1 <동자삼>(이준하(남) 연행)

⑧ 『대계』 4-2 <어머니를 위하여 아들을 삶아 드린 효자>(신성예(여) 연행)

⑨ 『대계』 4-4 <동자삼>(이홍규(남) 연행)

⑩ 『대계』 4-5 <동자삼>(김동규(남) 연행)

⑪ 『대계』 4-5 <박효자 전설>(김자갑(남) 연행)

⑫ 『대계』 4-5 <동자삼>(김기현(남) 연행)

⑬ 『대계』 4-5 <동자삼>(이팔봉(남) 연행)

⑭ 『대계』 5-2 <아들 삶아 부모를 봉양한 효자>(조항근(남) 연행)

⑮ 『대계』 5-3 <자식을 삶은 효자>(김종규(남) 연행)

⑯ 『대계』 5-4 <둔갑하는 동삼을 감동시킨 효자>(김봉남(남) 연행)

⑰ 『대계』 5-7 <산신이 돌본 박효자>(김형섭(남) 연행)

⑱ 『대계』 5-7 <자식 죽여 효도한 효자>(김순규(남) 연행)

⑲ 『대계』 6-3 <효자와 동삼>(유태운(남) 연행)

⑳ 『대계』 6-3 <효부와 동삼>(마영식(남) 연행)

㉑ 『대계』 6-4 <자식을 죽여 부모 살린 효성>(강채길(남) 연행)

㉒ 『대계』 6-9 <산삼 동자>(이향렬(남) 연행)

㉓ 『대계』 6-11 <동삼과 아이>(장봉춘(남) 연행)

㉔ 『대계』 6-11 <산삼 동자>(강옥례(여) 연행)[9]

성을 드높이기 위해 구전서사 레퍼토리의 표준화를 지향한 이인경의 책도 참조하였다.(이인경, 앞의 책, 444~445면.)

9) 같은 연행자가 곧바로 뒤이어 연행한 이야기의 내용이 다음과 같은데, <동자삼>

㉕『대계』 6-12 <아들 죽여 부친 병을 낫게 한 효자(1)>(문순덕(여) 연행)

㉖『대계』 6-12 <아들 죽여 부친 병을 낫게 한 효자(2)>(전순임(여) 연행)

㉗『대계』 6-12 <하늘이 도와 준 효자 부부>(선기문(남) 연행)[10]

㉘『대계』 7-2 <아들의 간을 내어 병구완 한 효부>(정복순(여) 연행)

㉙『대계』 7-6 <동삼과 아이>(이기백(남) 연행)

㉚『대계』 7-6 <지성이면 감천>(이기영(남) 연행)

㉛『대계』 7-11 <효부와 동삼>(김점분(여) 연행)

㉜『대계』 7-13 <정성으로 산삼 얻은 효부>(이영상(여) 연행)

㉝『대계』 7-13 <아들 삶아 먹여 어머니병 구완한 효자>(김분선(여) 연행)

㉞『대계』 8-1 <효자이야기(2)>(양또순(여) 연행)

㉟『대계』 8-1 <산신령이 돌봐준 효자>(정복만(남) 연행)

㊱『대계』 8-4 <정성으로 산삼 얻은 효부>(이영상(여) 연행)

㊲『대계』 8-6 <자식 삶아 효도한 효자>(임기복(남) 연행)

㊳『대계』 8-9 <효성과 동삼>(구점선(여) 연행)

㊴『대계』 8-14 <효성과 동삼>(정판수(여) 연행)

<동자삼> 이야기의 연행은 여성 연행자의 비율이 지역에 따라 다소 높게 나타나는 경우도 있지만-경상도 지역에서 특히 높다- 대부분의 경우 남성 연행자들에 의해 주도되고 있다. 서사가 시작되는 문제적 상황은 쉽게 낫지 않는 부모의 병환이다. 주로 어머니가 아픈 것으로 그려지는데 부분적으로 아버지(시아버지)가 아픈 것으로 그려

유형의 이야기와 완전히 일치하는 것은 아니지만 비슷한 내용을 포함하고 있다. 이 이야기는, 아픈 시아버지를 위해 시어머니가 손주의 간을 드리자 하고 며느리가 이에 응하여 아이를 포수에게 맡겨 간을 빼내 달라 하는데 포수가 아이 대신 동물의 간을 주고 아이를 키워서 다시 보내준다는 내용으로 구성되어 있다.

10) 이 이야기에서는 부모가 나병이 들어 마을에서 부모를 쫓아내려 하자 젊은 부부가 자신들이 낳은 아들 형제 가운데 한 명을 삶아서 드린다. 그 후 부모의 병이 낫고 아들들은 살아돌아온다. 하늘이 한 명의 아이를 대신 보내준 것이다.

지는 경우도 있다.[11)]

절반 이상의 작품에서 시부모의 병환을 걱정한 며느리가 도승에게 시주를 하면서 자문을 구하거나 백방으로 약을 알아본 결과 시부모의 병이 사람 고기나 아이 삶은 물을 먹어야 낫는 병임을 알게 된다. 아들이 이와 같은 정보를 알아내는 경우도 있는데 어느 경우에나 정보를 먼저 알게 된 쪽이 의논을 청하고 이 과정에서 특별한 갈등 없이 자식을 희생양으로 삼는 데 합의한다. 아내가 먼저 알아낸 경우에 아내가 제안을 하는데, 남편이 먼저 알아낸 경우에도 주저하며 말하는 남편에게 아내가 선뜻 자식을 희생시킬 것을 제안한다.

간혹 아들(2번 작품)이나 며느리(4번)가 아들을 죽일 수 없다며 거부의사를 드러내기도 하지만 갈등이 본격화될 만큼 거절 의사를 관철시키지는 않고 곧 부부간 합의에 도달한다. '자식살해'라는 사건 자체의 폭력성이나 비극성을 고려할 때 <동자삼>의 부부는 놀랄 만큼 내·외적 갈등 없이 합의에 도달하고 결정을 실행한다. 간혹 주저하는 경우도 있으나 대부분의 작품에서 아들과 며느리는 합의 후 아이를 솥에 넣는 행위를 단숨에 결행한다. 이와 같은 양상은 <손순매아>의 경우와 동일한데 이것은 이들 서사가 '효행(孝行)'을 핵심 소재로 하는 이야기라는 사실과 연관이 있어 보인다. '효'라는 가치의 절대적 우위성이나 '효'를 둘러싼 규범의 폐쇄적 성격이 자식을 죽음으로 몰아넣는 결정을 내리는 일에 대해서도 내적 갈등을 허용하지 않을 만큼 강력한 것이다.

<손순매아>에서와 마찬가지로 아이의 내면은 초점화되지 않는다. 부모의 행동에 대한 아이의 의지나 반응은 서사화되지 않으며 아이는 그런 의지나 태도를 드러내기에는 어리고 미숙한 존재로 등장한다. 아이는 솥에 들어가라는 어머니의 말이 어떤 의미인지 알지 못할

---

11) 13번 작품 외 9편에서 시아버지의 병환이 제시된다.

정도로 순진무구한 대상으로 그려진다. 간혹 아이가 상황을 납득하고 자발적으로 부모의 결행에 동참하는 듯한 인상을 내비치는 각편도 있으나 이는 대체적인 양상으로 파악하기 어렵다.[12] 병든 노모(시어머니)나 시아버지의 내면 또한 초점화되지 않아 시부모님과 아들 내외 사이에서, 혹은 할아버지·할머니와 손주 사이에서 갈등이 표면적으로 구체화되지는 않는다.[13]

그러나 <손순매아>에서처럼 '자식살해'라는 사건을 유발하는 원인에는 늙고 병든 시어머니, 혹은 시아버지와 어린 손주 사이에 생명가치의 대립이라는 요인이 잠재해 있는 것으로 그려진다. 아이의 부모이자 아들·며느리인 부부는 어머니나 아버지, 혹은 자기 자식 가운데 어느 한 쪽의 생명을 지키고 다른 한 쪽의 생명을 외면해야 하는 양자택일의 상황에 놓인다. 이 양자택일의 상황은 다른 가능성이 존재하지 않는 폐쇄적인 조건인 듯 그려지지만 사실상 이것은 다른 선택의 여지가 없는 필연적이고 자연적인 상황이 아니다.

때론 산신령이나 권위 있는 도승 내지는 의원의 조언이기에 전적으로 신뢰할 수밖에 없고 거역할 수 없는 듯 그려지기도 하지만, 이 점을 고려한다 하더라도 자식을 죽여야 하는 상황 앞에서 다른 대안을 모색하는 시도조차 하지 않은 채 '자식살해'에 돌입하는 아이 부모의 행동은 충분히 강박적이다. 양자택일의 상황은 아이 부모가 스스로 설정한 윤리적 판단의 틀인 셈이다.

---

12) 22번 작품에서는 아이가 살아돌아온 후에 아버지가 전후 사정을 설명하는 장면이 그려지기도 한다.

13) 간혹 병 때문이 아니라 단순히 고기가 먹고 싶어서 아이를 제물로 삼는 경우가 있는데 이런 각편에서는 시어머니가 직접 아이를 솥에 넣기도 한다.(12, 39번 작품) 또다른 각편에서는 반대 방향으로의 변화가 나타나기도 하는데 할아버지가 자신이 먹은 약의 정체를 알고 손자를 죽음으로 몰아넣었다는 죄책감에 괴로워하는 장면이 구체화되기도 한다.(29번 작품) 이런 변화가 나타나는 작품들에서는 개별 인물들의 행동이 조금 더 구체적으로 동기화되면서 다른 작품들에 비해 갈등의 징후가 서사 표면에 조금씩 노출되기도 한다.

따라서 서사를 향유하고 연행하는 이들은 이 양자택일의 틀을 이들에게 강제하고 있는 것이 무엇인가, 혹은 이들 부모는 왜 양자택일적인 상황으로 스스로를 몰아 결국 '자식살해'에 나서게 되는가 묻지 않을 수 없다. 이와 같은 상황 판단이 옳은 것인가, 그리하여 '자식살해'를 불가피한 상황이나 필연적인 과정으로 설명할 수 있는 것인가 등을 질문해야 하는 것이다.

그러나 이 서사에서 이와 같은 질문은 애초에 봉쇄되어 있다. <손순매아>에서와 같이 보상이 주어지기 때문이다. 이 보상은 죽은 아이가 실은 '동자삼'이나 '산삼'이었다는 설정으로 그려진다.[14] 아이를 죽이고자 한 의도는 있었으되 실제로 아이를 죽인 결과는 존재하지 않는다는 식의 보상이 주어지는 것이다.

보상의 의미를 윤리적으로 극대화하기 위해, 다시 말해 '올바른 판단과 선량한 행동에 대한 상(賞)'이라는 의미를 더욱 적극적으로 드러내기 위해 초현실적인 세계를 개입시키기도 한다. 효심에 보답하기 위해 동삼이 사람으로 변신하여 나타난 것이라고 설명하기도 하고(2, 16번), 효성에 감복한 산신이 동자삼이 보낸 것으로 서술하기도 한다.(3, 17, 34번) 그밖의 대부분의 각편에서 연행자들은 모두 동자삼의 등장을 아들 내외의 효성에 감동한 하늘이나 신성한 힘의 보상이라고 설명한다.

'부부가 솥에 넣은 것은 자식이 아니라 동자삼이고 이것은 곧 하늘이 내린 상'이라고 서술되는 순간, '자식살해'의 결정이 올바른 것이었는가라는 질문은 연행자들에게 무의미해지고 만다. 산신이나 동삼이라는 초현실적 힘의 개입 자체가 '신성한 존재가 이처럼 커다란 상을 줄 만큼 그들의 행동은 올바른 것이었다'는 결론을 보증하기 때문이다. 절대적 존재의 보상은 더 이상의 논쟁과 회의(懷疑)를 가로

14) 일부 작품에서는 '동자삼'이나 '산삼' 등의 구체적인 사물이 등장하지 않기도 한다. (6, 21, 25번 작품)

막는 힘과 권위를 가진 것으로, 이는 부부 내외의 행동에 개입된 윤리성에 대한 가장 확실한 보증서라 할 수 있다.

<손순매아>에서처럼 구체적인 물질적 보상이 잇따르는 경우도 있지만 대부분의 각편에서 보상은 이처럼 심리적인 것으로 그려진다. 자신의 자식을 죽였다는 죄의식에서 벗어날 수 있도록 그들이 실제로 삶은 것은 자식이 아니라 '동삼'이었다고 말해주는 것이다. 그러나 <손순매아>와 달리 부부는 아들을 죽이기 전에 그들의 행동을 중단하는 것이 아니라 '자식살해'를 결행한 후에야 자신들이 죽인 것이 아들이 아니라는 사실을 알게 된다. 따라서 부모로서의 윤리를 고려할 때, 이들의 행동은 이미 변명할 여지가 없는 과오라고 할 수 있다. 사후에 어떤 보상이 주어지든 이들은 자식을 죽인 것이며, 자신들이 하는 일이 어린 생명을 빼앗는 일이라는 사실을 알고서도 결행한 일이라는 점에서 그들의 행동에는 변호의 여지가 없다. 그러므로 이들의 '죄'는 솥 안에 들어간 것의 정체가 밝혀진 후에도 여전히 '죄'로 남으며, 이들의 죄의식 또한 사라질 수 없다. 신이 내린 선물로서 동자삼이 등장한다 하더라도 이것이 완전한 심리적 보상이 될 수는 없는 것이다.

그래서인지 연행자들은 더욱 적극적으로 아들 내외의 효행을 칭송한다. 특히 며느리가 주도적인 역할을 한 경우에 <동자삼>은 대표적인 효부담(孝婦談)으로 자리매김하게 된다. <동자삼>은 가부장적 사회에서 아들이나 며느리에게 요구되는 효의 덕목을 구체적으로 보여주는 서사면서, 모범에 대한 표창을 통해 공동체의 규범적 가치로서 효(孝)의 권위를 보여주는 대표적인 서사인 것이다. 부모에 대한 효의 도리를 다하기 위해 자식을 희생시킨 부부의 이야기가 공동체의 존재와 공동체적 가치의 무게를 증언하는 대표적인 표상으로서 전면에 내걸린 셈이다.

'부친살해'의 주체가 새로운 규범과 가치를 만들어내 자신들의 질서를 구축하는 것과 달리 '자식살해'의 주체는 현존하는 규범과 가치를 엄격히 준수하는 모범으로서, 기존 질서를 수호하고 유지하는 역할을 수행한다. '부친살해'가 공동체의 미래를 짊어질 주체를 만들어내는 서사라면, '부친살해' 역방향으로서 '자식살해'의 서사는 공동체의 과거에 고착된 주체를 생산하는 서사인 셈이다.

3. 〈자식 버리고 시아버지 살린 며느리〉와 〈실수로 손자 죽인 시부모 잘못 덮은 며느리〉의 자식 외면한 어머니

<손순매아>나 <동자삼> 외에도 부모가 죽을 뻔한 위기에 처했는데 자식을 대신 희생시킴으로써 부모를 구하는 유형의 이야기들이 있다. 예를 들어 시아버지가 호랑이에게 잡아먹힐 위기에 처한 것을 본 며느리가 시아버지 대신 자신의 아이를 호랑이에게 내어주는 이야기가 있는데 이런 부류 이야기에서도 며느리의 효심에 감복한 호랑이가 아이를 다시 되돌려주는 보상이 등장한다. 또한 물에 떠내려갈 위기에 처한 시아버지를 구하고 자신의 아이가 떠내려가도록 내버려둔 며느리의 이야기도 있다. 이와 같은 이야기에서는 아이가 다시 살아오는 보상이 나타나지 않아 이야기의 비극성이 더욱 고조된다.

〈자식 버리고 시아버지 살린 며느리〉

1. 시아버지가 호랑이에게 잡아먹힐 위기에 처한다.
2. 아이를 데리고 이를 목격한 며느리가 아이를 호랑이에게 대신 보내고 시아버지를 구한다.
3. 죽은 줄 알았던 아이가 살아 돌아오고 며느리가 효행에 대한 보상으로 상을 받는다.

① 『대계』 1-6 <효감호(孝感虎)>(유병석(남) 연행)
② 『대계』 2-6 <효부와 호랑이>(최일록(여) 연행)
③ 『대계』 2-8 <아기 바친 효부>(서순만(남) 연행)
④ 『대계』 4-3 <아들 주고 시아버지 구한 효부>(유중손(남) 연행)
⑤ 『대계』 4-4 <노적가리 위의 아이>(임성호(남) 연행)[15]
⑥ 『대계』 4-5 <시아버지 살리려고 아이를 호랑이에게 던져 준 부인>(이정심(여) 연행)
⑦ 『대계』 5-1 <호랑이에게 자식을 준 효부>(권동보(남) 연행)
⑧ 『대계』 5-1 <호랑이도 감동한 며느리 효성>(김금행(남) 연행)
⑨ 『대계』 5-1 <자식보다 부모가 중하다>(이우약(남) 연행)
⑩ 『대계』 5-5 <호랑이를 감동시킨 효부>(이성기(남) 연행)
⑪ 『대계』 6-3 <효부 이야기>(신판휴(남) 연행)
⑫ 『대계』 6-3 <효부와 호랑이>(마일숙(남) 연행)
⑬ 『대계』 7-4 <호랑이도 감동한 효부>(이종선(여) 연행)
⑭ 『대계』 7-5 <산짐승이 감동한 효성>(이칠순(여) 연행)
⑮ 『대계』 7-10 <아이와 시어른을 바꾼 효부>(이병달(남) 연행)
⑯ 『대계』 7-11 <시아버지 살린 효부>(김태우(남) 연행)
⑰ 『대계』 8-5 <백배치사>(이채화(남) 연행)
⑱ 『대계』 8-14 <효자 이야기>(강두옥(남) 연행)
⑲ 『대계』 9-2 <며느리의 효도>(양구협(남) 연행)
⑳ 『대계』 9-3 <부모 위해 자식 버린 효자>(윤추월(여) 연행)

1번 작품에서 며느리는 자기 대신 장에 간 시아버지를 마중하기 위해 아이를 데리고 길을 나선다. 산고개를 넘어가는 길에서 호랑이에게 잡혀 죽을 위기에 처한 시아버지를 목격한 며느리는 자신의 아

15) 5번 작품에서는 호랑이가 아니라 뱀이 등장한다. 이 이야기에서는 뱀이 노적가리 위에 올려놓은 아이를 부잣집에서 데려가 키우는 것으로 그려진다.

이를 내어주고 기절한 시아버지를 업고 돌아온다. 아내가 시아버지 마중을 간 걸 안 남편은 그녀의 뒤를 따라갔다가 호랑이불이 번쩍거리는 것을 멀리서 본 순간 그대로 도망쳐 돌아온다. 연행자는 이 때문에 아내가 시아버지를 구해야 했던 것이라는 설명을 덧붙였다. 자신의 아이가 걱정된 부인은 동네 청년들과 함께 다시 호랑이가 있던 곳으로 갔다. 부인이 아이를 향해 다가가자 호랑이는 아이를 내려놓고 사라졌고 아이는 그 후 오래도록 장수하며 잘 살았다.

2번 작품에서는 외출했다 귀가하는 시아버지를 기다리던 며느리가 호랑이에게 잡아먹힐 위기에 처한 시아버지를 보고 '자식은 나면 자식이니 우리 부모를 업고 간다'고 말하곤 아이를 둔 채 시아버지를 데리고 돌아온다. 집에 돌아와보니 호랑이가 이미 아이를 집에 데려다 놓고 돌아간 상황이었다. 3번 작품에서도 1번과 같은 상황에 처한 며느리가 '아이는 또 낳으면 되지만 시아버지는 죽으면 다 못 본다'는 생각을 하는 대목이 나온다. 이 작품에서는 호랑이에게 물려갔던 아이가 고을 관청에 강보에 싸인 채로 되돌아온다.

2번과 3번 작품 외에도, 4번, 7번, 8번, 15번, 20번 등 여러 작품에서 며느리는 자식은 또 얻을 수 있지만 시부모님은 그렇지 않다는 말을 되풀이한다. 대부분의 작품에서 남편은 일이 이미 벌어진 후에 사태를 알게 되며 사실을 알고 난 후에 아내에게 고마움을 표한다. 이 일이 세상에 알려진 후에 며느리는 효부상 등의 보상을 받는다. 아이의 죽음에 대해 누구도 문제를 제기하지 않으며 자식 대신 시아버지를 구한 행동은 어떤 갈등도 유발하지 않는다. 이야기 속 주인공은 물론 온 세상 사람들이 모두 시아버지를 구한 며느리를 칭송할 뿐 아이의 죽음을 애통해 하지 않으며, 이것이 불합리한 선택임을 내세워 며느리의 행동을 비판하지도 않는다.

대부분의 작품에서 효를 행한 며느리나 부부에게 주어지는 보상은 효자상, 효부상, 열녀비 등의 명예다. 그러나 일부 작품에서는 금전적인 보상이 나타나기도 한다. 5번, 8번, 14번 작품에서 뱀(5번)과 호랑이가 돌려준 아이는 노적가리 위에 놓여 있는 것으로 그려진다. 5번 작품에서는 노적가리의 주인인 부자가 아이를 데려다 키우고 8번, 14번 작품에서는 노적가리 주인이 아이와 함께 노적가리도 가져 가라 하여 가난한 살림살이에서 벗어나는 기회를 얻게 된다. 16번 작품에서는 부자가 자기 집 앞에 놓여 있는 아이를 키워 나중에 금전적인 보상을 받는 것으로 그려지기도 한다.

이 유형의 각편 중에는 효행담에 속하는 다른 부류의 이야기가 결합되거나 부모와의 관계를 문제 삼는 다른 유형의 이야기가 결합된 것들도 있다. 4번 작품은 여러 이야기가 결합된 변이형에 해당하는데 이야기의 앞 부분은 4장에서 살펴볼 <내 복에 산다> 유형에 해당하는 작품으로 구성되어 있다. 자기 복에 산다고 아버지 앞에서 당당하게 외치고 아버지의 집을 나온 막내딸이 숯구이 총각을 만나 혼인을 하고 사는데 그 시아버지가 호랑이에게 물려갈 위기에 처하는 것이다. 아이는 결국 살아돌아오고 며느리는 열녀로 칭송받으며 세상의 보상을 받는다.

9번 작품에서는 시아버지가 호랑이에게 물려갈 상황이 아니라 물에 빠져 돌아가실 위기에 처한다. 큰물을 앞두고 시아버지와 자식을 함께 데리고 건너야 하는 며느리는 자식은 물에 떠내려가도록 내버려두고 시아버지만 모시고 물을 건넌다. 이 때에도 며느리는 '자식은 낳으면 또 자식이지만 시아버지는 한 번 가버리면 다시 뵐 수 없다'는 말을 하고, 시아버지를 구한 보상으로 효부상을 받는다.

13번 작품에서는 새벽에 물을 마시러 나온 시아버지를 돼지로 오인해 시아버지의 성기를 부지깽이로 찌른 며느리의 이야기가 나온다. 며느리는 밥도 먹지 않은 채 자리에 누워서 남편에게 시어머니가 될 사람을 구해 오지 않으면 일어나지 않겠다고 말한다. 남편이 우여곡절 끝에 시어머니 될 사람을 구해와 시아버지와 혼인을 하고, 시부모 사이에서 다섯 명의 딸이 태어난다. 며느리도 아들을 한 명 낳았는데 때마침 시아버지가 호식될 위기에 처해 아이를 주고 시아버지를 구해오게 되는 것이다.[16)]

이 이야기에서 사건 전개를 추동하는 문제적 상황은 시아버지와 아들 사이에서 한 사람을 구하고 다른 한 사람을 버려야 하는 선택의 순간으로 설정된다. 그리고 이 선택의 주체는 며느리다. 며느리는 자식이 아닌 시아버지를 선택함으로써 자식에 대한 모정과 어머니로서의 역할을 저버리고 오로지 며느리로서의 삶을 택한다. 그녀는 며느리라는 호명에 부합하는 규범과 가치를 수호하고 실천하느라 다른 어떤 것도 보지 못하는 듯 행동한다.

그녀의 망설임없는 선택은 자식의 생명은 안중에도 없는 어머니처럼 비춰질 정도다. 더구나 '부모님은 한 분이지만 자식은 또 낳으면 된다'는 논리로 자신의 행동을 정당화할 뿐 아니라 도덕적인 명분까지 내세운다. 자식의 생명 가치에 대한 이 이상한 판단은 세상의 비난을 받을 만한 것이다. 더구나 '모성 신화'가 곳곳에 산재해 있을 뿐 아니라 이미 자연화된 사회라면 이와 같은 '어머니'의 행동은 도덕적인 처벌의 대상이라 할 만하다. 그러나 세상 그 누구도 그녀의 행동을 비난하지 않는다. 남편은 그녀에게 오히려 감사의 뜻을 표하며 세상은 그녀를 '효부'나 '열녀'로 칭하며 명예를 선사한다.

이것은 사회적으로 '자식을 보살피는 어머니의 사랑'보다 '시부모님을 봉양하는 며느리의 소명'이 더 큰 가치로 인지되어 있음을 의미한다. 효행의 규범적 가치가 모성의 사명을 앞설 정도로 절대적인 것이다. 이야기 안과 바깥, 다시 말해 서사의 층위에서나 연행의 층위

---

16) 17번, 19번 작품에서는 궁색한 형편 때문에 잔칫집에 마땅히 입고 갈 옷이 없어 고민하는 시아버지를 위해 며느리가 자신이 시집올 때 입고 온 치마 저고리를 뜯어서 옷을 만들어드리는 장면이 나온다. 이들 작품에서는 바로 그 잔칫집에 갔다가 돌아오는 길에 시아버지가 호랑이를 만나게 된다.

에서 아무도 며느리의 행동에 대해 문제를 제기하지 않을 만큼 이 규범적 가치는 공고한 성역으로 전제되어 있다. 이야기 속 인물들뿐만 아니라 연행자들 역시 그녀의 행동을 칭찬할 뿐 그녀의 행동을 비판하지 않기 때문이다. 이것은 남성 연행자들뿐만 아니라 여성 연행자들에게서도 동일하게 나타나는 현상이다.

'자식 대신 시아버지를 살린 며느리'의 이야기는 누구도 흠집 낼 수 없는 '효부의 표상'을 보여준다. 그리고 이 표상의 권위는 거의 절대적이다. 이 이야기는 어머니이기 이전에 며느리로 살고자 했던 한 여성의 선택을 통해 가장 정당하고 규범적이며 타당한 여성상의 전범(典範)을 구현한다. 이는 해당 이야기의 연행과 전승이 '며느리'라는 호명에 응답하는 여성 주체의 젠더정체성의 내용을 드러내는 동시에 연행 주체로 하여금 이를 수행케 하는 기제로 작용함을 암시한다. <자식 버리고 시아버지 살린 며느리>라는 이야기의 전승이 젠더 주체로서 '여성'의 생산에 관여하는 정황을 짐작할 수 있는 것이다.

그러나 이와 같은 역할을 수행하는 이야기는 해당 이야기 외에도 여러 유형이 존재한다. 여기, 위기에 처한 시아버지를 구하기 위해 시아버지와 자식 사이에서 양자택일의 선택을 하는 며느리보다도 더 극단적인 효행을 보여주는 며느리가 있다. 이 글에서는 해당 유형을 <실수로 손자 죽인 시부모 잘못 덮은 며느리>로 부르려 하는데, 이 작품은 실수로 자신의 손자를 삶아 먹은 시어머니나 시아버지의 과오를 덮기 위해 이를 묵과하는 며느리의 이야기다.

〈실수로 손자 죽인 시부모 잘못 덮은 며느리〉

1. 시아버지나 시어머니가 아이를 닭으로 착각해 삶아먹거나 술에 취해 아이를 깔아뭉개 아이가 죽고 만다.
2. 이 광경을 지켜보거나 이 사실을 알게 된 며느리가 아이를 묻고 사실을 밝히지 않은 채 시부모를 감싼다.

3. 며느리가 남편에게 사실을 말하며 '부모는 한 분이지만 아이는 또 낳으면 된다'고 말한다.
4. 남편도 이에 동의하고 아이 묻은 곳을 파 보니 돈이 가득 묻혀 있었다. 혹은, 숙종대왕이 이 사실을 알게 돼 효자 효부 상을 내린다.[17)]

① 『대계』 2-3 <숙종과 효부 효자>(최수일(남) 연행)
② 『대계』 5-1 <양아들 내외의 효성>(오순덕(여) 연행)
③ 『대계』 5-4 <자식을 죽여 효도하려고 한 며느리>(고아지(여) 연행)
④ 『대계』 5-4 <하늘이 감동한 효자>(나보옥(여) 연행)
⑤ 『대계』 9-2 <남군 열녀>(양형회(남) 연행)

이 유형의 이야기에서는 효부의 미담을 전하는 숙종대왕이 등장하기도 하고 <손순매아>에서처럼 아이 묻은 곳에서 금전 등의 보상을 얻기도 한다. 그러나 이 이야기에서는 앞서 언급한 이야기들에서와 달리 아이가 살아 돌아오는 보상은 등장하지 않는다. 며느리인 어머니는 영영 자신의 자식을 잃고 마는 것이다.

1번 작품에서는 시어머니가 닭 대신 자신의 아이를 삶는 것을 지켜본 며느리 이야기를 숙종대왕이 듣게 되고, 2번 작품에서는 친아들도 아닌 양아들 내외가 술에 취해 자신의 손자를 깔아뭉개 죽이고만 아버지의 실수를 눈 감는다. 1번 작품에서 주인공 며느리는 효부상을 받고 2번, 4번 작품에서는 아이 묻은 곳에서 돈이 나온다.

3번 작품에서는 갈등이 한층 본격화된다. 노망이 든 시부모가 아이를 삶아 가져오라고 야단을 치자 며느리가 자신의 아들을 삶으려는데 하늘에서 뇌성벽력이 치면서 아이는 구하고 대신 붕어를 보내준다. 손자를 본 시부모가 다시 아이를 닭으로 착각해 잡아 달라 요청하자 며느리가 아이를 삶아다 드리는데 나중에 다시 보니 동삼이

17) 마지막 대목의 보상이 드러나지 않는 작품도 있다.

었다. 이 이야기에는 <동자삼>의 핵심 모티프가 결합되어 있는데 차이점은 자식의 결단이 아니라 부모의 요청으로 아이를 솥에 넣어 삶게 된다는 것이다.

이 이야기에서도 아이의 죽음을 묵과하는 행동이 '부모는 한 분뿐이지만 아이는 또 낳으면 된다'는 말로 정당화된다. 그러나 이 이야기에서 문제가 되는 상황은 부모가 죽을지도 모르는 위기가 아니다. <동자삼>에서처럼 부모가 아프지도 않고, <자식 버리고 시아버지 살린 며느리>에서처럼 부모가 호식 당할 위기에 처해 있지도 않다. 다만 부모의 과오를 덮기 위해 며느리는 자식의 죽음을 외면한다.

물론 이미 사태가 벌어진 후에 상황을 파악하여 손 써 볼 도리 없는 며느리의 상황을 그려내는 각편들도 있다. 그러나 일부 각편에서는 아이를 살릴 수 있는 조건들이 제시된다. 3번 작품에서는 며느리인 아이의 어머니가 직접 나서서 자신의 자식을 솥에 넣어 삶으려들기도 한다. 아픈 시어머니를 위해서가 아니라 치매에 걸린 듯 분명한 판단을 내리지 못하는 시어머니의 요청을 거절하지 못해서다.

며느리의 행동은 과도한 효행에 가깝다. 특히 다른 가능성을 고려하지 않거나 자식의 죽음 앞에서 여러 번 곱씹어 생각하지 않고 행동하는 그녀의 태도는 단호하기보다는 강박적이다. 그녀의 행동은 '며느리의 효행'이라는 가치 규범으로 이해하기에도 지나쳐서 이상심리에 가까운 것으로 느껴지며, 어떤 불안이 내재된 신경증적인 증상에 해당하는 것이 아닌가 생각하게 된다.

며느리의 행동은 마치 자신이 그렇게까지 행동하지 않는다면 며느리의 자리에 존재할 수 없으리라는 무언의 암시처럼 읽힌다. 특정 대상이나 관계에 대한 욕망이 강할수록 불안도 커지는 법인데, 불안의 주체는 자신이 집착하고 있는 가치 규범과 질서에서 벗어나는 그 어떤 것도 용납하지 않는다. 이주 작은 결함이나 일탈도 용납되지 않기 때문에 주체의 판단은 경직되며 그의 행동은 강박적이다.[18)]

앞선 작품들에서 주인공 여성은 며느리로서의 자신의 지위와 역할에 과도하게 집착하고 있으며 '효(孝)'의 가치를 절대적인 것으로 간주하고 있다. 이는 그만큼 그녀의 지위가 불안정하며 효부의 가치를 벗어난 욕망들이 그녀 안에서 들끓고 있음을 반증한다. 불안이 커질수록 그녀는 '효부'가 되기 위해 몸부림친다. 이 때문에 그녀는 자식에 대한 감정과 어머니로서의 역할을 외면하며 마치 감정이 없는 사람처럼 판단하고 행동한다.[19)]

<자식 버리고 시아버지 살린 며느리>와 <실수로 손자 죽인 시부모 잘못 덮은 며느리>에서도 앞서 언급한 <손순매아>나 <동자삼>과 마찬가지로 효를 실천하기 위해 자기 자식을 외면하는 어머니와 아버지의 모습이 등장한다. 이들은 자신의 행동을 정당화하기 위해 '자식은 또 낳을 수 있지만 부모는 한 번 돌아가시면 다시 만날 수 없다'고 말한다. 이와 같은 논리에 따르면 이들의 자식인 어린 아이의 생명 가치는 다른 어떤 것으로도 환원 불가능한 고유한 대상이 아니라 언제든지 대체되거나 교체될 수 있는 양적인 대상으로 간주된다. 아이의 존엄은 쉽게 무시되고 부모의 존재는 납득하기 어려울 정도로 절대화된다.

자식 대신 시부모를 선택하는 며느리나 그녀의 효행에 감사하는 남편은 모두 부모에게 지나치게 밀착된 자식의 모습을 보여준다. 심리적으로 부모에게서 분리되지 못한 채 고착되어 있는 것이다. 다시 말해 이들은 그 스스로 '부친살해'를 감행하지 못한 존재들이라고 할 수 있다. 부모에게서 독립하는 심리적인 분리를 성취하지 못한 이들

---

18) 프리츠 리만, 전영애 옮김, 『불안의 심리』, 문예출판사, 2004, 177~193면 참조.

19) 불안 속의 주체는 최선을 다해 자신의 감정을 억누르고 통제하면서 형식적인 질서나 규범 등에 과도한 가치를 부여하여 이를 기준으로 상황을 판단한다. 불안에 휩싸인 주체는 자신의 욕망을 부인하거나 억압하는 데 온힘을 쏟기에, 불안은 흔히 묶어두거나 억압했던 것들의 귀환으로 인식되기도 한다.(프리츠 리만, 위의 책, 197~211면 참조.)

은 결국 자기 자식을 죽음으로 몰아넣으려 함으로써 자기 자식에게서 '부친살해'의 기회를 원천적으로 빼앗고 만다. 자기 세계의 주인이 되지 못한 이들이기에, 결국 자기 자식에 대해 부모로서의 역할을 다할 수 없었던 것이다.

더욱 문제적인 것은, 아들인 아버지는 핵심 사건의 전개 과정에서 빠진 채 모든 책임에서 면제되어 있는 반면, 며느리인 어머니는 자식의 죽음을 방조하거나 묵인한 모든 책임을 떠안고 있다는 사실이다. 양자택일의 선택을 해야 하는 기로에 선 것은 오로지 며느리인 아이의 어머니이며, 자식 대신 시부모를 선택한 결과에 대해 모든 책임을 져야 하는 것도 아이의 어머니다. 자식을 저버리고 그녀가 받는 보상은 효부라는 호칭, 혹은 열녀라는 명예에 지나지 않는다. 그와 같은 보상으로 자식의 생명을 외면한 어머니의 마음을 가릴 수 있을까? 어머니의 삶 대신 며느리의 길을 선택한 여성은 결국 자식도 잃고 어머니로서의 자기정체성도 잃고 만다.

더구나 이들 효행담의 연행에서 여성들의 참여율은 비교적 높은 편이다. 또한 여성들이 참여한 연행에서 강박적 효행과 이에 대한 절대적 지지는 오히려 더욱 강화된 양상을 보인다. 그렇다면 이와 같은 이야기의 연행이 '남성'이나 '여성' 주체에게 미치는 영향은 무엇일까? 특히 며느리의 효행을 칭송하는 목소리가 드높은 여성 연행자들의 이야기 연행에서 이들 이야기가 만들어내는 효과는 무엇일까?

구전서사 연행이 젠더정체성의 수행 과정[20]으로 작용하면서 '남

---

20) 주디스 버틀러는 정체성을 담론의 효과이자 허구적 구성물로 바라보고 수행적 관점에서 젠더정체성을 설명하고자 하였다. 그는 '내'가 누구인지 말하기 전에 이미 발화, 혹은 수행의 주체로서 '내'가 존재하는 것이 아니라 발화하는 순간 행위작인(agent)으로서 발화하는 주체가 존재할 뿐이며, 발화 자체가 정체성을 행하는 것(doing)인 동시에 수행하는(performance) 것이라고 말한다. 이런 주장을 전제로 할 때 정체성은 그때그때 상황에 따라 가변적인 수행성(performativity)으로서 자리매김하게 된다. 주디스 버틀러는, 주체가 권력을 행사하는 것이 아니라 훈육적 권력 기제의 효과로서 주체가 구성된다고 보는 미셸 푸코의 주체화(종속화) 개념을 전유

성', 혹은 '여성'이라는 젠더 주체를 형성하는 효과를 만들어낸다고 할 때 구전서사의 스토리(story)는, 곧 젠더 권력 질서가 암묵적으로 지시하는 정체성의 내용에 따라 구성된다. '부친살해'를 뒤틀어 '자식살해'의 방향으로 나아가는 효행담(孝行談)에서 '자식살해'를 결정하거나 자식의 죽음을 외면하는 어머니의 형상은 강박적 효행이 야기하는 모든 불안을 대리 표상하는 존재로 읽힌다. 이들 효행담은 아버지를 배제한 채 자식을 죽음으로 몰아넣거나 자식의 죽음을 방조하는 어머니 상을 구현함으로써 '부친살해' 반동의 모든 책임을 '여성'에게 전가한다.

자식의 '부친살해'를 방어하면서 부모에 대한 효를 다하고, 이를 통해 자신의 '부친살해'를 회피하려는 욕망과 의지는 아들이자 아버지인 '남성'의 것이다. 가부장적 사회에서 '효부'와 '열녀'의 이름은 그녀를 배우자로 둔 남성의 명예를 확장할 뿐 여성 자신에게는 아무런 의미를 가지지 못한다. 아내이자 며느리면서, 무엇보다 어머니인 여성은 그녀의 사회적 지위에 아무런 영향을 미치지 못하는 '효부', 혹은 '열녀'의 명예를 얻기 위해 자식의 생명을 외면하거나 저버린 것이 아니다. 그녀는 맹목적으로 며느리라는 호명에 응답했을 뿐이며 그녀에게는 이것 외의 다른 선택은 불가능한 것처럼 보인다. 심지어 그녀에게는, 며느리로서의 사명과 의무에 앞서 어머니로서의 역할과

하여 정체성이 담론 이전에 존재하거나 담론의 결과로 나타나는 것이 아니라 담론의 효과로, 담론의 틀 안에서 구성되고 작동된다고 주장하였다. 갓 태어난 갓난아이가 성적 정체성을 획득하는 것은 아이의 유전자 구조나 생물학적 신체 구조를 통해서가 아니라 '사내아이가 태어났군요'라는 의사의 발화를 통해서라고 버틀러는 주장한다. 정체성을 담론적 구성물로 인식하면 정체성의 내용을 지시하는 서사는 일종의 시나리오로 간주될 수 있다. 젠더정체성을 암시하는 허구적 구성물인 동시에 그 자체로 훈육적 효과를 발생시키는 담론적 틀이자 '남성' 혹은 '여성'을 호명하는 이데올로기적 기제가 되는 셈이다.(주디스 버틀러, 김윤상 옮김, 『의미를 체현하는 육체』, 인간사랑, 2003 참조.; Judith Butler, *Gender Trouble*, Routledge, Chapman & Hall, Inc., 1990 참조.; Judith Butler, *The Psychic Life of Power*, Stanford University Press, 1997 참조.)

소명을 내세울 만한 권한조차 없어 보인다.

사실상 자신의 부모와 자기 자식 사이에 끼어 있는 것은 '남성' 주체인 아이의 아버지다. 그는 아직 부모로부터 분리되지 않은 상태의 불안과 결핍 속에 있으며 자식의 '부친살해'를 감당할 준비가 되어 있지 않은 상황에 놓여 있다. 결과적으로 자식의 죽음을 외면하거나 방조한 아내의 행동에 감사를 표하거나 이를 수긍함으로써, 그는 미완의 '부친살해'에 갇힌 존재이자 자식의 '부친살해'를 원천적으로 봉쇄한 죄의식에 얽매인 존재가 된다. 이것이 '남성' 주체의 상실과 우울에 해당하는 내용이라 할 때, 이들 효행담 속 며느리는 이 우울의 알리바이를 제공하는 존재이자 상실이 야기하는 결핍과 한계를 대리 표상하는 존재라고 할 수 있다. 결국 이들 효행담은 '남성' 주체의 불안과 우울의 원인을 '여성'에게 돌리는 방식으로 회피하거나 '여성' 이미지를 알리바이로 삼아 방어하려는 젠더화 전략의 한 단면을 엿보게 한다.

젠더 주체로서 '남성', 혹은 '여성'을 생산하는 주체화(subjectivation)[21] 과정은 단순히 젠더 규범을 내면화하고 이에 순응하는 과정을 넘어선다. 주체화에 이미 종속화 과정이 내재되어 있음을, 종속화 과정 없이 주체가 될 수 없음을 논증한 미셸 푸코의 논의를 참조할 때 젠더 주체가 만들어지는 과정은 젠더 권력과 젠더 권력을 작동시키는

21) 미셸 푸코는 『감시와 처벌』에서 '사람은 오로지 근본적인 의존을 의미하는 종속, 곧 권력에 종속되는 것에 의해서만 자율의 형상에 깃들 수 있다'는 내용으로 '주체화(종속화, subjectivation)'를 규정했다. 종속이라는 권력의 효과를 통해 주체가 양산된다는 의미에서 개인은 종속을 통해 비로소 주체가 된다는 것이다. '주체화(종속화)'는 주체에 대한 외적인 지배와 통제, 신체에 대한 물리적이고 실질적인 속박과 감금의 형태로 구현되기도 하지만, 주체의 정신 세계 안에서 표준화의 규범과 통제의 원칙을 내면화하는 계기를 통해 발생하기도 한다. 바로 이 지점에서 푸코는 '영혼'을 '육체'를 통제하고 구속하는, 감옥과 같은 공간적 속박의 한 형태로 이해한다. 행위의 표준과 규범을 내면화하여 복종의 모델에 가까워지게 만드는, '육체를 구속하는 영혼'의 작용을 통해 주체의 종속화가 최종적으로 실현된다는 것이다.(미셸 푸코, 오생근 역, 『감시와 처벌』, 나남출판, 1994 참조.)

시스템에 대한 종속을 전제한다. 이는 젠더 규범을 포함하는 사회 시스템에 부합하는 존재로 거듭나는 과정으로서, 젠더 표준화 기제에 맞지 않는 잉여적 요소들을 스스로 거세하여 표준화된 주체로 형성되는 과정을 의미한다.

'남성' 주체의 표준화 기제에서 부모에 대한 효행은 '여성'의 경우보다 더욱 강조된다. 앞서 살펴본 이야기에 나타난 며느리의 강박적 행동과 불안은 사실상 이야기 문면에 드러나지 않는 남편, 곧 아버지이자 아들인 '남성' 주체의 것이다. '남성' 주체 스스로 자식을 저버리고 부모를 선택하는 책임을 온전히 도맡을 수 없기 때문에 '여성'인 아내로 하여금 대신하게 하는 것이다. 따라서 부모로서 어머니가 떠안는 그녀의 '죄'-자식의 생명과 존엄을 외면한-는 처음부터 그녀의 몫이기보다는 전가된 것에 가깝다.

프로이트는 상실이 분명히 일어났으나 상실한 대상이 무엇인지 몰라 애도할 수 없는 심리적 상태를 '우울(Melancholie)'로 명명하였다. 우울은 상실한 대상이 자아에 합체되어 상실이 무의식적으로 부인되고, 상실한 대상에 대한 비난이 결국 자아에 대한 비난과 처벌로 전환되는 과정을 통해 심화되는데 문제는 이와 같은 과정을 거쳐 자아가 형성되고, 양심을 가진 주체가 만들어진다는 사실이다.[22)]

주체화의 과정에서 모든 개인은 표준화에 어긋나는 요소들의 상실을 필연적으로 경험하게 되는데 이 상실은 무의식적으로 부인되어 애도될 기회를 잃어버린 채 리비도의 저장고에 저장된다. 이 애도되지 못한 상실이 우울을 만드는데 이 우울이 자아를 비난하고 처벌하

22) 그에 따르면, 상실을 부인하기 위해 상실한 대상을 자아로 합체한 우울증적 주체는 대상에 대한 비난을 자아에게 돌림으로써 극단적인 자기 비난과 자기 징벌, 자존감의 상실과 자아의 빈곤 등의 증상을 드러낸다. 그는 '애도(Mourning)' 속에서는 세계가 빈곤해지지만 우울 속에서는 자아가 빈곤해진다는 말로 이와 같은 증상을 설명하였다.(지그문트 프로이트, 윤희기 옮김, 「슬픔과 우울증」, 『정신분석학의 근본 개념』, 열린책들, 2005(재간 3쇄), 243~265면 참조.)

는 초자아, 곧 양심을 만들어내는 것이다. 결국 모든 사회화된 개인, 호명된 주체들은 애도되지 못한 상실로 인한 우울 속에서 형성된 존재들이라는 점에서, 또한 그 상실을 우울 속에 보존하고 있다는 점에서 '우울증적 주체'가 된다.

특히 주디스 버틀러는 모든 '젠더 주체', 곧 '젠더화된 주체'는 '우울증적 주체'라고 말한 바 있다.[23] 젠더화 과정에서 젠더 범주와 젠더 규범을 벗어난 모든 무의식적 충동들은 억압되거나 허용 가능한 다른 내용으로 대체되었으며 이 과정에서 의식하지 못한 채 무의식적으로 부인된 수많은 상실이 존재한다는 것이다. 애도되지 못한 이 상실이 젠더화된 주체를 구성해낸다는 점에서 젠더 주체는 우울증적 주체가 된다.[24]

앞서 언급한 효행담의 연행과 전승을 우울증적 젠더 주체인 '남성'의 멜랑콜리가 발현되는 과정으로 이해하면 여기서도 '남성'의 우울을 대리 표상하고 매개하는 존재는 바로 '여성'이다. '여성'을 대상화하고 타자화하는 과정에서 '남성'의 우울을 드러내는 것이다. 애도하지 못한 상실을 안은 채 젠더 주체가 된 '남성'의 우울을 가시화하고 이를 보상하기 위해 일종의 알리바이로서 자식을 외면한 어머니, 곧 '죄 지은 여성'의 이미지가 동원되는 것으로 볼 수 있다.

그러나 이와 같은 이야기의 연행은 '남성'의 상실을 애도하지 못한다. 주체의 우울에 직면하여 상실 대상을 대면하기보다는 타자화된 이미지인 '여성의 죄'로 여전히 상실을 부인하고 우울을 회피하고 있

---

23) Judith Butler, *The Psychic Life of Power*, Stanford University Press, 1997 참조.

24) '멜랑콜리(Melancholie)'의 사회문화적 전통 속에서 우울증적 주체는 심연을 들여다보는 철학자, 이상을 상실한 혁명가, 천재적인 예술가, 타락한 천사 등 고립된 상태에서 내면으로의 탐색을 시도한 이들로 형상화되었는데 예술사에서 이들은 대부분 '남성'으로 표상되었다. '멜랑콜리'의 문화와 예술적 전통을 연구하는 이들의 지적에 따르면 일반적으로 '멜랑콜리'의 주체는 '남성'으로 등장하는 반면 '멜랑콜리'인 천재적 '남성'을 방해하거나 '멜랑콜리' 자체를 표현하는 대상이자 매개로 등장하는 것은 '여성'이라고 한다.

기 때문이다. 따라서 '남성' 주체가 효행담의 연행을 통해 자신의 상실을 애도하려 하면 할수록 여전히 어긋나고 뒤틀린 애도 때문에 실질적인 애도가 지연되며, 이로써 '남성'의 우울 또한 더욱 심화된다.

상실을 통해 젠더 주체로 구성될 수밖에 없는 '남성'에게는 불안을 회피하거나 우울을 심리적으로 방어하고 보상할 그 무엇이 필요하다. 그러나 '효'로 표상되는 가치 규범과 표준화 기제는 남성 주체에게 절대적인 대상이기 때문에 상실을 보상할 다른 대상이 필요한데 이와 같은 역할을 하는 것이 아들보다 앞서 '자식 대신 시부모를 선택하는 며느리'의 형상이다.

연행에 참여하거나 연행을 주도하는 여성 연행자들은 이와 같은 '남성' 주체의 욕망을 대리하는 존재들로, '자식은 또 낳으면 되지만 부모님은 한 분밖에 없다'는 말은 사실상 아내의 것이 아니라 남편의 것이다. 그녀들은 그저 복화술사처럼 '남성' 주체의 발언을 자기 말처럼 되풀이하고 있을 뿐이다. 바로 이때 배후의 발화 주체인 '남성'은 침묵하거나 '여성'의 뒤에 숨는다. 그는 그저 사후(事後)에 나타나 그녀의 행동을 칭찬하거나 승인할 뿐이다.

효행담의 경우 '자식살해' 이후에 아이가 살아 돌아오거나 명예, 혹은 부가 주어지는 '거짓 보상'이 등장하는데 이 때문에 오히려 효행의 가치가 자아내는 강박과 불안, 우울과 결핍이 더욱 심화된다. 이와 같은 '보상'이 비판과 반발, 문제제기 등을 봉쇄하기 때문이다. 오히려 좀더 적극적인 '자식살해'가 나타나는 다음 유형의 작품들에서 '자식살해'에 대한 비판과 회의가 등장하기도 한다. <아기장수>나 <우투리>는 집단살해에 대한 공모와 방조의 성격을 띤 '자식살해'를 통해 오히려 '자식살해'를 요구하는 상황과 조건에 대해 문제를 제기한다. 연행 층위에서 '자식살해'에 반발하는 반성과 회의가 나타나는 것이다.

3장

'반(反) 부친살해'의 균열

1. 〈아기장수〉의 '집단살해'와 뒤늦은 반성[1)]

<아기장수>는 비범한 아이가 부모나 친지, 또는 이웃들의 집단살해로 죽음을 맞이하는 비극적인 내용의 서사다. 날개나 비늘 등으로 표상되는 '남다름'을 안고 태어난 아기장수는 스스로를 지키거나 자신의 의지를 실현하기에는 아직 이른 시기에 뜻하지 않게 '남다름'을 노출하게 되고 이 노출 때문에 어머니를 비롯한 가족·친지·이웃들로부터 버림받은 채 살해당하고 만다. 자기 보호 능력이 없는 어린 아기를 태어난 지 채 삼일도 되지 않은 때에 다른 누구도 아닌 그 부모가 살해한다는 점에서 <아기장수>는 한국에서 전승되는 구전서사 가운데 가장 비극적인 구도를 보여주는 이야기라 할 수 있다. 특히 이 이야기는 전국 각지에 분포할 뿐 아니라 현재까지 조사·채록된 자료만 해도 310여 편에 이를 정도로 전승 연원이 깊은 구전서사다.

전승의 지속 지향에 강하게 이끌리는 서사단락을 중심으로 <아기장수> 유형에 속하는 이야기의 뼈대를 재구성해 보면 대략 다음과 같은 결과를 얻을 수 있다.

〈아기장수〉

1. 옛날 어느 집안에 날개 달린 아이가 태어났다.
2. 태어난 지 얼마 지나지 않은 때에 우연히 그 어머니가 아이의 남다름을 발견하였다.
3. 어머니가 자신의 남편에게 자신이 발견한 사실을 말하였다.
4. 아이의 부모가 가족, 친지, 이웃, 가문의 어른 등과 의논한 끝에 아이를 죽이기로 하였다.

---

1) 3장의 1절과 2절에 서술된 <아기장수>와 <우투리> 연행 자료 개관 및 세부 내용은 김영희의 「비극적 구전서사의 연행과 '여성의 죄'」(연세대 박사학위논문, 2009) 참조.

5. 그들은 아이가 자라 역적이 되어 그들 모두에게 치명적인 위협이 될 것이라 생각하였다.
6. 쉽사리 죽지 않는 아이를 부모 등이 다함께 어렵게 죽였다.
7. 아이가 죽고나자 용마가 나타나 울다 사라졌다.
8. 용마가 나타났던 산, 용마가 들어간 소(沼), 용마가 남긴 발자국 등이 아직도 남아 있다.

아래 표는 지속・변화 지향의 상대적 분포 양상을 확인하기 위해 <아기장수>의 내용을 서사단락별로 구분하여 재구성한 것이다.

단락번호	서 사 단 락 내 용
1	○○○라는 곳에 얽힌 이야기이다.
2	○○씨네 집안(가문)에 사내아이가 태어났다.
3	삼칠일도 지나지 않은 무렵 아이 엄마가 목이 말라 부엌에 나갔다.
4	방에 돌아와 보니 아이가 보이지 않았다.
5	찾아보니 ○○에 올라가 있었다.
6	아이를 눕혀 벗겨 보니 겨드랑이 밑에 작은 날개가 달려 있었다.
7	아이의 엄마가 남편에게 자신이 발견한 사실을 말하였다.
8	남편이 아이가 자라 역적이 될 수 있으니 죽여야 한다고 말했다.
9	부부가 아이를 맷돌(다듬잇돌, 댓돌, 쌀섬 등)로 눌러 죽였다.
10	아이를 죽이는 일이 쉽지 않았으나 아이 스스로 죽음을 받아들였다.
11	아이가 죽고나자 뒷산에서 용마가 나타났다.
12	용마가 울다가 용소에 빠져 죽었다.
13	아기장수나 용마와 관련된 자연물, 혹은 지형 및 지명 등이 있다.

서사단락을 위와 같이 구분하여 재구성한 후, 현재까지 조사된 전체 이야기 각편 자료를 대상으로 서사단락별 지속・변화 양상과 연행・전승의 개괄적인 특성을 표로 정리하면 대략 다음과 같다.

번호	제목	연행자			조사 지역	조사일	서사단락별 지속・변화 지향 추이	자료 출처
		이름	성별	나이				
1	아기장사이야기	박성배	남	72	양평군 서종면	1979. 4. 24.	1 - 2 - 6 - 8* - 9* - 11 - 13* 8* 누가 죽이자고 했는지 분명치 않음. 9* 광솔불로 지져 죽임. 13* 구한말에 70명을 거느린 사람이 태어남.	대계 1-3

2	채무성 장사 이야기	김부성	남	74	양평군 옥천면	1979. 10. 18.	1 - 2* - 6 - 9* - 8* - 13* 2* 바로 아랫집에 채무성이라는 장사가 태어남. 9* 다듬잇돌로 눌러 죽임. 8* 장사가 나면 집안을 몰수시킨다고 해서 죽임. 13* 장수를 죽인 어머니는 천둥만 쳐도 무서워서 벌벌 떨었다고 함. 동생은 6·25 때 죽음.	대계 1-3
3	벌떼총 이야기	신석하	남	46	강화군 화도면	1981. 7. 17.	1 - 2* - 3* - 4 - 5 - 6 - 8* - 9* - 1* - 2 - 3 - 4 - 5 - 6 - 10* - 11* - 12* - 13 2* 건들 어느 집. 3* 생일날. 8* 역적이 났으니 죽여야 한다고 말하는 주체가 불분명. 9* 팥 석 섬으로 눌러 죽임. 1* 1년 후에 또 태어남. 10* 죽지 않음. 결말 흐지부지. 11* 이상한 점이 난 벌대총이라는 말이 태어남. 12* 선조가 잡아올리라 하여 올라가던 중 양촌에서 엎어져 죽음. 양촌 원이 사형당할까봐 두려워 거짓을 고함.	대계 1-7
4	벌떼총 이야기	윤태선	남	62	강화군 양도면	1981. 8. 10.	1* - 2 - 6* - 8* - 9* - 11 - 12* - 13 1* 건평에 '말난 우물'이라는 우물이 있음. 말이 나는 동시에 말 임자가 건평에 살았음. 6* 난 지 3일 만에 재주를 부림. 8* 그 시절엔 집안에 그런 게 나면 집안이 망한다 했음. 9* 콩가마로 눌러 죽임. 12* 3번 자료와 상동	대계 1-7
5	말 나온 우물	박옥순	여	66	강화군 양도면	1981. 8. 11.	1* - 11* - 9* - 12 - 13 1* 말 난 우물이 있음, 11* 현수문의 말이 진강산 우물에서 나왔음. 9* 현수문이 성공을 못하고 죽고 말았음.	대계 1-7
6	용냇가 전설	박옥순	여	66	강화군 양도면	1981. 8. 11.	12·13* - 1* - 2* - 6 - 9 12·13* 말이 올라갔다 내려갔다 하다가 임자를 못 만나고 죽음. 그래서 용래뜰이라고 함. 1* 말난 우물이 여태 있음. 2* 그 건평에서 용사가 남.	대계 1-7
7	한씨네 아기장수 전설	김재식	남	86	강화군 내가면	1981. 8. 11.	1 - 2* - 3* - 4* - 5* - 6 - 9* - 11 - 12 2* 노인에게 장사 손주가 태어남. 3* 손주가 대여섯 살 되었을 때 데리고 낚시를 감. 4* 할아버지가 놓고 온 담뱃대를 가져오는 데 금방 갔다 옴. 5* 이상하다 여겨 아들 내외와 의논하여 옷을 벗김. 9* 날개를 베어 죽임.	대계 1-7

8	아기장수 (2)	최돈영	남	68	옹진군 영종면	1982. 7. 18.	1 - 2 - 3 - 4 - 5 - 6 - 7 - 8 - 9 - 10 - 11 - 12 - 13	대계 1-8
9	별섬의 유래	김현기	남	63	옹진군 덕적면	1982. 12. 29.	2* - 5 - 9 - 11* - 12* - 13 2* 장귀엽. 11* 아이 죽은 후 백인이 생기고 용마가 남. 12* 용마가 건너뛰는 바람에 별섬이라는 섬이 잘려나감.	대계 1-8
10	영내터 탑과 애기장사	최종철	남	71	명주군 옥계면	1979. 8. 10.	1 - 2 - 6* - 8* - 9 - 10 - 11 - 12 - 13* 6* 날개 등의 모티프 없이 그냥 장사가 났다고 함. 8* 동네 사람들이 죽여야 한다고 모의. 13* 묘를 쓰고 아기장수가 태어났었는데 도승이 자신을 괄시하는 동네 사람들을 벌하기 위해 그 묘를 파내라 해서 망함.	대계 2-1
11	덕받제 아기장수 전설	박광철	남	46	춘성군 북산면	1980. 8. 11.	1 - 2* - 3 - 4 - 5 - 7 - 8 - 9* - 11 - 12 - 13* 2* 중이 명당자리 잡아줌. 그 자리에 묘 쓰고 장수 낳음. 9* 중이 찾아옴. 13* 장수 나지 못하게 묘를 파내 버림.	대계 2-2
12	탁장군의 힘	김남수	남	82	양양군 서면	1981. 9. 5.	2* - 3·6* - 8 - 9* - 2* - 9* 2* 탁장군이 힘이 좋기로 유명. 먼저 탁장군의 형이 태어남. 3·6* 돌 전에 힘을 쓰는 걸 보게 됨. 9* 집안 사람들이 모여 콩을 몇 섬 올려 죽임. 2* 탁장군이 태어남. 9* 어깨 아래를 쑥불로 지짐.	대계 2-5
13	평창 구림의 전설	김남수	남	82	양양군 서면	1981. 9. 5.	1* - 2 - 3 - 4 - 5 - 7* - 8 - 9 - 10* - 11 - 12 - 13 1* 평창 구림 김씨 집안에 지관이 찾아와 묘를 봐 주며 사람이 하나 태어나거든 잘 키우라고 말함. 7* 시아버지에게 사실을 말함. 10* 3일 지난 후에야 죽음.	대계 2-5
14	탁장군과 용마	양재열	남	61	양양군 서면	1981. 10. 2.	1 - 2 - 3 - 4 - 5 - 7* - 8 - 9* - 10* - 6 - 11 - 12 - 13 7* 집안사람들을 불러들여 말함. 9*/10* 떡 안반과 맷돌과 서돌로 눌러 죽임.	대계 2-5
15	말무덤 전설	진병두	남	79	횡성군 갑천면	1983. 7. 18.	1* - 2 - 3·4 - 5·6 - 7 - 8 - 9* - 11 - 12 - 13* 1* 바위와 물, 말무덤에 얽힌 이야기. 9* 칼을 달궈 찔러 죽임. 13* 용소보다는 말무덤 강조	대계 2-7
16	용마굴 (용마무덤) 전설	엄기복	남	73	영월군 영월읍	1983. 5. 25.	1 - 2 - 5 - 8·9 - 11·12 - 13* 13* 용마 무덤이 있음.	대계 2-8

17	장수와 말	안인중	남	74	중원군 주덕면	1979. 7. 21.	1 - 2 - 3 - 4 - 7 - 5 - 8 - 9* - 11 - 12 - 13 9* 맷돌로 눌러 죽임.	대계 3-1
18	효심으로 날개를 떼어버린 장수	장영식	남	65	단양군 단양읍	1981. 8. 10.	1 - 2 - 5* - 7* - 8* - 6* - 9 - 10 - 13* 5* 장가든 후 느티나무를 밤마다 건너다님. 7* 부인이 시부모에게 말함. 8* 부모가 걱정하며 타이르자 스스로 죽겠다며 죽이는 방법을 일러줌. 6* 겨드랑이 밑 날개를 떼내면 죽는다는 사실을 알려줌. 13* 장수의 무덤.	대계 3-3
19	어린 장수를 죽이자 용마도 죽은 용수골	지성구	남	68	단양군 단양읍	1981. 8. 11.	13 - 1 - 2 - 6* - 8 - 9 - 10 - 9 - 10 - 9* - 10 - 11 - 12 - 13 6* 갓 태어난 어린애가 힘이 셈. 9* 잘 죽지 않아 여러 번 반복해서 죽이려 시도함. 결국 죽이는 방법을 물음.	대계 3-3
20	어린 장수를 죽이자 울다 간 청마	박임순	여	71	영동군 용산면	1982. 7. 25.	1 - 2 - 3·5·6* - 8* - 4·5·6* - 7·8* - 9 - 10* - 11 - 12* 3·5·6* 아이가 이상한 재주를 부림. 이상한 소리를 함. 청마가 주변을 맴돌며 임자를 찾는 듯 행동함. 8* 어머니 스스로 두려움을 느낌. 4·5·6* 밤에 나갔다 들어오면 애기가 둘. 표시를 해 두었다가 쫓아가보니 땅 속에서 동삼이 나옴. 7·8* 어머니가 무서워서 관에 사실을 고함. 10* 죽인 후 가보니 동삼이 나오지 않음. 12* 청마가 사라짐.	대계 3-4
21	말미산의 유래	양기석	남	62	영동군 상촌면	1982. 9. 12.	1 - 2 - 6* - 8* - 9* - 10* - 11 - 10* - 11 - 12 - 13 6* 낳자마자 날개를 확인. 8* 국법이 아이를 용납하지 않음. 9* 날개를 떼내자 죽음. 10* 죽으면서 사흘 만에 나물콩 서 홉을 구해서 볶지 말고 자기 묻을 때 같이 뿌려 달라 함.	대계 3-4
22	장수 전설	이원승	남	78	부여군 홍산면	1982. 2. 8.	1 - 2* - 4 - 9* - 13 2* 아기를 낳기 전 꿈에 하얀 노인이 나타나 훌륭한 아이가 될 것이니 아무에게도 말하지 말고 잘 키우라 함. 옆구리로 낳음. 9* 죽였다는 언급은 없고 암시만 있음.	대계 4-5
23	출세 못한 아기장수	권영대	남	59	부여군 석성면	1982. 1. 30.	1 - 2 - 3·4 - 9* - 10* 9* 땅에 묻어 죽임. 10* 아이가 묻히면서 누가 찾아오면 일러주지 말라 함. 장사가 부하 데리고 아이를 찾아옴. 어머니를 위협하여 간 곳 알아냄. 부하들이 땅 속에서 아기장수를 찾아 죽임.	대계 4-5

24	아기장수 전설	이창린	남	46	공주군 이인면	1983. 11. 27.	1 - 2 - 3 - 4 - 5 - 7 - 8* - 10* - 9* - 11 - 12 - 13* 8* 처남에게 말함. 아이에게 명주실 매달았다 지켜봄. 밤에 나가 배나무를 건너다님. 10* 아이가 자기 죽일 방법을 알려줌. 9* 쟁기보습으로 누르고 솥뚜껑을 엎어 죽임. 13* 장수무덤, 말무덤 남아 있음.	대계 4-6
25	말우리와 말 둥구리 전설	유덕준	남	70	완주군 고산면	1980. 1. 30.	1 - 2 - 3 - 4・5・6* - 7 - 8 - 9 - 10 - 11 - 12 - 13 4・5・6* 혼자 있을 때 군사 훈련 하는 것을 어머니가 발견.	대계 5-2
26	는들 바위와 아기장수 전설	이상희	남	64	부안군 부안읍	1981. 7. 28.	1* - 2 - 3 - 4 - 5 - 7 - 8 - 9 - 10 - 11 - 12 - 13 1* 장신골 문화 유씨 집안.	대계 5-3
27	나성대 장군	주병욱	남	65	진도군 의신면	1979. 7. 30.	1 - 2* - 3・6・7・8* - 9 - 10 - 2 - 3・6・7・8* - 9 - 10 - 2 - 9* 2* 장군대좌혈에 부친 묘를 쓰고 사내아이를 낳음. 3・6・7・8* 열다섯 달 만에 태어나서 큰아버지가 왔을 때 울었는데 울음 소리를 들은 큰아버지가 아이를 죽이라 함. 9* 세 번째로 태어난 나성대를 죽이지 않음. 큰아버지가 의절하고 성 밖으로 나감. 나성대가 자라 무술 연마. 역적 모의에 가담했다가 나씨 집안 모두 멸문지화를 당함.	대계 6-1
28	박장군 전설	이승호	남	35	고흥군 풍양면	1983. 7. 28.	1 - 2 - 8・6* - 3・4* - 5* - 7* - 8 - 6* - 8 - 9* - 10 - 11* - 13* 8・6* 장군이 나고 무관이 출생하면 삼대를 멸한다는 말이 있었는데 아들에게서 날개 발견. 3・4* 감춰서 키우는데 서당 선생이 밤마다 나가는 걸 이상하게 여겨 따라나감. 5* 백마를 타고 날아다니며 무술을 연마하는 것을 봄. 7* 서당선생이 부모에게 알리고 상의. 6* 서울에 순식간에 다녀옴. 9* 물에 빠뜨림. 11* 용마는 나타나지 않고 바다가 늘 피로 물들어 있음. 13* 날이 궂으면 바다에 핏빛이 드러남.	대계 6-3
29	천등산 명당과 박장군 전설	최상근	남	76	고흥군 풍양면	1983. 7. 28.	1 - 2* - 5・6* - 8 - 9* - 10* - 11 - 12* - 13 2* 명당 무덤 쓰고 박장군이 태어남. 5・6* 순식간에 서울에 다녀옴. 9* 물에 빠뜨림. 10* 물 위에 앉음. 팔을 자르자 팔이 없으면 아무것도 할 수 없다며 스스로 가라앉아 죽음. 12* 용마가 용소에 빠져 죽는 장면은 없음.	대계 6-3

30	오초당 전설	서삼복	남	60	해남군 삼산면	1984. 7. 20.	1 - 2 - 6 - 9* - 13* 9* 명당자리 혈맥을 끊자 아이가 죽음. 13* 지금도 혈맥이 끊겨 인물이 나지 못함.	대계 6-5
31	장사와 말봉산	박유현	남	74	신안군 임자면	1984. 5. 4.	1 - 2 - 3 - 4 - 5 - 7 - 8 - 9* - 10 - 11 - 12* 9* 물에 빠뜨림. 12* 용마가 용소에 빠졌다는 언급은 없음.	대계 6-6
32	용마를 탄 장수가 날 집터	조이형	남	60	신안군 지도읍	1984. 5. 7.	1 - 2 - 3 - 4 - 5 - 8・9* - 10 - 11 - 12 - 13* 8・9* 이상한 것이 생겼다고 부부가 삼일 동안 쇠몽둥이로 쳐서 죽임. 13* 그 집터가 아직 남아 있음.	대계 6-6
33	김덕령 장군의 일화	조기현	남	50	화순군 화순읍	1984. 7. 23.	1 - 6* - 5* 6* 어깨 밑에 비늘이 있었다 함. 5* 활을 쏘고 말을 타고 달려 화살을 잡았다 함. 매일 아침 무등산을 한 바퀴 돌고 돌아와 누이가 지어준 밥을 먹었다 함.	대계 6-9
34	힘이 센 이파총	임홍순	남	80	화순군 이양면	1984. 7. 25.	1 - 2* - 4・5* - 6 - 8・9* - 9* 2* 반란 일으키고 도적질 했던 나주 나성대 이야기. 4・5* 어려서부터 기운이 세었음. 8・9* 죽이지 않고 날개를 떼어버림. 9* 나중에 아내가 달아준 옷고름 때문에 죽음. 대들보 밑에 숨어 있다가 옷고름이 들켜 잡힘. 그 밑에 있던 이파총이라던 이도 날개 달린 장사. 어려서 시내를 날아서 건넘.	대계 6-11
35	장수 나지 못하게 혈 지른 이야기	이승안, 김원락, 김낙현	남	60 61 58	월성군 현곡면	1973. 2. 24.	1 - 2 - 6 - 9* - 11 - 13* 9* 죽이는 장면 묘사 없음. 13* 일제시대 일본인들이 장군 난 자리의 혈을 끊었음.	대계 7-1
36	아기장수의 죽음	이춘대	남	89	월성군 산내면	1978. 10. 8.	1 - 2 - 3 - 4 - 5 - 3 - 4 - 5 - 3 - 4 - 5 - 3 - 4 - 5 - 6 - 7 - 8 - 9 - 10 - 11 - 12* - 13 12* 용마가 어디로 갔는지는 알 수 없음.	대계 7-1
37	애기봉 아기장수	정진출 김봉조 이진화	남	66 71 80	월성군 외동면	1979. 4. 5.	1 - 2* - 6* - 8・9* - 11 - 12 - 13 2* 장군이 바위 위에서 아기를 낳음. 그 자국이 남아 있음. 6* 장군감이라는 암시만 있음. 8・9* 나라에서 죽임.	대계 7-2
38	세준님의 애기 시절	허수선	여	68	월성군 외동면	1979. 4. 6.	1 - 2* - 3 - 4 - 5* - 6* - 9* 2* 절에 가서 공을 들여 낳은 자식. 5* 눕혀 놓으면 책상 위에 올라가고 눕혀 놓으면 올라가기를 반복. 6* 첫 돌 지나자마자 책을 끼고 다님. 9* 죽지 않음. 공부해서 세준님이 됨.	대계 7-2

39	애기장수	하봉련	여	75	월성군 안강읍	1979. 5. 19.	1 - 2* - 3 - 4 - 5 - 6* 2* 태를 속새로 가름. 6* 이하 <우투리> 내용. 간 곳을 일러주지 말라 하고 떠남. 장군이 찾아와 위협. 바위에 가서 속새로 가르니 용마 타고 일어나려던 찰나 사라짐.	대계 7-3
40	강장군과 용마, 아기장수	강춰근	남	76	영덕군 강구면	1980. 2. 8.	1 - 2 - 4 - 5 - 8 - 9 - 11 - 12* - 13 12* 용소 이야기는 없음.	대계 7-7
41	아기장수의 죽음	서두석	남	61	영덕군 영덕읍	1980. 6. 8.	1 - 2 - 3 - 4* - 5* - 7* - 8* - 9 - 6・10* 4* 아이가 걱정 말라며 말을 함. 5* 시렁 위에 올라가 있음. 일년 만에 다 큰 어른처럼 자람. 7* 장수 났다 말하고 감추고 키우다가 동네 사람들이 알게 됨. 8* 동네 사람들이 없애고 떠나라고 아우성침. 6・10* 겨드랑이 밑의 비늘 일곱 개를 떼내면 죽는다고 일러줌.	대계 7-7
42	아기장수의 죽음	김석용	남	76	영덕군 영덕읍	1980. 6. 8.	1 - 2* - 11* - 8 - 9 - 11 - 13* 2* 장군혈에 묘를 쓰고 장군이 태어남. 11* 용마가 나지 않아 실패함. 용마를 타고 달아나지 못함. 13* 후손들이 성치 못함.	대계 7-7
43	죽은 아기장수와 용마 얻은 정기룡 장군	김세원	남	62	상주군 사벌면	1981. 7. 23.	1 - 2* - 6 - 8 - 9 - 10 - 11 - 12* 2* 정기룡이 길몽을 꾸고 대인을 낳기 위해 부인과 동침하려다 실패하여 계집종과 동침한 후 사내아이를 낳았음. 12* 정기룡이 용마를 취함. 화살보다 빠른 용마. 그러나 정기룡 장군이 화살보다 느리다 오해하고 죽임.	대계 7-8
44	우장군과 용마 무덤	김시규	남	65	안동군 풍산읍	1981. 7. 29.	1 - 2 - 6* - 9* - 11 - 12 - 13 6* 장군이 났음. 9* 출세를 못하고 세상을 떠남.	대계 7-9
45	날개달린 아기장수의 죽음	조석한 조차기	남 남	78 63	안동군 서후면	1981. 7. 28.	1 - 2 - 5・8* - 5* - 6 - 8 - 9* 5・8* 특출난 아이가 태어났다고 집안 어른들이 걱정함. 5* 콩을 한 섬씩 겨드랑이에 끼고 구무소를 뛰어서 건넘. 9* 귀양을 보내 버림. 그래서 이 마을의 입향조가 되었음.	대계 7-9
46	아기장수의 죽음과 용마	강대은	남	81	안동군 북후면	1981. 8. 2.	1 - 2 - 3 - 4 - 5* - 7* - 8 - 9・10* - 11 - 12 - 13* 5* 밤마다 나가서 저릅대로 강변에서 군사훈련을 함. 7* 시어른에게 말함. 9・10* 관에 넣고 못을 쳐서 물에 빠뜨려 겨우 죽임. 13* 일제시대 일본 사람들이 바위 건드리다 벼락이 쳐서 건드리지 못했다 함. 바위 속에는 갑옷이 들었음.	대계 7-9

47	아기장수와 용마	손이봉	여	73	봉화군 법전면	1982. 6. 5.	1 - 2 - 3·5 - 9 - 11 - 12 - 8·13* 8·13* 역적이 될 것이기 때문에 죽임. 갑옷이 쩌렁쩌렁 울었음.	대계 7-10
48	아기장수와 백록담의 용마	정하섭	남	65	봉화군 명호면	1982. 7. 26.	1* - 2 - 3·5·6* - 8 - 9* - 11* - 12* 1* 아이가 난 곳과 용마가 난 곳 따로따로 설명. 3·5·6* 누이가 따라가 보니 턱걸바위에 턱걸이를 하고 돌아옴. 9* 발꿈치와 어깨를 파버림. 11* 백룡이 났음. 12* 살았는지 죽었는지 모름.	대계 7-10
49	임장군과 백룡담의 용마	정세원	남	63	봉화군 명호면	1982. 7. 26.	1* - 2 - 3·5·6* - 8 - 9 - 11 - 12* - 13 1* 앞의 사람이 연행한 이야기의 주인공은 임경업 장군의 막하에 있다가 중국으로 갔음. 이어서 임경업에 관한 민속적인 이야기라며 본 이야기를 소개. 3·5·6* 일곱 살 때 누이가 따라가 보니 턱걸바위에 턱걸이를 하고 돌아옴. 12* 다른 이야기 소개. 용마-활쏘기.	대계 7-10
50	김천의 지명 유래와 인물 전설	김호준	남	88	선산군 선산읍	1984. 7. 28.	1* - 2 - 6 - 4·5* - 7* - 8 - 6 - 9* 1* 주변 지형 지세. 4·5* 날아다님. 7* 서당 선생이 알게 됨. 9* 결국 비극적인 죽임을 당함.	대계 7-15
51	하마비를 움직인 아기장수와 조부	장정섭	남	74	예천군 예천읍	1984. 2. 9.	1 - 2 - 4·5* - 6* - 7 - 8 - 9* 4·5* 밤마다 나가서 따라가 보니 하마비를 들었다 놓았다 함. 6* 양 어깨 위에 사마귀 같은 것이 있었음. 9* 사마귀를 떼내고 힘센 장사로 살았음.	대계 7-17
52	아기장수의 억울한 죽음	안희규	남	67	예천군 보문면	1984. 4. 14.	1 - 2 - 3 - 4 - 5 - 8 - 9 - 10 - 11* 11* 죽으면서 후손이 잘 되지 않으리라 말함. 실제로 멀쩡한 후손이 나오지 않았음.	대계 7-17
53	아기장수와 용마	원장상	남	81	거제군 사등리	1972. 8. 3.	1 - 2 - 3 - 4 - 5 - 8 - 9* - 10 - 11 - 12 - 13 9* 맷돌로 눌러 죽임.	대계 8-2
54	아기장수와 용마	박천수	여	70	거제군 거제면	1979. 8. 9.	1 - 2* - 3 - 4 - 5* - 7 - 8 - 9* - 10 - 11 - 12 - 13 2* 할매가 아이를 하나밖에 낳지 못하는데 장수를 낳음. 5* 파리가 되어 날아다니기도 함. 9* 맷돌로 눌러 죽임.	대계 8-2
55	대장군혈	박시원	남	75	진양군 미천면	1980. 8. 4.	1 - 11 - 2 - 3 - 4 - 5 - 8 - 9 - 11 - 12 - 13	대계 8-4

56	용시들	이성운	남	68	진양군 일반성면	1980. 8. 7.	1 - 2 - 4・5* - 8 - 9 - 6・10* - 11 - 12 - 13 4・5* 모 시중을 드는데 흙이 발에 묻지 않음. 6・10* 날개를 떼야 죽일 수 있다고 알려줌.	대계 8-4
57	의적 갈봉이	이성운	남	68	진양군 일반성면	1980. 8. 7.	1 - 2* - 4・5* - 8* - 9* 2* 어렵게 낳은 자식. 선녀 셋이 나타나 낳았는지 여부를 물음. 4・5* 엿장사하는데 선반 위 엿을 꺼내먹음. 8* 자라서 도둑이 되었음. 9* 죽었는지 안 죽었는지 알 수 없음.	대계 8-4
58	마산 아기장수	옥기봉	남	72	진양군 일반성면	1980. 8. 7.	1 - 2* - 4・5* - 6 - 9* - 10 - 11* - 11 - 12 - 13 2* 늦게 본 자식. 4・5* 심부름 시키면 신발에 흙이 묻지 않았음. 9* 가둬 놓고 매질한 후 굶김. 죽지 않음. 11* 며칠 뒤 젊은 청년이 와서 아이가 죽은 걸 알고 원통해 하다 돌아감.	대계 8-4
59	둥딩이 고개의 지명 유래	우지원	남	55	밀양군 밀양읍	1981. 7. 29.	1 - 2* - 4・5* - 6 - 8* - 9・10* - 11* 2* 산외면 운강리 천씨들이 득세. 종의 부인을 취하려고 종을 죽임. 종의 아이가 태어남. 4・5* 비상한 머리와 재주. 8* 아버지의 죽음에 대해 알고 복수를 결심. 10년을 기약하고 공부하러 집을 나감. 9・10* 사람들이 아이를 찾지 못함. 11* 지관이 되어 천씨네를 찾아가 복수함. <며느리-단혈> 결합.	대계 8-7
60	청운리 갈마음수형	우지원	남	55	밀양군 밀양읍	1981. 7. 29.	1 - 2* - 4・5 - 8 - 9 - 6 - 10 - 11* 2* 부북면 허씨들이 득세. 허씨 집안 종의 이야기. 11* 종의 아들이 지관이 되어 돌아와 복수함. <며느리-단혈> 결합.	대계 8-7
61	산외면 아기장수와 용바위	손윤호	남	68	밀양군 산내면	1981. 7. 27.	1 - 2* - 3 - 4 - 5 - 7 - 8 - 9 - 10 - 11 - 12 - 13 2* 가난한 집에 백장군이 태어남.	대계 8-8
62	송장군 전설	김갑태	남	81	김해군 진영읍	1982. 8. 22.	1 - 2 - 4・5* - 8 - 9* - 11 - 12 - 13 4・5* 남달리 기운이 셈. 9* 어깨를 끌로 파버림.	대계 8-9
63	피장군 전설	안문진	남	64	김해군 진례면	1982. 9. 11.	1 - 2 - 4・5* - 8 - 9* - 13* 4・5* 송장군이 힘자랑하며 돌아다니다가 만난 초립동이의 아들이 피장군. 피장군이 천장을 날아다님. 9* 어깨를 파버림. 13* 살았을지도 모름. 바위를 뒤집었던 흔적 남아 있음.	대계 8-9

64	구룡동 아기장수와 용마	김점봉	남	75	의령군 의령읍	1982. 1. 8.	1 - 2* - 4・5* - 7* - 9 - 11 - 12 - 13 2* 강씨네 종이 아이를 낳음. 4・5* 태어나자마자 막 일어섬. 7* 강씨들이 나라에 상소를 함.	대계 8-10
65	아기장수와 용마	공명덕	남	69	의령군 부림면	1982. 1. 18.	1 - 2 - 8 - 4・5* - 7* - 9 - 11 - 12 4・5* 범상치 않음. 7* 문중에서 의논함.	대계 8-10
66	초계 전골의 아기장수	서기율	남	62	의령군 봉수면	1982. 8. 21.	4・5* - 6 - 7* - 6 - 9・10* - 11 - 12 - 13 4・5* 서당 다니는 아이가 냇물 건너는데 물이 묻지 않음. 날아다님. 7* 서당 선생이 알게 됨. 고을원이 부모를 잡아다 때림. 9・10* 날아다녀서 잡을 수가 없었음. 저릅대로 때리면 죽는다는 방법을 알려줌.	대계 8-11
67	남목마을 아기장수	이유수	남	59	울산시 신정동	1984. 8. 10.	1 - 2 - 3 - 4 - 5 - 6 - 7 - 9 - 11 - 12	대계 8-12
68	작동의 아기장수와 청룡등	김석보	남	57	울산시 북정동	1984. 8. 10.	1* - 2 - 3 - 4 - 5 - 6 - 7 - 8 - 9 - 10 - 11 - 12 1* 작동 마을 관련 원효대사 이야기.	대계 8-12
69	남외의 아기장수	김필련	여	77	울주군 강동면	1984. 7. 23.	1 - 2 - 3 - 4 - 5 - 7* - 8 - 9 - 11 - 12 - 13 7* 다른 사람에게 말함.	대계 8-12
70	반구대 아기장수	김소사	남	59	울주군 언양면	1984. 7. 25.	1 - 2 - 3 - 4 - 5 - 7 - 8 - 9 - 11 - 12 - 13	대계 8-12
71	아기장수와 용마	손천석	남	79	울주군 청량면	1984. 7. 21.	1 - 2 - 3 - 4 - 5 - 7 - 8 - 9 - 11 - 12 - 13	대계 8-13
72	한연 한배 임재	안용인	남	74	북제주군 구좌면	1979. 3. 25.	1* - 2 - 3 - 4 - 5 - 7 - 6 - 8 - 9* 1* 묘가 남아 있음. 9* 날개를 지져 버림. 그후 장사로 살았음.	대계 9-1
73	오찰방	양형회	남	56	제주시 노형동	1980. 2. 17.	1 - 2 - 4・5* - 6 - 7 - 6 - 8 - 9* 4・5* 남다른 재주를 지님. 9* 날개를 떼내버려서 찰방 벼슬밖에 못했음.	대계 9-2
74	오찰방과 정훈도	김재현	남	85	서귀포시 중문동	1981. 4. 26.	1 - 2 - 4・5* - 6 - 8 - 9* 4・5* 나막신을 신고 절벽에서 뛰어내림. 9* 날개를 끊어버림.	대계 9-3
75	김해 김씨와 이첨정	김재현	남	85	상동	1981. 5. 16.	1 - 2* - 4・5* - 6 - 8 - 9* 2* 김우탁. 4・5* 백성들의 고충을 서울에 가서 고함. 9* 날개를 끊어버림.	대계 9-3

76	오찰방(1)	김택효	남	85	상동	1981. 1. 26.	1 - 2* - 4・5* - 6 - 8 - 9* 2* 오찰방. 4・5* 산방산 꼭대기에서 뛰어내리거나 나무를 금방 해옴. 9* 날개를 끊어버림. 서울로 가서 도적을 잡아 대궐로 들어가 찰방 벼슬 받아옴.	대계 9-3
77	날개 돋은 강정 김씨 자손	김택효	남	85	서귀포시 중문동	1981. 1. 26.	1* - 2 - 3 - 4・5* - 7 - 8 - 9* - 11* - 10 1* 명당에 묘를 쓰고 장수를 낳음. 4・5* 서로 자리를 바꿔 누워 있음. 9* 묘를 파냄. 11* 시체가 황새가 되어 뒷발은 일어나고 앞발만 꿇은 상태.	대계 9-3
78	오찰방(2)	정원선	남	90	서귀포시 영천동	1981. 1. 26.	1 - 2* - 4・5* - 6 - 8 - 9* 2* 오찰방. 4・5* 산방산 꼭대기에서 뛰어내리거나 나무를 금방 해옴. 9* 날개를 끊어버림. 서울로 가서 도적을 잡아 대궐로 들어가 찰방 벼슬 받아옴. 후반부 힘을 쓰며 다닌 일화 결합.	대계 9-3
79	장사 양태수	양원교	남	72	서귀포시 영천동	1981. 1. 23.	1 - 2 - 6 - 8 - 9* 9* 술에 취하게 한 후 날개를 끊어버림. 이후 기운 센 사람으로 살았음.	대계 9-3
80	날개 돋힌 아이	송지준	남	83	남제주군 표선면	1981. 5. 17.	1 - 2 - 6 - 8 - 9 - 13* 13* 목사가 돌아보니 왕후지지에 묘를 썼음. 혈을 끊음.	대계 9-3
81	오찰방	송경은	남	70	남제주군 안덕면	1981. 7. 16.	1 - 2* - 4・5* - 6 - 9* 2* 오찰방. 4・5* 산방산 꼭대기에서 뛰어내림. 9* 날개를 끊어버림. 서울 가서 찰방 벼슬 받음.	대계 9-3
82	산방산에 묘 안 쓰는 이야기	윤추월	여	66	상동	1981. 7. 16.	1* - 7* - 6 - 8 - 9* 1* 산방산에 묘를 쓰면 장수가 나는데 비가 오지 않음. 7* 비가 오지 않아 산방산에 올라가 파봄. 9* 날개 돋은 신체를 쫓아내고 다시 묘를 쓰지 못하게 함.	대계 9-3
83	불운한 장수	안지형	남	미상	평북 용천군 외상면	1934. 7.	1 - 2 - 9* - 6・10* - 13 9* 나라에서 장수를 죽이려고 군사를 보냄. 6・10* 어머니가 죽이는 방법을 알려 달라며 성화를 부리자 장수 아들이 겨드랑이에 붙은 비닐을 뜯으라고 말함. 장수가 어머니 때문에 죽는다고 말하고 죽음.	임석재 3권

84	불출세의 장수와 용마	김신웅	남	미상	평북 창성군 동창면	1935. 1.	1* - 2* - 6 - 8 - 9* - 11 - 12 - 13 1* 묘를 쓰고 장수가 태어남. 2* 부자영감의 아들 노랑두장수. 9* 날개를 지져 오래 살지 못하고 죽음.	임석재 3권
85	장수봉과 마시암	장병학	남	미상	평북 박천군 북면	1935. 1.	1 - 2 - 3 - 4・5* - 6 - 8 - 9 - 10 - 11 - 12 - 13 4・5* 갓난아이가 바람벽을 딛고 걸어다니며 말을 함.	임석재 3권
86	불운의 장수	西川嘉一	남	미상	황해도 봉산군 사리원읍	1943. 9.	1* - 2* - 6 - 4・5 - 7 - 8 - 9* - 10* - 11 - 12 - 13 1* 풍수지리적 특징. 2* 신혼 첫날밤. 9* 겨드랑이 날개를 태웠으나 죽지 않음. 10* 사라져버림.	임석재 3권
87	불운의 장수	이성룡	남	미상	상동	1932. 7.	1 - 2* - 6 - 4・5 - 6 - 9* - 10 - 11 - 12 - 13 2* 불공 드려 낳은 아들. 이씨네 장가보내지 말라 했는데 보냄. 9* 아내가 징그러워 날개를 불로 지져버림.	임석재 3권
88	등룡정	조상국	남	미상	이천군 이천읍	1962. 7.	1 - 2 - 3 - 4・5* - 8 - 9 - 6・10 - 11 - 12 - 13 4・5* 산을 순식간에 오르내리고 용마를 타고 다님.	임석재 4권
89	검부연	오원근	남	63	영월군 영월읍	1976. 9. 26.	1 - 2 - 8 - 9 - 11 - 12 - 13* 13* 장수가 쓸 검이 검부연에 가라앉아 있음.	임석재 4권
90	말우물・삼정재 마명재・죽이리	황귀주	남	68	강릉시 홍제동	1975. 11. 10.	1 - 2 - 3 - 4 - 5 - 6* - 9 - 11 - 12 - 13 6* 겨드랑이에 털이 잔뜩 나 있음.	임석재 4권
91	불운한 장수	권오철	남	미상	평창군 대화면	1927. 2.	1* - 2 - 3 - 4 - 5 - 8 - 9 - 11* - 12* - 11 - 12 - 13 1* 장수 날 묘자리를 쓰고 중에게 아들 낳으면 자신이 데리러 오겠다는 말을 들음. 11* 노승이 아이를 데리러 찾아옴. 12* 노승이 묘의 혈을 끊고 가버림. 이후 그집에서는 훌륭한 사람이 한 명도 나지 않았음.	임석재 4권
92	영종도	문동호	남	미상	부천군 영종면	1962. 7.	1 - 2 - 3 - 4 - 5 - 6* - 8 - 6 - 9 - 10 - 11 - 12 - 13 6* 아이가 어머니에게 본인이 장수 될 사람인데 곧 용마가 나타나면 타고 가겠다 함.	임석재 5권
93	용마 벌덕춘	조기실	남	62	강화군 내가면	1977. 9. 14.	1 - 2 - 3 - 4 - 5 - 7 - 8 - 9 - 11 - 12 - 13* 13* 이후 용마 관련 이야기가 길게 덧붙여짐.	임석재 5권

94	개조지묘	하천수	남	66	무주군 무풍면	1969. 8. 10.	1 - 2* - 4・5* - 8* - 9 - 6・10 - 13 2* 하씨 집안 종으로 태어남. 힘이 장산데 첩을 거느림. 4・5* 호랑이를 잡아 던질 정도로 힘이 셈. 상전에게 충성함. 8* 상전을 괴롭히는 관장에게 행패를 부림.	임석재 7권
95	주대룡	주재만	남	미상	장수군 계남면	1969. 8. 5.	1 - 2 - 4・5* - 8 - 9 - 6・10 - 13* 4・5* 몸집이 크고 힘이 장사. 산에서 뛰어내림. 13* 주대룡이 원하는 대로 묻어주지 않았음. 그래서 태어난 것이 여자인 논개.	임석재 7권
96	비운의 장수	서만동	남	64	나주군 다도면	1962. 8.	1* - 2 - 4・5 - 6 - 8 - 9 - 11 - 12 - 13 1* 명당 잡고 장수 낳음.	임석재 9권
97	이씨 왕조	미상	미상	미상	압록강 변 마을	1898년 무렵	2* - 6* - 7・8* - 9*/1 - 9*/2 - * - 13 2* 이씨와 박씨 집안에서 장수가 남. 성스러운 산과 여인 사이에 태어나 장수라 불림. 성스러운 산의 한 줄기 광선이 여인의 몸에 스며들어 장수가 태어남. 6* 날개를 지니고 태어나자마자 성스러운 산으로 날아감. 7・8* 부모가 탄생의 흔적을 지우고 비밀을 지키려 함. 9*/1 아들은 산속에서 위험한 때, 전쟁을 대비하여 무술 연마. 어린 장수는 아무도 모르게 날아와 어머니의 젖을 먹음. 9*/2 박씨 집안에서는 어리석은 어머니가 아들의 날개를 잘라버림. 힘이 장사. * 이씨 선친의 현몽. 누런 용과 푸른 용이 싸울 때 푸른 용을 쏘라고 함. 푸른 용이 박씨 조상이고 누런 용이 이씨 조상. 시키는 대로 해서 누런 용은 촉지늪으로 들어가고 푸른 용은 두만강 속으로 들어감. 이씨가 박씨를 물리치고 이씨 왕조 최초의 왕이 됨. 13* 솔보와 남보 고을에 두 장수의 비문이 보존되어 있음.	조선 설화
98	낳다 죽은 아기장수	전병욱	남	49	울진군 북면	1967. 11. 10.	1 - 2* - 5* - 6 - 8 - 9 - 10 - 11 - 12 - 13* 2* 늙은 부부가 백일 기도 드리고 아기를 낳음. 5* 태어나자마자 방을 돌아다님. 13* 죽은 아기장수의 시체 주위에는 몇 달이 지나도록 수많은 불개미가 모여 군사 훈련을 했다고 함.	류증선 10
99	뚜껑바위	김중원	남	47	영주군 문수면	1966. 1.	1 - 2 - 5・6* - 7 - 8* - 9* - 10 - 11 - 12 - 13* 5・6* 기골이 장대하고 힘이 셈. 8* 나이 들수록 악행이 심해짐. 9* 관 속에 넣고 못을 쳐 죽임. 13* 장수가 입던 갑옷이 바위 속으로 들어감. 갑옷을 꺼내려 하면 마른 하늘에 천둥이 치면서 흙비가 내림. 갑옷을 넣을 때 덜 닫힌 바위 때문에 서쪽 마을에서는 부자가 나고 동쪽 마을에서는 가난한 이들이 많이 남.	류증선 34

100	아이비석	김승만	남	45	군위군 군위면	1960. 8.	1 - 2 - 5 · 6* - 7 - 8 - 9 - 10 - 11 - 12 - 13* 5 · 6* 하룻밤새 이가 나고 이튿날 걷기 시작했으며 사흘째 되는 날 말을 시작함. 13* 자신들의 잘못을 깨닫고 마을 사람들이 비석을 세운 후 제사를 열심히 지내고 있음.	류증선 174
101	용산	이춘호	남	30	영일군 청하면	1967. 10. 27.	1 - 2 - 5 - 8 - 9 - 10 - 11 - 12 - 13	류증선 190
102	말구리 마을의 유래	최대극	남	미상	칠곡군 석적국민학교	1968. 11.	1 - 2* - 3 - 4 - 5 - 8 - 9 - 10 - 11 - 12 - 13 2* 새참을 기다리던 남편이 늦은 아내를 타박함. 아내가 아이를 낳고 왔다고 말함.	류증선 209
103	장군바위	유말분	남	69	월성군 강동면	1967. 8. 30.	1 - 2* - 5* - 7 - 8 - 9 - 10 - 13* 2* 기도 끝에 백발 노인이 현몽하여 아들을 보내겠다 함. 5* 깨어나 보니 밝은 빛이 나면서 바위 위에 한 아이가 칼을 차고 서서 어머니라 부름. 마을로 가서 왜놈들을 쫓아내겠다 함. 13* 얼마 후 임진왜란이 일어남. 칼 짚었던 자국과 발자국이 남아 있음.	류증선 241
104	전치곡리 아기장수	김희대	남	49	춘천시 동산면	2003. 12. 12.	1 - 2* - 6* - 7 · 8 · 9* - 10* 2* 청상과부 김씨 부인. 어느날 천둥 벼락 치더니 장수가 나타나 아들이라 함. 장수 사라진 자리에 우물이 있고 그 우물가에 있던 구슬을 먹고 아들을 낳음. 남편 없이 아이를 낳은 것. 6* 기골이 장대. 7 · 8 · 9* 부인이 아들과 함께 죽기로 작정. 10* 아들이 미리 알고 느티나무에 올라가 어머니에게 작별을 고함. 늙어 병들면 밭가의 꿩을 잡아먹으라 함.	강원설화총람 1권
105	장군봉과 버드래 마을1	정일섭	남	59	춘천시 서면	2003. 10. 9.	1> 1 - 2* - 11* - 12 - 13 - 9* 2* 굴에서 장군이 남. 11* 장군과 말이 함께 나지 못함. 9* 말을 타지 못한 장군이 버드래 와서 버들버들하다 죽음. 2> 1 - 2 - 6 - 9* - 13 9* 일본군이 죽임.	상동 1권
106	장군봉과 버드래 마을2	정일섭	남	59	상동	2003. 10. 9.	1 - 2 - 6 - 9* - 13 9* 일본군이 겨드랑이에 침을 박아 죽임.	상동 1권
107	장군봉아기장수와 용마1	송우식	남	65	상동	2003. 10. 13.	1 - 2 - 6 - 8 - 9 - 10 - 11 - 12 - 13	상동 1권

108	장군봉아기 장수와 용마1	한익수	남	71	상동	2003. 10. 13.	1 - 11 - 12 - 2* - 9* - 13 2* 장군이 났는데 말이 없어 죽음.	상동 1권
109	청평사 아기장수	최기호	남	76	상동	2003. 10. 21.	1 - 2 - 3* - 4 - 5 - 6 - 7 • 8 • 9 - 10 - 11 - 12 - 13 3* 어머니가 빨래하러 나감.	상동 1권
110	유씨 집안 아기장수	엄홍기 이금한	남 여	71 64	철원군 갈말읍	2003. 11. 22.	2* - 5* - 6 - 8 • 9* - 13* 2* 유성목씨라는 부자 집안의 일하는 하인이 장사로 태어남. 5* 심부름으로 하루 만에 서울에 다녀옴. 8 • 9* 일본 사람 귀에 들어가 일본인들이 죽임. 말뚝도 박음. 13* 우물과 사당이 있음.	상동 1권
111	유씨 집안 우투리	엄홍기 이금한	남 여	71 64	상동	2003. 11. 22.	2* - 5* - 6 - 8 • 9* - 13* 2* 유성목씨라고 하는 부자 집안의 일하는 동자가 장사. 5* 심부름으로 하루 만에 서울에 다녀옴. 8 • 9* 사람들이 부지깽이로 날개를 지져 죽임. 13* 아이를 모신 부운당이라는 사당이 있었음.	상동 1권
112	아기장수	이상열	남	86	철원군 김화읍	2003. 9. 21.	5* - 6 - 8 - 9 - 10 - 11 - 12 5* 천장에 붙었다 떨어짐.	상동 1권
113	상리 아기장수	지기화	여	78	화천군 화천읍	2005. 7. 19.	2 - 5* - 9* - 10 5* 산꼭대기를 낼름 올라갔다 함. 9* 사람들이 숨겼으나 소문이 나서 나라에서 죽임.	상동 1권
114	용신의 아기장수와 용마	김상섭	남	73	상동	2005. 10. 24.	1 - 4 - 5 - 6 - 9 - 10* - 9* - 10 - 11 - 12 - 13 10* 죽지 않자 부모가 관가에 알림. 9* 고을 원이 역적이 될 것을 염려하여 날개를 태워 죽임.	상동 1권
115	말구리소와 우렁골	박경주	남	72	홍천군 내촌면	2003. 1. 11.	1 - 2 - 4 - 6 - 7 - 8 - 9 - 10 - 11 - 12 - 13	상동 2권
116	전씨네 아기장수	박경주	남	73	상동	2004. 10. 15.	1 - 2 - 3 - 4 - 5 - 6 - 7 - 8 - 9 - 10 - 11 - 12 - 13	상동 2권
117	전씨네 우투리	전석진	남	72	상동	2003. 1. 11.	1 - 2 - 3 - 4 - 5 - 6 - 8 - 9 - 10 - 11 - 12 - 13	상동 2권
118	전씨네 아기장수3	최순만	남	89	상동	2003. 1. 11.	1 - 2 - 4 - 6 - 9 - 10 - 11 - 12 - 13	상동 2권
119	말고개	엄익성	남	89	홍천군 두촌면	2003. 1. 7.	1 - 2* - 6 - 8 - 9* - 10 - 11 - 12 - 13 2* 부자로 살던 전씨네가 말고개에 묘를 쓰고 장사를 낳음. 9* 장딴지를 세 번 때리니 죽음.	상동 2권

120	장군 고개 아기장수	조재훈	남	76	상동	2003. 1. 7.	1 - 2 - 3 - 4 - 5 - 6 - 8 - 9	상동 2권
121	왕두골 아기장수	이종성	남	60	양구군 양구읍	2003. 10. 3.	1 - 11 - 2 - 4 - 5 - 6 - 8 - 9 - 12	상동 2권
122	아기장수와 용마	김귀옥	남	70	상동	2003. 10. 3.	1 - 2 - 4* - 8* - 9 - 10 - 11 - 12 4* 묘지 옆에서 애가 울고 있었음. 8* 좋지 않은 일이라 여겨 죽이기로 결정.	상동 2권
123	학조리 아기장수	문곤수	남	76	상동	2003. 10. 11	1 - 2 - 5 - 6 - 8 - 9 - 10 - 11 - 12	상동 2권
124	왕두골 우투리	김덕만	남	71	상동	2003. 10. 3.	1 - 2 - 6 - 8* - 9 - 10 - 11 - 12 - 13 8* 일본 사람들한테 혼날까봐 죽이기로 작정.	상동 2권
125	선천애골 아기장수	주재영	남	52	양구군 남면	2003. 8. 27.	1 - 2 - 3 - 4 - 5 - 6 - 7 - 8 - 9 - 10 - 11 - 12 - 13	상동 2권
126	월산리 길장군1	김을녀	여	89	양구군 동면	2003. 8. 27.	1 - 2 - 9 - 10 - 11 - 12 - 13 - 8 - 2 - 3 - 4 - 5 - 6 - 7 - 8 - 9 - 10 - 11 - 12 - 13	상동 2권
127	평안도 용강 아기장수	장용원	남	83	상동	2003. 4. 24.	2 - 4 - 6 - 9* 9* 마을에서 여섯 살 때 사라짐.	상동 2권
128	바보가 된 아기장수	장용원	남	83	상동	2003. 4. 24.	1 - 2・3・4・5・6* - 9・10・11・13* 2・3・4・5・6* 아기장수가 태어남. 9・10・11・13* 사라진 후 나중에 포로가 되어 남한으로 왔음.	상동 2권
129	자월 아기장수와 금악리 소의 용마	김운식	남	72	양구군 방산면	2003. 9. 20.	1 - 2 - 3 - 4 - 5 - 8 - 9 - 10 - 11* 11* 용마와 갑옷이 나옴.	상동 2권
130	박서방네 아기장수	김현문	남	88	상동	2003. 9. 20.	1 - 2 - 3 - 4 - 5 - 6 - 7 - 9 - 10 - 11 - 12 - 13* 13* 장수의 동생이 남. 박장군. 보를 만들어 농사를 짓게 함. 죽고 난 후 보가 터짐. 박장군을 모시는 제사를 지냄. 장수나 장군이 난 집안에서는 손이 퍼지지 않음.	상동 2권
131	샛말 강가 아기장수	김희선	남	76	상동	2003. 9. 20.	1 - 2 - 3* - 4 - 5 - 6 - 7 - 8 - 9 - 10 - 11 - 12 - 13 3* 빨래하러 나감.	상동 2권
132	월산리 길장군2	신의철	남	78	상동	2003. 4. 24.	1 - 5・6* - 7 - 8 - 9* - 10 - 11 - 12 - 13 5・6* 일곱 살 때 빨랫줄을 건너 날아다님. 9* 문중에서 찾아와 아이의 각을 뜸.	상동 2권
133	월산리 길장군3	신의철	남	78	상동	2003. 10. 11.	1 - 2 - 7* - 5・6* - 7 - 8 - 9* - 10 - 11 - 12 - 13 7* 어머니가 사실을 밝히지 않음. 5・6*/9* 상동	상동 2권
134	월산리 길장군4	박동소	남	86	양구군 해안면	2003. 11. 15.	1 - 2 - 3 - 4 - 5 - 8 - 9	상동 2권

135	월산리 길장군5	문하승	남	78	상동	2003. 10. 3.	1 - 2 - 5 - 8 - 6 - 9 - 10 - 11 - 12	상동 2권
136	세 번 태어나 영웅된 아기장수	이용선	남	71	인제군 기린면	2003. 4. 21.	1* - 2 - 3 - 4 - 5 - 6 - 9 - * 1* 아기장수의 아버지와 어머니가 결연하는 내용. * 어머니가 될 여성을 경계하는 내용이 길게 이어짐.	상동 2권
137	하안미리 아기장수와 용마	이덕용	여	87	인제군 원통면	2003. 4. 21.	1 - 2* - 11 - 12 - 13 2* 묘를 쓰고 장수가 남.	상동 2권
138	아기장수와 용마	염하태	남	82	인제군 서하면	2003. 4. 21.	1 - 2* - 6* - 8 - 9 - 10* - 11 - 12 2* 명당자리에 묘를 쓰고 장수가 태어남. 6* 열두 살 무렵까지 자라서 장수로서 활약. 10* 자신을 죽이는 방법을 알려줌.	상동 2권
139	1> 시렁 위에 앉은 아기장수 2> 들언지 바 위에서 우 는 용마	손병화	여	84	원주시 소초면	2004. 7. 23.	1> 1 - 2 - 3 - 4 - 5 - 9* 9* 우리 어머니가 없애 버렸다고 함. 2> 11 - 12* - 13 12* 죽었다는 언급 없음.	상동 3권
140	1> 하녀동 홍 씨네 아기 장수 2> 서곡리 용 수골 용마	김학관	남	77	원주시 판부면	2004. 8. 30.	1> 1 - 2 - 3 - 4 - 5 - 6 - 8 - 9 - 10 2> 11 - 12 - 13	상동 3권
141	맷돌로 눌러 죽인 아기장수	권분족	여	79	태백시 황지동	2005. 8. 29.	8 - 2 - 3 - 4 - 5 - 7 - 6 - 8 - 9 - 10	상동 3권
142	난 지 사흘 만에 죽은 아기장수	박부성	남	73	태백시 구문소 동	2002. 8. 28.	2 - 3 - 4 - 5 - 7 - 8 - 9 - 10 - 11 - 12 - 13	상동 3권
143	시루봉 아기장수	한성택	남	71	횡성군 서원면	2003. 1. 14.	1 - 2 - 3 - 4 - 5 - 9* 9* 어디론가 사라짐. 우는 소리가 들렸다고도 함.	상동 3권
144	말미재 아기장수	최성침	남	80	횡성군 서원면	2003. 1. 14.	2 - 5 - 7 - 8 - 9 - 10* 10* 말을 먼저 죽이고 장수를 죽임.	상동 3권
145	아기장수와 용마깨	노재순	여	88	영월군 영월읍	2004. 10. 2.	2 - 3 - 4 - 5 - 6 - 8 - 9 - 10 - 11 - 12 - 13	상동 4권
146	평창 마치 아기장수	이환길	남	68	영월군 북면	2004. 8. 26.	2 - 3 - 4 - 5 - 6 - 8 - 9 - 10 - 11 - 12 - 13	상동 4권

147	평창 수청리 아기장수	김구영	남	84	영월군 북면	2004. 9. 2.	2* - 5* - 8 - 9 - 10 - 11 - 12 - 13 2* 장군대좌혈에 묘 쓰고 장수 낳음. 투구바우와 칼바우도 함께 있어야 함. 5* 삼일 동안 오르내림.	상동 4권
148	수주면 무릉리 아기장수	박학신	남	80	영월군 서면	2004. 8. 24.	2* - 9 - 11 - 12 - 13* - 9* 2* 장수 낳음. 13* 이여송이 혈을 지름. 9* 집안 사람들이 역적될까봐 모여 죽였다는 설명 덧붙임.	상동 4권
149	묘자리와 장수	고성택	남	73	영월군 서면	2004. 10. 15.	2* - 5 - 8 - 9 - 10 - 11 - 12 - 13 2* 금계포란형 묘자리에 묘 쓰고 장군 낳음. 장군 둘이 태어남.	상동 4권
150	돌다리 아기장수	최정하	남	75	영월군 남면	2004. 9. 18.	1 - 2 - 3 - 9 - 5 - 6 - 7 - 8 - 9 - 10 - 11 - 12 - 13	상동 4권
151	명마동 아기장수	김재복	남	76	영월군 수주면	2004. 10. 9.	1 - 2 - 5 - 6 - 8 - 9 - 10 - 11 - 12 - 13	상동 4권
152	명마동 우투리	장규철	남	92	영월군 수주면	2004. 10. 9.	1 - 2 - 3* - 4 - 5* - 8 - 9* - 10 - 11 - 12 - 13 3* 세 살 때. 이씨 조선 때. 5* 서울에 다녀옴. 9* 장수가 죽은 후 아이를 잘 키우라는 임금의 편지 도착.	상동 4권
153	버들치 손서방네 아기장수	곽재칠	남	73	영월군 주천면	2004. 10. 1.	1 - 2 - 9 - 10 - 11 - 12* - 13 - 2* - 8 - 9 - 11 - 12 12* 죽은 용마를 마을 사람들이 끓여 먹음. 2* 사건 다시 설명. 손서방네.	상동 4권
154	최씨네 아기장수	조원형	남	68	영월군 주천면	2004. 10. 1.	1 - 2 - 5 - 8 - 9 - 10 - 11 - 12 - 13	상동 4권
155	아기장수와 용마1	최상익	남	73	영월군 주천면	2004. 10. 1.	1 - 2 - 8 - 9 - 10 - 11 - 12 - 13	상동 4권
156	평창물푸레골 장사와 용마	석병호	남	82	영월군 하동면	2004. 7. 30.	1 - 2 - 5 - 8 - 9 - 10 - 11 - 12 - 13	상동 4권
157	아기장수와 용마	김성규	남	69	영월군 하동면	2004. 8. 24.	1 - 2 - 3·5* - 6 - 8 - 9 - 10 - 11 - 12 - 13 3·5* 3일 만에 걷고 일주일 만에 천장에 올라감.	상동 4권
158	든돌 마을 아기장수	김철호	남	71	영월군 하동면	2004. 8. 23.	1 - 2* - 3 - 4 - 5 - 7 - 8 - 9 - 10 - 11 - 12 - 13 2* 묘를 쓰고 애가 태어남. 노씨네.	상동 4권
159	나씨 집안 아기장수	이재문	남	64	평창군 평창읍	2004. 7. 28.	1 - 2 - 9 - 10 - 11 - 12 - 13	상동 4권
160	나씨 집안 우투리	이병래	남	75	평창군 평창읍	2004. 7. 28.	1 - 2 - 3 - 4 - 5 - 8 - 9 - 10 - 11 - 12 - 13	상동 4권

161	마지리 아기장수	지동인	남	85	평창군 평창읍	2004. 7. 28.	1 - 2 - 3 - 4 - 5 - 8 - 9 - 10 - 11 - 12 - 13	상동 4권
162	속사리 아기장수	최만규	남	70	평창군 대화면	2004. 8. 18.	1* - 8 - 2 - 3 - 4 - 5 - 8 - 9* - 11 - 12 - 13 1* 중이 지나다가 풍수가 좋은 곳을 발견. 크게 될 아이가 태어날 곳임을 일러줌. 묘를 쓸 사람이 시간을 맞추지 못하고 사흘 늦게 옴. 9* 스님이 아이 죽은 후 도착. 벌을 받을 것이라고 말함.	상동 4권
163	김서방네 아기장수와 용마	윤재학	남	75	평창군 대화면	2003. 2. 22.	1 - 11 - 2 - 8 - 4 - 5 - 9* - 11 - 12 - 13 9* 3일 만에 아이가 그냥 죽음.	상동 4권
164	구두미 아기장수	민형식	남	64	평창군 대화면	2004. 9. 18.	1 - 8* - 2 - 3 - 4 - 8 - 9 - 10 - 11 - 12 - 13 8* 장수가 나면 용마가 남. 임란 때 김응서 장군이 남. 간신들의 모함으로 죽을 때 겨드랑이 밑에 날개를 찌르면 죽는다고 말함.	상동 4권
165	구두미 우투리	김수경	남	75	평창군 대화면	2004. 8. 20.	1* - 2 - 5 - 7 - 8 - 9 - 10 - 11 - 12 - 13 1* 장군대좌혈 명당에 부모 묘를 쓴 가난한 청년. 중이 묘자리를 잡아줌. 이 청년이 장수를 낳음.	상동 4권
166	구두미 아기장수3	김진용	남	80	평창군 대화면	2004. 9. 18.	1 - 2 - 8 - 9 - 10 - 11 - 12 - 13	상동 4권
167	구두미 아기장수4	김상규	남	77	평창군 방림면	2004. 10. 10.	1 - 2* - 3 - 4 - 5 - 8 - 9 - 10 - 11* - 2* - 9* - 12 - 13 2* 중이 명당자리를 잡아준 데 묘 쓰고 장수 낳음. 투구봉 형국. 장군봉. 11* 대사가 아이를 데리러 옴. 아이가 죽은 것을 알고 혈을 지르고 감. 2* 다시 산모가 아이를 가짐. 9* 뱃속에 있던 아이가 사라짐. 발자국을 따라가 보니 전에 죽은 장수 무덤가.	상동 4권
168	속사리 우투리	김재민	남	76	평창군 용평면	2004. 10. 9.	1 - 2* - 3 - 4 - 5 - 8 - 9 - 11* - 12 - 13 2* 장군대좌혈. 정씨네 집에 손님이 와서 명당자리를 잡아줌. 11* 도승이 찾아와 장수를 찾음. 그 후 용마가 남.	상동 4권
169	장군묘 아기장수	김기수	남	60	평창군 용평면	2004. 10. 4.	1 - 2 - 6 - 8 - 9 - 10 - 11 - 12 - 13	상동 4권
170	속사리 아기장수3	김주록	남	68	평창군 용평면	2003. 2. 22.	1 - 2* - 3 - 4 - 5 - 8 - 9 - 10 - 11* 2* 중이 와서 장수가 태어날 것을 알려줌. 11* 중이 찾아옴.	상동 4권
171	용마가 난 용전리	김은영	여	65	평창군 용평면	2003. 2. 22.	1 - 11 - 2 - 8 - 9 - 13	상동 4권

172	속사리 아기장수4	홍석현	남	미상	평창군 용평면	2003. 2. 22.	1 - 2* - 5 - 8 - 9 - 10 - 11 - 12 - 13 2* 장군 나는 묘자리에 묘를 씀.	상동 4권
173	아기장수와 용마	김형득	남	69	평창군 진부면	2004. 9. 18.	1 - 2 - 8 - 9 - 10 - 11 - 12 - 13	상동 4권
174	속사리 아기장수5	조종택	남	89	평창군 진부면	2004. 9. 19.	1 - 2 - 3 - 4 - 8 - 9 - 10 - 11 - 12 - 13	상동 4권
175	도씨네 아기장수	전규표	남	84	정선군 정선읍	2005. 7. 15.	1 - 2 - 5 - 6 - 8 - 9 - 10 - 11 - 12 - 13	상동 4권
176	도씨네 우투리	이유정	남	80	정선군 신동읍	2003. 4. 13.	1 - 2 - 3 - 4 - 5 - 9* - 8 - 9 - 10 - 11 - 12 - 13 9* 일본인에게 신고함.	상동 4권
177	도씨네 아기장수3	정춘옥	여	72	정선군 북평면	2005. 5. 14.	1 - 2 - 8 - 9 - 10* 10* 장수가 부모를 죽이고 마을을 떠남. 일본 사람들이 왔을 때 장수가 나지 못하도록 혈을 지름.	상동 4권
178	아기장수 모동리와 용소	이광호	남	70	정선군 북평면	2005. 5. 14.	2 - 5* - 9* - 11 - 12 -13 5* 힘이 장사. 도씨 집안 아이. 모동리. 9* 크다가 죽어 버림.	상동 4권
179	도씨네 아기장수4	유원규	남	73	정선군 북평면	2005. 5. 14.	2 - 5* - 9 - 11 · 12* 5* 발가락이 여섯. 천장에 날아감. 11 · 12* 용마가 났는데 허사.	상동 4권
180	용마가 물 마신 마정	이봉길	남	60	강릉시	2005. 8. 22.	1* - 2 - 6 - 9 - 11 - 12 1* 말우물이 있음.	상동 5권
181	말우물	최인달	여	76	강릉시 포남동	2005. 10. 14.	1 - 2* - 6 - 5 - 8 - 9 - 11 - 12 - 13 2* 고을 원이 늦둥이를 낳음.	상동 5권
182	여자아기장 수와 어정거리	윤기종	남	75	강릉시 구정면	2003. 2. 9.	2* - 3 - 4 - 5 - 6 - 9 - 10 - 11 - 12 - 13 2* 송씨 집에서 여자 아이가 태어남. 장수.	상동 5권
183	마차골 · 거 친골 아기장수	김남철	남	63	강릉시 구정면	2004. 8. 29.	2 - 3 - 4 - 5 - 6 - 7 - 8 - 9 - 11 - 12	상동 5권
184	장수바우	심춘섭	남	83	강릉시 주문진 읍	2003. 2. 6.	2 - * - 9 - 13 * 중에게 시주하지 않아 중이 바위의 혈을 지르도록 시킴. 그대로 하여 장사가 죽음. 바위에서 피가 흐름.	상동 5권
185	북삼동 아기장수	홍준표	여	85	동해시 효가동	2005. 8. 31.	2 - 3 - 4 - 5 - 6 - 9 - 10 - 11 - 12 - 13* 13* 용마 죽은 집에서 벙어리가 세 명이 남.	상동 5권
186	삼화동 배씨 아기장수	이병주	남	73	동해시 삼화동	1999. 9. 1.	2 - 5 - 8 - 9 - 10 - 11 - 12 - 13* 13* 장수 죽인 집에서 대대로 벙어리가 많이 남.	상동 5권
187	삼화동 배씨 우투리	이병주	남	77	동해시 삼화동	2003. 2. 10.	2* - 6 - 5 - 8 - 9 - 10 - 11 -12 - 13 2* 배씨. 벙어리가 많음. 묘 쓰고 장수 낳음.	상동 5권

188	무릉계 여장수	정연학	남	88	동해시 삼화동	2003. 2. 10.	2* - 4 - 8 - 9 - 10 - 11 -12 - 13 2* 여자 장수.	상동 5권
189	삼화동 배씨 아기장수와 용마	박준현	남	72	삼척시 미로면	2003. 2. 17.	2* - 3 - 4 - 5 - 7 - 8 - 9 - 10 - 11 -12 - 13 2* 염총섭이라는 풍수 잘 보는 중이 묘자리 봐주고 장수가 태어남. 장군이 난다고 예언함.	상동 5권
190	송지호아기 장수와 용마	김복순	여	60	고성군 간성읍	2005. 6. 10.	2* - 6 - 8 - 10 - 11 -12 2* 오봉왕국 마을에 왕이 태어남.	상동 6권
191	명파리 말무덤	김복순	여	60	고성군 간성읍	2005. 6. 10.	1 - 11 - 12 - 13 - 2 - 6 - 9 - 10 - 11 -12 - 13	상동 6권
192	방앗간집 아기장수와 용마	최동인	남	66	고성군 거진읍	2001. 9. 5.	1 - 2 - 3* - 5 - 7 - 8 - 9* - 11 - 12 3* 방앗간 간 할아버지가 담배 찾기 위해 시렁에 손을 뻗었다가 아이를 발견. 오봉왕국 마을에 왕이 태어남. 9* 아이를 우물에 넣고 우물을 메워 죽임.	상동 6권
193	쌍둥이 아기장수	이재풍	남	84	고성군 거진읍	2002. 10. 27.	1 - 2* - 3 - 4 - 5 - 7 - 10 - 6 - 9 - 11 - 12 2* 쌍둥이 장수를 낳음.	상동 6권
194	수상리 아기장수	김봉화 서정희	여 여	83 49	양양군 서면	2003. 2. 17.	2 - 5 - 6 - 9	상동 6권
195	금강산으로 도망간 아기장수	박영호	남	60	속초시 교동	2006. 3. 10.	1 - 2 - 3* - 4・5* - 6 - 8 - 9* 3* 홍수가 남. 4・5* 5~6개월 밖에 안 된 아이가 먹을 것을 구해 오겠다 함. 강 건너 갔다 왔는데 물이 묻지 않음. 9* 야반도주하여 아이를 살림. 일본놈이 장수를 죽일까 봐 걱정.	상동 7권
196	함씨네 아기장수	함기영	남	86	고성군 간성읍	2005. 11. 26.	1 - 2* - 8 - 9 - 5 - 10 2* 장수가 날 산세.	상동 7권
197	군함집 아기장수	함기재	남	77	고성군 간성읍	2005. 11. 26.	1 - 2* - 6 - 8* - 9* 2* 종손집에서 장수가 남. 8* 아이를 키울 능력이 없어 버림. 9* 뒷산에 버렸더니 소나무 구멍으로 들어감.	상동 7권
198	금수리 아기장수	문옥득	여	79	고성군 거진읍	2005. 11. 26.	1 - 2* - 3・6* - 8 - 9* 2* 어머니가 혼자 장수를 낳았음. 아버지 등장하지 않음. 3・6* 목욕시키다 날개 발견. 9* 장수가 스스로 연못에 빠져 죽음.	상동 7권
199	전씨네 장수	함병식	남	67	고성군 죽왕면	2005. 11. 25.	2 - 5・6 - 11・12* - 13* 11・12* 용이 올라가다 떨어짐. 13* 전씨 집안이 망함.	상동 7권
200	조씨네 아기장수	진국환	남	79	양양군 서면	2006. 3. 31.	1 - 2 - 3 - 4 - 5 - 6 - 8 - 9 - 11- 12 - 13	상동 7권

201	아기장수와 내려 쓴 묘	박복성	남	76	태백시 구문소동	2006. 2. 18-19.	1 - 2* - 3 - 4 - 5 - 6 - 7 - 8 - 9 - 10 - 11 - 12 - 13 2* 귀양 와서 죽은 사람 묘자리에 묘를 쓰고 장수가 남. 조씨네. 귀양와서 애를 낳음.	상동 8권
202	도둑놈이 된 아기장수	박영진	남	82	태백시 구문소동	2006. 2. 18.	2* - 3 - 4 - 5 - 7·8* - 9* 2* 중이 와서 태어날 아기가 크게 될 인물이라 말함. 3일 동안 주위 사람들에게 들키지 말라 함. 7·8* 이웃 사람이 발견. '도둑놈 보래'라고 외침. 이름이 되어버림. 9* 도둑놈이 되어 버림.	상동 8권
203	배씨고개와 배씨네 아기장수	박경희	남	72	삼척시 미로면	2006. 2. 27.	1 - 2 - 11 - 9 - 10- 12 - 13	상동 8권
204	부모에게 살해된 아기장수	신형묵	남	54	홍천군 서면	1987. 7. 7.	1 - 2* - 3 - 4 - 5 - 6 - 7 - 8 - 9 - 10 - 11 - 12 - 13 2* 명당자리에 묘를 쓸 때 실수가 있었음. 그 뒤 장수가 남.	강원구비문학전집
205	부모에게 살해된 우투리	남태희	남	71	홍천군 남면	1987. 7. 8.	1 - 2* - 3 - 4 - 5 - 6 - 9 - 10 - 11 - 12 - 13 2* 상동	상동
206	부모에게 살해된 아기장수3	박민경	남	68	홍천군 홍천읍	1987. 7. 11.	1 - 2 - 3 - 4 - 5 - 6 - 7 - 8 - 9 - 10 - 11 - 12 - 13	상동
207	부모에게 살해된 아기장수4	강신표	남	55	홍천군 화촌면	1987. 2. 11.	2* - 6* - 8* - 9 - 10 - 11 - 12 - 13 2* 아기가 배를 째고 나옴. 6* 용마가 나면 장수 되어 간다고 함. 8* 일본 사람이 죽이려고 함.	상동
208	부모에게 살해된 아기장수5	박명선	남	74	홍천군 화촌면	1988. 6. 22.	2* - 8 - 9 - 10 - 11 - 12 - 13 2* 못에서 장수가 남.	상동
209	부모에게 살해된 아기장수6	조해만	남	75	홍천군 화촌면	1988. 6. 23.	1 - 2 - 3 - 4 - 5 - 7 - 8 - 9 - 10 - 11 - 12 - 13	상동
210	부모에게 살해된 아기장수7	이창석	남	52	홍천군 화촌면	1988. 6. 24.	1* - 2 - 3 - 4 - 5 - 8 - 9 - 10 - 11 - 12 - 13 1* 고려시대 이야기.	상동
211	부모에게 살해된 아기장수8	박창달	남	65	홍천군 두촌면	1987. 7. 11.	1 - 2* - 5* - 8 - 9 - 10* - 11 - 12 - 13 2* 명당자리에 묘를 쓰고 장수가 남. 5* 아이가 일곱 살 때까지 자람. 조화를 부림. 10* 아이가 비늘 세 개 떼면 죽는다고 알려줌. 산소 쓸 자리를 말하고 죽음.	상동

212	부모에게 살해된 아기장수9-1	김동선	남	71	홍천군 내촌면	1987. 7. 10.	* - 1 - 2 - 3 - 4 - 5 - 6 - 7 - 8 - 9 - 10 - 11 - 12 - 13 * <며느리-단혈> 이야기 결합. 그 결과, 장군석이 깨진 후 장수가 태어남.	상동
213	부모에게 살해된 아기장수9-2	박관석	남	78	홍천군 내촌면	1986. 7. 22.	* - 1 - 2 - 3 - 4 - 5* - 6 - 7 - 8 - 9 - 10 - 11 - 12 - 13 * 212번 자료와 상동 5* 아기장수가 저릅대 한 묶음을 할아버지 산소 앞에 꽂고 진언을 외니 군대가 되었음. 장수가 그들을 훈련시킴.	상동
214	부모에게 살해된 아기장수0-1	김차복	남	82	홍천군 내면	1986. 1. 11.	5* - 8 - 9 - 10* - 11* - 12 - 13 5* 아이가 자라 서당에 다닐 때 날아다님. 10* 아이가 비늘을 떼내면 죽는다고 말해줌. 친구들과 놀던 곳에 묻어달라 함. 11* 6·25 때 다른 사람이 그곳에 무덤을 쓰자 용마가 남.	상동
215	부모에게 살해된 아기장수0-2	김석주	남	65	홍천군 내면	1986. 1. 11.	5* - 8 - 9 - 10* - 11 - 12 - 13 5* 아이가 자라 서당에 다닐 때 날아다님. 10* 아이가 스스로 비늘을 떼내어 죽음.	상동
216	부모에게 살해된 아기장수1	조창섭	남	58	홍천군 서석면	1986. 7. 22.	1 - 2* - 6 - 7 - 5 - 8 - 9 - 10 - 11 - 12 - 13 - 2* - 5* - 10* 2* 명당자리에 묘를 쓸 때 실수가 있었음. 그 뒤 장수가 남. 2* 바보 장사가 태어남. 5* 의병 활동. 10* 그를 태울 말이 없어 용맹을 떨치지 못하고 제멋대로 살다 늙어 죽음.	상동
217	어깨를 지져 우둔해진 장사	김봉성	남	69	홍천군 서석면	1986. 7. 22.	1 - 2* - 3 - 4 - 5 - 6 - 7 - 8 - 9 - 10* 2* 불공을 드리고 장수가 남. 울음소리가 큼. 중이 찾아와 발설하지 말라 함. 10* 결국 죽이지 못함. 동학난 때 활동.	상동
218	바위 속으로 들어간 장수	신광호	남	66	홍천군 서면	1987. 7. 7.	1 - 2 - 10* 10* 일본사람에게 크게 지고 바위 속으로 갑옷 갖고 들어감.	상동
219	아기장수이야기	신형묵	남	78	함양군 마천면	1995. 4. 5.	1 - 2* - 6 - 8 - 3 - 4·5* - 9 - 10 - 11 - 12* 2* 장군대좌혈에 묘를 쓰고 장수가 태어남. 4·5* 방안에서 칼을 들고 장군 행세를 하고 있음. 12* 장군을 죽이고 나서 집안이 망함.	영남구전설화자료집 3권
220	아기장수-용산의 전설1	박만우	남	80	하동군 악양면	1996. 4. 5.	1 - 2 - 3 - 4 - 5 - 6 - 7 - 8 - 9 - 10 - 11* - 12 - 13 11* 용마를 몰고 나타난 사람.	상동 4권
221	아기장수	서종석	남	57	거창군 주상면	1997. 4. 3.	1 - 2 - 3 - 4 - 5 - 6 - 7 - 8 - 9 - 10 - 11 - 12* - 13 12* 당산과 당산 바위를 딛고 용마가 죽음.	상동 5권

222	날개달린 아기장수	석종악	남	67	합천군 율곡면	1998. 4. 1.	1·2* - 5* - 8 - 9 - 10 1·2* 진씨네가 명당자리에 묘를 쓰고 장수를 낳았음. 5* 학교에 다니는데 개울가를 날아서 건넘.	상동 6권
223	애기장수이 야기	김정팔	남	55	창녕군 도천면	1999. 4. 1.	1 - 2* - 3 - 4 - 5 - 6 - 7 - 8 - 9 - 10 - 11* - 12* - 13 2* 일제시대 이야기. 부부의 꿈에 용이 현몽. 11* 용마가 나기 전에 대사가 찾아와 장수를 죽여 탈이 있을 것을 미리 알려줌. 12* 집에 불이나 그 어머니도 죽음. 대사가 와서 제를 지내자 불이 꺼짐.	상동 7권
224	한서방네 아기장수	조명환	남	79	강화군 내가면	1998. 12. 16.	1 - 2 - 6 - 5 - 8 - * - 9 * 한씨네서 봉횟뚝산에 묘를 쓰고 장수를 나은 것.	강화구 비문학 대관
225	바위가 된 송씨네 아기장수	배용만	남	77	강화군 내가면	1998. 12. 17.	1 - 2* - 3 - 4 - 5 - 6 - 8 - 9 -10* 2* 산소 쓰고 장수를 나은 것. 10* 장수가 죽어 말 모양의 바위가 되었음. 저수지 속에 있음.	상동
226	양씨네 아기장수와 용마	김병호	남	72	강화군 불은면	1998. 12. 22.	1 - 2 - 5 - 6 - 8 - 9 - 10 - 11 - 12 - 13	상동
227	차씨네 아기장수와 용마	김선영	남	68	강화군 양도면	1999. 7. 26.	1* - 2 - 3 - 4 - 5 - 8 - 9·10 - 11 - 12 - 13 1* 용마가 난 이야기로 연행 시작.	상동
228	진강산은 천마총	천광은	남	63	강화군 양도면	1999. 7. 26.	1* - 2 - 11 - 6 - 8 - 9 - 10 - 12 - 13 1* 상동	상동
229	차씨네 아기장수와 용마	남궁일	남	74	강화군 양도면	1999. 7. 29.	1 - 2 - 6 - 8 - 9·10 - 11 - 12 - 13	상동
230	물에 띄워보낸 아기장수와 용마 벌대춘	한상범	남	71	강화군 양도면	1999. 7. 27.	1 - 2 - 5 - 8 - 9 - 10* - 11 - 12 - 13 10* 확실히 죽였다고는 말하지 않고 개울에 떠내려 보냈다고 말함. 죽었는지는 알 수 없음.	상동
231	최덕미부리 아기장수와 용마 벌대총	유성구	남	78	강화군 양도면	1999. 7. 29.	* - 1 - 2 - 5 - 8 - 9 - 10 - 1 - 2 - 3 - 4 - 5 - 8 - 9 - 11 - 12 - 13 * 벌대총이야기. * 세 편의 이야기를 이어 붙인 연행. 벌대총이야기-아기장수이야기1-아기장수이야기2.	상동
232	차씨네 아기장수와 용마	양효석	남	60	강화군 양도면	1999. 7. 29.	1 - 2 - 5 - 6 - 8 - 9 - 10 - 11 - 12 - 13	상동

233	아기장수와 용마	김이규	남	65	강화군 양도면	1999. 7. 29.	1 - 2 - 3 - 4 - 5 - 7 - 8 - 9 - 10 - 11* - 12 - 13 11* 용마 관련 에피소드로 벌대총 이야기가 결합됨.	상동
234	날개 잘린 황효운 장군	엄태문	남	64	강화군 양사면	2000. 7. 25.	1 - 2 - 6 - 8* - 9* - 13* 8* 어머니가 귀찮아함. 9* 날개를 인두로 지져버림. 13* 사당이 남아 있음.	상동
235	진강산 아기장수와 마리산 용마	이훈녕	남	60	강화군 화도면	1997. 12. 23.	1 - 11 - 8 - 2 - 3 - 4 - 5 - 9 - 11 - 12* - 13 12* 나라에서 말을 가져감.	상동
236	용마뜰	김학윤	남	70	부안군 보안면	1972.	1 - 2 - 3 - 4 - 5 - 6 - 7 - 8 - 9 - 10 - 11 - 12 - 13	구비전승자료 (전남북도)
237	날개 돋은 아기	오정생	여	79	제주도 한림읍	1984. 8. 3.	1 - 2* - 3 - 4 - 5 - 6 - 7 - 8 - 9 - 10 - 11 - 12 - 13 2* 묘자리를 명당자리로 옮기고 장수를 낳음.	제주설화집성 1권
238	백정시	장덕기	남	76	제주도 한림읍	1984. 9. 5.	2* - 5 - 6 - 8 - 9* 2* 풍수를 잘 보는 백정시가 묘자리를 봐주면서 앞으로 날개 달린 장수가 태어날 것이라고 말함. 9* 집을 나가 혼자 무술을 배움. 이여도로 갔다는 설도 있으나 행방이 묘연.	상동 1권
239	오찰방	이동기	남	67	제주도 중문면	1973. 7. 31.	2* - 5* - 8 - 6* - 9* 2* 오찰방의 아버지가 소를 열 마리 잡아먹고 딸을 놓고, 다시 아들을 놓음. 그가 바로 오찰방. 5* 씨름을 하며 돌아다님. 6* 술을 먹여 살펴 보니 날개가 달려 있음. 9* 날개를 태워버림. 나중을 도둑을 잡아 공을 세움.	상동 1권
240	오찰방2	강신생	남	76	제주도 대정읍	1983. 3. 6.	2* - 5・6* - 8 - 9* 2* 오찰방의 아버지가 소를 열 마리 잡아먹고 딸을 놓고, 다시 아들을 놓음. 그가 바로 오찰방. 5・6* 힘이 세고 날개가 달려 있었음. 누이는 더욱 힘이 장사. 9* 날개를 태워버림. 나중을 도둑을 잡아 공을 세움.	상동 1권
241	날개 돋은 장사 구운문	김하규	남	69	제주도 안덕면	1983. 5. 8.	1 - 2 - 6 - 5* 5* 왜놈 배가 쳐들어왔을 때 성안에 알리는 일을 함.	상동 1권
242	날개 돋은 장수	양성수	남	70	제주도 남원읍	1983. 5. 12.	1* - 2 - 5・6* - 8 - 9* 1* 불미장터. 장수가 대장간을 만들어 놓고 무기를 만들던 곳. 5・6* 날개가 달려 있었음. 대장간에서 창이나 칼을 만듦. 9* 관가에서 관군이 나와 죽임.	상동 1권

243	장사나게 한 명당자리 용진굴	고용해	남	45	제주도 애월읍	1983. 7. 27.	2* - 5 · 6* - 9* - 5* - 9* - 12* 2* 명당자리에 묘 쓰고 장수를 낳음. 5 · 6* 형제들 모두 힘이 세고 날개가 달려 있었음. 9* 형의 아내가 그 형의 날개를 지져 버림. 5* 동생들은 날개가 없었으나 힘이 장사. 9* 관가에서 관군이 나와 묘를 파냄. 12* 용이 되어 날아가려다 떨어짐. 자손들이 모두 역적으로 몰려 죽음. 막내 동생만 힘자랑 하며 살았음.	상동 1권
244	고씨댁 장사	고인택	남	53	제주도 애월읍	1983. 7. 28.	2 - 5 · 6* - 8 - 9* 5 · 6* 힘이 세고 날개가 있음. 9* 부모가 날개를 지져 버림. 장사로 살았음.	상동 1권
245	박걸남 장군의 불운	이세강	남	75	삼척시 신기면	1995. 11. 2.	1* - 2* - 11* - 12* - 6* - 3 - 4 - 5 - 6 - 9 - 11 - 12 - 10* 1* 간대산이라는 산. 2* 임진왜란 때 왜적과 싸운 박걸남 장군이 미로면 상거로리에서 태어남. 11* 간대산의 정기를 타고 용마가 나니 왜놈들이 들어와서 산에 혈을 지름. 12* 박걸남 태어나고 3일 후에 용마가 태어나 강변에 뛰어다니다 죽음. 시기가 맞지 않아 말이 혼자 죽은 것. 6* 장군은 힘이 매우 세었음. 10* 큰 공을 세우지 못하고 패함. 용마가 있었으면 큰 공을 세웠을 것.	삼척지역의 설화
246	아기장수이야기	권영일	남	52	동해시 삼화동	1997. 4. 13.	1 - 2 - 3 - 4 - 5 - 6 - 9* - 11 - 12* 9* 맷돌 세 개 포개어 아이를 죽임. 12* 용마가 3일 동안 울다가 자취를 감춤.	동해시 지역의 설화
247	아기장수와 박걸람 장군	홍순찬	남	72	동해시 삼화동	2000. 9. 22.	1 - 2 - 3 · 5* - 8* - 9* - 11* - 12* - 2* - 8 · 10* - 13* 3 · 5* 태어난 지 삼일 만에 천정에 올라가 붙음. 8* 역적이 된다고 염려한 주체는 불분명. 9* 애비가 남몰래 빨랫돌로 눌러 죽임. 11* 삼일 만에 취병산에서 용마가 남. 일본인들이 사람을 사서 취병산 줄기에서 장수혈을 찾아 끊음. 사흘 동안 피가 흐름. 12* 용마는 이레 만에 죽음. 2* 후대에 다시 태어나 장수가 된 아기장수가 박걸람 장군. 8 · 10* 일본인들이 박장군을 잡으려 하자 미리 알고 사람을 모아 무릉계곡으로 올라가 성을 쌓고 대치. 일본인들이 박장군을 잡으러 올라오다 파수구미에서 한 노파를 만나 잡을 방법을 물음. 노파가 일러줌. 그대로 해서 몰살시킴. 13* 피가 사흘 밤낮을 흘려 피수구미가 됨. 나중에 파수구미로 바뀜. 파수를 선다는 뜻.	상동

248	아기장수이 야기	박재봉	남	80	고성군 현내면	1995. 5. 10.	1 - 2 - 3 - 4 - 5 - 6 - 7* - 9* - 11* - 12* 7* 부부가 함께 발견. / 9* 떡 안반으로 눌러 죽임. 11* 동네 말 가운데 한 마리가 쓰러짐. 그것이 용마. 12* 칡나무 밑에 용마를 묻어줌.	고성·속초 지역의 설화
249	노인산과 아기장수	박근성	남	52	고성군 현내면	미상	1* - 2* - 3* - 6* - 9* - 11* - 12* 1* 노인산의 유래와 불력 높은 절. 2* 총각이 절에 불공 드려 결혼을 함. 3* 결혼 후 아이가 태어나지 않아 다시 불공 드려 아이를 가짐. 6* 태어나자마자 가족 모두가 발견. 9* 날개를 인두로 지짐. 11* 장군과 용마가 함께 나타나 아기장수를 데려감. 12* 천둥·번개와 함께 폭우가 쏟아짐.	상동
250	송지호 아기장수	김영길	남	60	고성군 죽왕면	미상	1 - 3·11* - 6·9* - 12 3·11* 날개 달린 용마와 장수가 함께 태어남. 6·9* 주인이 날개 달린 아들을 보자마자 맷돌로 눌러 죽임.	상동
251	용촌과 강장군	이용학	남	75	고성군 토성면	1999. 10. 22.	1 - 11 - 12* - 2* - 8* - 9* - 6 - 12 - 13 12* 용마 났다가 장수가 나지 않아 매일 울고 다니다 죽어버림. 2* 탁장군과 강장군이 태어남. 8* 두 장군이 힘내기를 함. 9* 한 사람이 내기에 져서 죽음. 장군 나면 역적 된다고 나머지 장군도 죽임.	상동
253	말탄봉과 용마	김내수	남	76	강릉시 옥계면	1995. 3. 17.	1 - 11* - 12* 11* 왜놈들이 용마 나온 걸 알고 혈을 지름. 장수가 나지 못함. 12* 용마가 났지만 장수는 나오지 못함. 장수가 나오지 않으니 용마가 가마소에 빠져 죽음.	한국 강릉지역의 설화
254	아기장수	미상	여	60대	용인시 구성면	1996. 5. 25.	2* - 3* - 5 - 6* - 11·9* - 11* - 12* - 13 2* 어머니가 장사를 낳았음. 3* 어머니가 빨래를 하러 나갔음. 6* 3일만 있으면 나갈 예정이었음. 11·9* 말도 이미 대령 중인데 어머니가 다듬이돌로 눌러 죽임. 11* 말, 칼, 장수들이 함께 대령 중이었음. 12* 말이 다 가지고 올라가 버림.	용인 서부지역의 구비전승
255	아기장수 전설	안용준	남	67	용인시 남사면	1995. 11. 4.	11 - 12 - 13 - 2 - 5 - 9* 9* 맷돌로 눌러 죽임.	상동

256	아기장수 전설	마을이장	남	미상	용인시 남사면	1995. 11. 4.	1 - 2 - 5 - 8 · 9* 8 · 9* 일본 사람이 죽였다고 함.	상동
257	백마산 백마굴	김진근	남	63	청주시	1999. 5. 6.	1 - 2 - 6 - 11 - 9* - 11 - 12 -13 9* 무술 연마하여 때를 기다렸으나 백마와 때가 맞지 않음. 기량을 발휘하지 못함. 적과 싸우다 죽음.	한국구전설화집2권
258	용두산 아기장수 전설	이강석	남	78	익산시 용동면	1993. 1. 21.	1 - 2 - 5 - 6* - 7 - 8 - 9 - 10 - 11 - 12 - 13 6* 문틈으로 살펴보니 콩과 팥을 던져 군사를 만들어 놀면서 싸움을 연습함.	이강석 구연설화집
259	나라 구한 아기장사	이종부	남	87	양주시 주내읍	2004. 1. 4.	1 - 2 - 3 · 4 · 5* - 6 - * 3 · 4 · 5* 아기장수와 어머니 사이의 문답 장면이 부연되어 있음. * 나라에서 데려가 장사를 키워 전쟁터에 나가 싸우게 함. 공을 세워 벼슬길에 오르고 자손들 낳고 잘 살았다고 함.	이야기꾼 이종부
260	아기장수를 옆구리로 낳았다는 여자	이몽득	남	89	무주군 부남면	2003. 12. 27.	1* - 2* - 5 · 6 · 9* - 11* 1* 장안마을에서 보천교를 믿는 김용구라는 사람의 집. 2* 같은 보천교를 믿는 작은마누라가 아이를 임신. 5 · 6 · 9* 어떤 사람이 따라오라 하여 갔더니 자신의 옆구리에서 아이를 빼내 데려감. 11* 그 아이가 장수라고 함.	이야기꾼 구연설화-이몽득
261	여자 아기장수	이몽득	남	90	무주군 부남면	2004. 9. 17.	1* - 2 - 3* - 4 - 5* - 9* - 10* - 11* 1* 중이 찾아와 묘자리를 잡아주면서 아들을 낳으면 기르지만 딸을 낳으면 죽이라 함. 3* 아이에게 메밀 베개를 해줌. 5* 선반에 파리처럼 올라감. 메밀껍데기로 모자를 만들어 호령을 하며 앉아 있었음. 9* 다듬잇돌로 눌러 죽임. / 10* 잘 죽지 않았음. 11* 생사 여부는 불명확.	상동
262	날개 달린 아이	권혁문	남	86	곡성군 입면	2004. 4. 7.	2 - 6 - 7* - 3 - 10* - 2* 7* 이웃에게 말함. 10* 아이가 사라짐. 사람들은 여전히 어디선가 살아있을 것이라고 기대함. 2* 유씨 집안에 장군이 태어나 5일 만에 사라졌다는 소문이 남.	구비문학답사보고서(2004)
263	말바구 전설	마을이장	남	미상	고흥군 포두면	2003. 4. 1.	1* - 2* - 4 · 5* - 8* - 9* - 10* - 11 - 12 - 13 1* 우리 마을 이야기. 옛날에는 장사가 나면 대를 잘라 죽임. 2* 노부부. 아이는 4세. 4 · 5* 이웃 사람이 지켜보니 좁쌀을 가지고 전쟁놀이를 함.	상동 (2003)

							8* 이웃 사람들이 죽여야 한다고 주장함. 9* 바다에 빠뜨려 죽이려 함. 10* 자꾸 물에서 빠져나오는 아이를 손을 잘라 죽임.	
264	윤장군 이야기	이기성	남	67	나주시 산포면	2002. 4. 1.	2 - 6 - 3 - 4 - 5 - 8* - 10* - 9* - 11 - 12 - 13 8* 어머니가 역적이 되면 3대가 멸족하니 죽여야겠다고 생각함. 10* 아이가 날개를 없애면 죽는다고 일러줌. 9* 어머니가 잘 때 날개를 불태워 죽임.	상동 (2002)
265	장군바위와 당산나무	윤석진	남	76	무안군 해제면	2005. 4. 7.	* - 8* - 9 - 11 - 12 - 13 * 앞부분 생략. 녹음이 안 된 듯. 8* 일본 사람이 아기를 죽이라 함.	상동 (2005)
266	아기장수	이홍석	남	80	고양시 덕양구	1998. 7. 16.	1 - 2 - 8* - 3 - 4 - 5 - 10* 8* 일본놈들이 아이 태어난 것을 싫어함. 10* 일본 사람들을 피해 달아남. 어딘가 살아 있을 것임.	경기북부구전자료집 1권
267	날개가 잘려서 죽은 임장군	김홍택	남	82	고양시 덕양구	1998. 7. 16.	6 - 2* - 9* - 8 2* 임장군. 9* 날개를 잘라 죽임.	상동
268	아기장수이야기	김상원	남	85	남양주시 일패동	2000. 7. 6.	3 - 4 - 5 - 9* 9* 부모가 죽였음.	상동
269	날개 지짐 당하고 죽은 아기장수	이윤형	남	76	동두천시 동두천	1999. 5. 21.	1* - 2* - 3 - 4 - 5 - 6 - 8 - 9 1* 장사 나는 산소자리가 있음. 나라에서 알면 파버림. 2* 아버지 없이 유복자를 낳음.	상동
270	아기장수 전설	황길연	남	74	파주시 문산읍	1999. 2. 11.	1* - 2 - 6 - 9 - 10 · 11 · 12 - 13 1* 말우물.	상동
271	아기장수 전설	정규운	남	84	파주시 적성면	1999. 8. 9.	1* - 2 - 3 - 4* - 8 - 9 - 10 - 11 - 12 - 13 1* 문바위 / 4* 기어다님.	상동
272	아기장수 설화	이종부	남	82	양주군 주내면	1999. 8. 13.	1* - 2 - 3* - 4 - 5 - 6 - 8 - 9 - 10 - 11 - 12 - 13 1* 말무덤 / 3* 아버지가 나갔다 돌아옴.	상동 2권
273	삼일 만에 죽은 아기	조준행	남	71	포천군 신북면	2000. 1. 20.	1 - 2 - 3 - 4 - 5 - 8 - 9	상동 2권
274	대벌리 아기장수	우할아버지	남	87	금산읍 계진리	2004. 5. 22.	1* - 2 - 3 - 4 - 5* - 7 - 8 - 9 - 10 - 11 - 12 - 13 1* 흐비너머재 장군대지에 묘를 쓰고 장군을 낳음. 지관이 하관시간을 정해줌. 앞에 풍수담 결합. 5* 콩나물로 군사 훈련을 함.	금내유역의 구비설화
275	아기장사가 태어난 장군봉	김기성	남	77	금산읍 음지리	2003. 11. 30.	1 - 2* - 5* - 8 - 7 - 9 - 10 - 11 - 12 - 13 2* 아들 점지해 달라 빌어 낳은 아들. 5* 큰 돌을 집어 던짐.	상동

276	아기장수를 낳은 묘자리	박대서	남	71	금성면 대암리	1996. 11. 9.	1* - 2 - 6 - 9* 1* 묘를 쓰고 낳은 아들. 9* 낳다가 죽음. 묘 잘못 썼다고 묘 쓴 사람 쫓아냄.	상동
277	부암리와 아기장수	최병칠	남	71	금성면 마수리	1998. 11. 4.	1 - 8 - 2 - 6 - 7 - 5* - 8 - 9 - 10 - 11 - 12 - 13 5* 파리를 가지고 군사훈련을 함.	상동
278	아기장수와 마지리의 육물	이병서	남	57	평창군 평창읍	2002. 10. 11.	1 - 2 - 3 - 4 - 5 - 7 - 8 - 9 - 10 - 11 - 12 - 13	평창군의 설화
279	수청리 장수 이야기	이병권	남	72	평창군 미탄면	2002. 10. 26.	1* - 2 - 8 - 9 - 10 - 11 - 12 - 13 1* 묘를 쓰고 태어난 역대 대통령.	상동
280	용수골 유래	염병희	여	76	평창군 미탄면	2002. 10. 26.	2 - 11 · 8* - 9 - 10 · 11 · 12 11 · 8* 용마가 나지 않아 역적이 될 운명.	상동
281	용바위 전설	엄귀출	여	64	평창군 방림면	2002. 11. 1.	2 · 9 - 9 · 8 - 13* 13* 좋은 자리였음. 장수 난 묘 자리에서 학이 날아감.	상동
282	말서덕과 아기장수	김영배	남	59	평창군 방림면	2002. 11. 1.	1 - 11 - 12 - 13 - 2 - 3 - 4 - 5 - 9 - 11 · 12 · 13	상동
283	용덕산 아기장수	우영철	남	81	평창군 대화면	2002. 10. 31.	1 - 2 - 5* - 8 - 9 5* 장군을 낳음.	상동
284	속사리묘와 칼산 투구봉 전설	전주서	남	88	평창군 용평면	2002. 1. 20.	1 - 2 - 5 · 9* - 11 - 12 - 13 5 · 9* 장사가 나서 어른애가 힘을 쓰니 무서워 죽임.	상동
285	장군묘 내력	신시화	남	73	평창군 용평면	2002. 1. 20.	1* - 3 - 4 - 5* - 8 - 9 - 13* 1* 장군 묘 쓰고 도승이 나타나 애 낳을 것을 예고. 5* 산으로 올라감. 13* 죽은 자리에 백꽃이 피면 다시 인재가 난다고 함.	상동
286	말구리재	상동	남	73	상동	상동	1 - 2 - 8* - 9 - 10 - 11 - 12 - 13 8* 일정 때 일본놈들이 장수가 나면 죽임.	상동
287	말굴이재	상동	남	73	상동	상동	1 -2* - 8 - 9 - 10 - 11 - 12 - 13 2* 장군이 남.	상동
288	아기장수 이야기	이성운	남	62	인천시 영종도 운서동	1998. 5. 21.	1* - 2 - 5 · 6* - 8* - 9* - 13* 1* 용정 마을에 장사가 남. 5 · 6* 남다름이 있었음. 8* 일제 강점기. 9* 일본인들이 죽임. 13* 일본인들이 혈을 끊고 쇠말뚝을 박음.	김영희 현지조사자료
289	용우물 이야기	신종일	남	92	인천시 영종도	1998. 5. 21.	1* - 2 - 3 - 4 - 5 - 6* - 9* - 11 - 12* - 13 - 7 - 8 1* 용우물이라는 곳. / 6* 비늘이 달려 있었음. 9* 비늘 떼고 죽임. / 12* 용마가 용우물에 빠져 죽음.	상동

290	아기장수 이야기1	유기만	남	65	밀양시 산내면 임고리작평	1999. 2. 11.	1 - 2 - 3 - 4 - 5 - 7 - 8 - 9 - 11 - 12 - 13	상동
291	아기장수 이야기2	신의근	남	84	상동 발양	1999. 2. 11.	13 - 1* - 2 - 5 - 8 - 9 - 11 - 12 - 13 1* 총각이 밭고랑에서 물을 먹고 장군을 낳음.	상동
292	아기장수 이야기3	이하순	여	67	상동 용전	1999. 2. 11.	1 - 2 - 3 - 4 - 5 - 8 - 9 - 11 - 12 - 13	상동
293	아기장수 이야기4	이상준	남	77	밀양시 산외면 금곡리	1999. 2. 12.	1 - 2 - 11 - 12	상동
294	아기장수 이야기5	주용식	남	84	상동	1999. 2. 12.	1 - 2* - 8* - 11 - 10* 2* 장군이 남. 탯줄을 억새로 끊음. 부모를 죽여야 하는 운명. 8* 부모를 죽임. / 10* 용마에 올라타다가 죽음.	상동
295	아기장수 이야기6	주용식	남	84	상동	1999. 2. 12.	1 - 2* - 8* - 11 - 10* - 13 2* 장군이 남. 어머니를 죽여야 함. 8* 부모를 죽임. / 10* 용마에 올라타다가 죽음.	상동
296	아기장수 이야기7	주용환	남	75	상동	1999. 2. 12.	1 - 2 - 3 - 4 - 5 - 8 - 9 - 11 - 12 - 13	상동
297	아기장수이 야기8	김해도	남	69	밀양시 산내면 임고리 발음	2000. 2. 18.	1 - 2* - 8* - 7 - 9* - 10 - * - 2 - 3 - 4 - 5 - 6 - 8 - 9 - 10 - 11 - 12 - 13 2* 밭에서 일하다가 무언가 떠 있는 샘물을 먹고 아이를 낳음. 8* 아이가 장성하여 부모를 죽이고 나간다는 말이 있음. 9* 부모가 멍석말이하여 죽임. * 기억이 희미해진 탓에 착오를 일으켰다며 다시 이야기 시작.	상동
298	아기장수 이야기9	신의근	남	85	상동 발양	2000. 2. 28.	1 - 2* - 5 - 8 - 9* - 11 - 12 - 13 2* 밭에서 일하다가 무언가 떠 있는 샘물을 먹고 아이를 낳음. 9* 부모가 멍석말이하여 죽임.	상동
299	송장군이야 기1	손모씨	남	70대 후반	상동 팔풍	2000. 2. 29.	1 - 2* - 6 - 9 · 11* 2* 송장군 / 9 · 11* 집안이 몰락하여 모두 떠난 후 그 후손들이 얼마 남지 않음.	상동
300	송장군이야 기2	상동	남	상동	상동	2000. 2. 29.	2* - 6 · 9* 2* 송장군 / 6 · 9* 잘 때 죽임.	상동
301	아기장수이 야기10	신의근	남	86	상동	2001. 2. 27.	1 - 2* - 5 - 8 - 9* - 11 - 12 - 13 2* 밭에서 일하다가 무언가 떠 있는 샘물을 먹고 아이를 낳음. 9* 부모가 멍석말이하여 죽임.	상동

302	옥정동 아기장수이 야기	손영희	여	65	상동 양송정	2001. 4. 7.	1 - 2・3・4* - 5* - 9 - 11* 2・3・4* 태어나자마자 바로 일어나 앉음. 5* 목 치자 천장으로 날아감. / 11* 옥정샘에서 구렁이가 나옴.	상동
303	김원봉 이야기	현치병	남	74	상동 가인리 야촌	2001. 8. 18.	1 - 2* - 6* - 8* - 13* 2* 김원봉. / 6* 파리 장군. 잡으러 가면 파리로 변신. 8* 독립운동. 13* 이후 사회 활동. 후손들 탄압 받음. 곧 통일이 올 것.	상동
304	배씨네 아기장수이 야기	김병윤	남	미상	상동 임고리 발양	2002. 1. 5.	1 - 2 - 6* - 8 - 9 - 11 - 12 - 13* 6* 장군이었음. 13* 이어서 바로 <며느리-단혈> 연행.	상동
305	백가네 아기장수이 야기	백필경	여	84	상동 남명리 동명	2002. 2. 26.	1 - 2 - 5* - 7* - 8* - 9 - 11 - 12 5* 재주를 부림. 7* 어머니가 소문을 퍼뜨림. 8* 나라에서 죽이러 찾아옴.	상동
306	산외면 아기장수이 야기	김분특	여	89	밀양시 산외면 기회리 긴늪	2003. 4. 24.	1 - 2 - 6 - 9 - 10 - 11 - 12 - 13	상동
307	용바위 아기장수 이야기	신상우	남	75	밀양시 산내면 임고리 작평	2005. 2. 22.	1 - 2 - 6 - 8 - 9 - 11 - 12 - 13	상동
308	배씨 아기장수 이야기	유기만	남	68	상동 봉의리 구성동	2002. 11. 15.	1 - 6 - 2 - 5 - 8 - 9 - 11 - 12 - 13	상동
309	소고리 배가네 아기장수	배학이	여	67	상동	2002. 11. 15.	1 - 2 - 5 - 6 - 8 - 9 - 11* 11* 배가가 망함.	상동
310	백가네 아기장수 이야기	백필경	여	84	상동 남명리 동명	2002. 11. 16.	1 - 2 - 3 - 4 - 5 - 7* - 8* - 9 - 10・6* - 11 - 12 - 13 7* 동네 사람들이 구경하러 옴. 관가에까지 소문이 퍼짐. 8* 관가에서 죽이라 함. 10・6* 비늘 때문에 칼이 들어가지 않음.	상동
311	백씨 문중 아기장수	김필봉	여	84	밀양시 산외면 금곡리 박산	2003. 2. 14.	1 - 2 - 3 - 4 - 5 - 9* - 11* 9* 어머니가 서답돌로 눌러 죽임. 11* 비늘, 날개가 있었음. 장군이었던 것.	상동

312	희실 아기장수	백필경	여	86	밀양시 산내면 남명리 동명	2003. 4. 24.	1 - 2 - 6 - 3 - 4 - 5 - 6 - 8* - 7* - 8* - 9 - 10 - 11 - 12 - 13 8* 장군이 나면 그 어머니를 없애야 함. 7* 어머니가 동네 사람들에게 소문을 냄. 8* 관가에서 알게 될까봐 동네 사람들이 죽이라 함.	상동
313	아기장수이야기11	신명기 외	남	64	상동 임고리 발양	2004. 2. 4.	1 - 2 - 5 - 9 - 11 - 12 - 13 - 2 - 3 - 4 - 5 - 6 - 8* - 9 - 10 - 11 - 12 - 13 8* 장수가 어른들을 괴롭힘. 여러 사람이 연행에 참여. 여러 번 이야기가 반복됨.	상동
314	아기장수이야기12	신의근	남	89	상동	2004. 2. 4.	1 - 2 - 3 - 5 - 6 - 2* - 3 - 5 - 8 - 9 - 11 - 12 - 13 2* 농사짓던 부부가 장군수를 먹고 장수를 낳음.	상동
315	임고정 배씨네 아기장수	김봉호	남	69	상동	2004. 2. 5.	1* - 2* - 3 - 5 - 8 - 9* - 11* 1* <며느리-단혈> 이야기에 바로 붙여서 연행. 2* 농사짓던 영감・할매가 샘물을 먹고 장수를 낳음. 9* 방바닥에 재를 뿌려 죽임. 11* 여자고 남자고 배씨들이 여전히 힘이 좋음.	상동
316	아기장수이야기13	최막희	여	71	상동 용전리 오치	2002. 1. 6.	1 - 2* - 3 - 4 - 5 - 7* - 9* 2* 아이의 아버지는 절의 중. 7* 아이가 자신을 낳을 것을 절대 말하지 말라고 어머니에게 이름. 그러나 어머니가 동네 사람에게 아이 낳은 것을 들켜 실수로 모든 사실을 말하고 말았음. 9* 아이가 흔적도 없이 사라짐.	상동

<아기장수>는 우리나라 전역에서 연행・전승되어온 구전서사로 전승 연원이 깊은 만큼 전승의 지속성에 대한 지향이 강하게 드러나는 작품이다. <아기장수>는 '남다름'을 타고난 사내아이가 그 '남다름'을 노출시키고 이를 일종의 위기징후로 받아들인 가족과 친지, 이웃, 집안에 의해 집단 살해 당한 후 용마 등이 나타나 그의 신성함을 증명하는 내용이 서사의 기본 구성을 이루는데, 대부분의 각편에서 이와 같은 내용이 반복적으로 등장한다.

특히 '아기'이면서 '장수'인 이 어린 사내아이의 '남다름'은 핵심 사건의 발단이자 서사 전개의 중심축이기 때문에 어느 각편에서나 반드시 등장하는데, 주로 '날개'나 '비늘' 등의 모티프를 통해 표현되거나 '날아다니는 능력'으로 구체화된다. '날개'나 '비늘'은 용의 형상을

띠고 하늘을 날아다니는 '용마'의 이미지를 연상시키는 상징적인 모티프라 할 수 있는데 '아기장수'가 죽은 후에 나타나 그의 존재 가치를 증명하는 '용마'와 마찬가지로 단순한 '남다름'을 넘어선, 신이한 능력과 신성한 존재속성을 표상한다. 각편에 따라서 쉽사리 죽지 않는 '아기장수'를 죽이거나 그의 능력을 제거하는 유일한 길이 '날개'나 '비늘'을 떼는 것으로 그려지기도 하는데 이는 '날개'와 '비늘'이 '아기장수'의 생명력과 능력 자체를 상징하는 것임을 암시한다.[2)]

서사 초반부에 '아기장수'의 존재속성을 상징적으로 드러내면서 비극적 결말의 단초를 제공하는 이들 표상과 구조적으로 대응되는 짝을 이루는 것은 서사 결말부에 등장하는 '용마'이다. '날개' · '비늘' · '날아다니는 능력' · '장군 · 장수' · '콩 · 팥' · '저릅대 · 억새' 등이 서사 초반부에 등장하여 '아기장수'의 신성하고 남다른 존재속성을 드러내면서 '아기장수'의 비극적 죽음을 예고하는 위험요인이자 결함으로 등장하는 데 반해, '용마'는 아기장수 사후에 등장하여 그의 '신성

2) 때로 '아기장수'는 '날개'나 '비늘' 없이 '날아다니는 능력'만을 드러내기도 하는데 이 능력은 주로 시각적 체험과 발견을 통해 '노출'된다. 예를 들어 바깥에 나갔다 돌아와보니 방안에 있던 아이가 없어졌는데 찾고 보니 천장 · 시렁 · 바람벽 등에 붙어 있었다거나, 높은 곳에 얹어 놓은 무언가가 없어졌다거나, 먼 거리를 짧은 시간에 다녀왔다거나, 강이나 바다를 건넜는데도 신발이나 옷에 물이 전혀 묻지 않았다는 식이다. 때로는 '날 수 있는 능력'이 '파리' 등의 생명체로 변형되어 '아기장수'가 '파리장수' 등의 별칭을 얻기도 한다. 또는 '날아다니는 능력'이나 '날개' · '비늘' 등의 모티프 없이 처음부터 연행 주체가 '장군' · '장수' 등의 호칭을 통해 '아기장수'의 '신성함', 혹은 '남다름'을 드러내기도 한다. '장군'이나 '장수'라는 호칭은 군사적인 의미보다는 '신성한 존재' 내지는 '주술적 성격을 내포한 존재'를 상징하는 성격이 강한데, 때론 '장군' · '장수'라는 용어의 일반적 함의 때문에 '아기장수'의 남다름이 군사적 능력으로 구체화되기도 한다. 이때 '아기장수'의 '신성성'은 콩 · 팥 등의 곡물이나 저릅대 등을 가지고 방 안에서 남몰래 군사훈련을 하는 것으로 드러난다. 콩이나 팥, 저릅대 등의 일상적인 도구를 군사처럼 부릴 수 있는 능력이 '아기장수'의 신이한 힘, 신성한 존재속성을 표상하게 되는 것이다. 이때 다양한 구전서사와 민간신앙에서 확인되는, 콩 · 팥 · 저릅대 등의 사물이 지니는 상징적 의미 또한 신성 및 주술 표상으로서 '아기장수'의 속성을 드러내는 데 일정한 기여를 한다.

성'을 증명함으로써 '아기장수'에게 가해진 폭력과 살해가 부당한 것임을 일깨우는 역할을 한다. '용마'는 <아기장수>의 연행과 전승의 전체 맥락 안에서 강한 지속 지향성을 드러내는데, 이야기 속에서 '아기장수'의 집단 살해에 참여·공모한 이들의 반성을 촉구하는 존재로 등장하는 동시에 '아기장수'의 탄생과 죽음을 둘러싼 사건의 결과물이자 사건의 진실성을 증명하는 지형적 증거물을 만들어내는 존재로 기능한다.[3)]

<아기장수>의 연행은 '아기장수'의 죽음을 둘러싼 지형적 공간을 소개하는 것으로 시작하기도 하지만 지형에 대한 언급이 앞에 첨가된 경우라도 '○○ 마을 ○○ 집안에 사내아이[4)]가 태어났다'는 서술을 빠뜨리지 않는다.[5)] 여기서 중요한 것은 '아기장수'가 태어나 소속될 집단을 밝히는 일이다. 특정 지역 공동체, 혹은 특정 집안·가문의 일원으로 태어났음을 밝히는 일은 다가올 '아기장수에 대한 집단 살해 공모'를 암시하면서 그의 '신성한 능력과 존재속성'이 '위험한 남다름'으로 인식되어 위기징후로 포착될 수밖에 없는 조건을 제시한다. 그는 처음부터 집단의 일원이었기에 집단적 동질성의 범주를

---

3) <아기장수>의 연행은 '용마'가 나타난 산이나 '용마'가 흔적을 남긴 바위, '용마'가 사라진 못이나 소(沼) 등의 지형이 지금까지 남아 그때의 사건을 환기시키고 있음을 구술하는 것으로 마무리된다. 때론 이 마지막 부분의 서술이 연행의 맨처음에 등장하기도 하는데 이와 같은 경우 간혹 '용마'와 연관된 지형을 소개하는 것이 연행 동기로 작용한다. '용마'와 관련된 지형은 마을 우주의 질서 내에서 중요한 기능을 하는 핵심 공간일 가능성이 높은데 이와 같은 지형을 소개하고 내세우기 위해 연행을 시작하는 경우 자신이 살고 있는 마을 공동체에 대한 자긍심과 애착이 연행의 숨은 동기인 경우가 많다.

4) 일부 각편에서 '아기장수'가 '여자'로 형상화되기도 하는데 182·188·261번 자료에서 '여자 장수'가 등장한다. 서사의 표면에 드러나든 드러나지 않든 간에 이들 작품에서는 '여자이기 때문에'라는 이유가 '아기장수'를 죽여야 하는 동기의 하나로 전제되고 있다.

5) 종종 '아기장수'의 이름 앞에 '배씨네 아기장수', '안씨네 아기장수', '임고리 아기장수', '한서방네 아기장수', '양씨네 아기장수' 등의 수식이 붙는다. 이와 같은 경우 '아기장수'는 처음부터 특정 집단 소속의 일원으로 호명되는 셈이다.

벗어나는 '남다름'을 허용받을 수 없는 존재이며 설사 '남다른 능력'을 지녔다 하더라도 이를 드러내서는 안 되는 존재인 것이다. 따라서 서사 전개 논리를 고려할 때 '아기장수가 ○○ 마을 ○○ 집안에 태어났다'는 진술은 숨은 금기, 은폐된 채 가시화되지 않은 금기를 암시하는 서술이 된다.

<아기장수>의 두 번째 잠재된 금기는 '장수'로서 그의 존재가 완전해지기 전까지 그의 존재속성이나 신이한 능력이 다른 '인간'에게 발견되어서는 안 된다는 것이다. 그의 신성함은 인간 세계 내에서는 이질적인 요소로서, 언제든지 안정을 뒤흔드는 위협이나 위험 요인으로 인식될 수 있기 때문이다. <아기장수>에서 '아기장수'가 죽음에 이르는 과정을 살해 주체의 관점에서 구조화해 보면 '발견-확산-모의-실행-사후적 처벌'로 정리할 수 있다. '아기장수'의 존재속성과 능력이 '남다름'으로 발견되고 이것이 여러 사람에게 알려지는 확산의 단계를 거쳐 집단 모의와 집단 실행으로 옮겨진 후 용마가 나타나는 사후적(事後的) 처벌로 이어지는 것이다.

이때 발견의 주체는 대부분의 각편에서 어머니로 등장한다.[6] '아기장수'는 태어난 지 얼마 지나지 않은 상태의 아이로 등장하는 경우가 많은데 이 때문에 아기 곁에서 늘상 아기와 함께 생활하는 어머니가 그의 '남다름'을 최초로 발견하게 되는 것이다. 어머니는 이 사실을 자신의 남편에게 말하고 이들 부부는 다시 가문의 어른들이나 집안 사람들, 이웃들과 내용을 공유한다.[7] 집단의 압박과 살해 요구

---

6) 각편에 따라서 어머니가 아니라 아내가 '아기장수'의 남다름을 발견하기도 하는데 이때 그는 어느 정도 성장한 인물로 등장한다. 그밖에 서당에 다닐 무렵의 나이까지 성장한 '아기장수'의 신이한 능력이 서당 선생에게 발견되기도 한다.

7) '아기장수'의 '남다름'을 최초로 발견한 어머니가 남편이나 이웃, 집안과 가문 사람들에게 사실을 알리고 집단적으로 모의하는 장면이 모든 각편에서 등장하는 것은 아니다. 상대적으로 모호하게 처리된 각편도 상당수 존재하는데, 대체로 '아기장수'의 어머니와 아버지가 함께 의논을 하는 장면의 지속 지향이 강하고 집단 모의 장면은 26% 정도의 비율로 나타난다.

를 받아들인 부부에 의해 살해 모의가 이루어지고, 부모가 직접 '자식살해'에 나섬으로써 근친 살해의 비극적 장면이 연출되는 것이다.

정보 공유와 집단 모의를 거쳐 근친 살해로 이어지는 과정을 이끄는 것은 <아기장수>에 등장하는 인물들 간의 갈등과 관계 구도다. 각편에 따라서 우연히 아이의 '남다름'을 발견한 어머니가 자연스럽게 남편과 상의하는 것이 아니라, 목적을 가지고 가문이나 관청에 알리거나 이웃 사람과의 대화 중에 실수로 비밀을 누설하기[8]도 한다. 이와 같은 이야기에서는 '아기장수'와 어머니, '아기장수'와 부모 사이의 갈등이 극대화되기도 하는데 연행자에 따라서 이런 경우에 '장수가 태어나면 그 어머니나 부모부터 죽여야 한다'는 논평을 붙이기도 한다. <아기장수>의 핵심 갈등을 부모-자식 관계로 집중시킨 작품의 변이형에서 '아기장수'가 자신의 부모를 해코지하거나 죽이려 하는 장면이 나타나기도 한다.

하지만 대부분의 경우 '아기장수'의 부모, 특히 어머니는 자기 의지가 아니라 집단의 압박을 이기지 못하거나 그밖의 동기화되지 않은 불명확한 이유로 집단 살해의 공모 및 참여 주체가 된다. 때로는 가문에서 직접 나서서 아이를 죽이려 들기도 하고 이웃 사람들이 적극적으로 그 부모를 압박하기도 하며 소문을 들은 관가나 나라에서 찾아와 아기장수를 죽이려 들기도 한다. 갈등 관계의 구도에 따라 변이의 방향이나 주제의식에 내포된 지향이 달라지는데 예를 들어 '아기장수'와 부모의 갈등이 첨예화되는 경우, '아기장수'와 함께 부모에 대한 연민과 공감의 정서가 확산되는 방향으로 변이가 이루어지면서 심리학적 주제가 부각된다. 반면에 집단 공모와 집단 살해의 흐름이 강화되는 서사에서는 정치적인 의미가 더욱 강화된다.

때론 '아기장수'의 죽음을 둘러싼 관계 구도가 계층적 갈등이나 민

---

8) 이 경우 '아기장수'가 어머니에게 자신의 비밀을 지켜달라고 요청하거나 미리 금기를 설정하는 장면이 앞서 제시되기도 한다.

족적 갈등을 주제화하기도 한다. 예를 들어 '아기장수'가 특정 가문에서 평생 핍박받은 종의 아들로 태어나 그 가문에 복수를 하는 내용으로 구성된 작품이나, 특정 지역이나 가문 공동체의 일원들에게 핍박받은 중이 복수를 위해 속임수로 엉터리 예언을 주고 그 결과 '아기장수'가 태어나는 내용으로 구성된 작품들이 있다. 또한 '아기장수'를 낳은 부부가 매우 가난했다거나 그 집이 '반가(班家)'이 아닌 '민가(民家)'였다는 사실을 서두부터 강조하는 작품들도 있는데, 계층 갈등에 기인한 복수의 서사로 구성되거나 반상(班常)의 갈등을 암시하는 서술을 내포한 이들 이야기에서 '아기장수'의 죽음은 계층 간 대결의 결과로 그려진다.

'아기장수'의 죽음을 요구하는 세력이 '일본'으로 등장하는 작품 역시 다수 존재한다. 이는 연행 주체의 민족적 지향 및 역사인식이 해석적 관점에 작용한 결과로 보이는데, 이런 류의 이야기에서 '아기장수'는 민족 위기를 타개하기 위해 등장한 존재, 죽었지만 여전히 역사적 기대와 희망의 상징으로 남아있는 존재로 등장한다. 그래서 이야기의 변이 역시 일본 제국주의에 대한 대결의식이나 경계심을 부각시키는 방향, 혹은 '아기장수'의 민족 영웅적 면모나 역사적 구원자로서의 상징적 표상을 부각시키는 방향으로 전개된다.

예를 들어 일본 사람들이 찾아와 '아기장수'를 직접 죽이고 그 선조들의 묘자리나 그가 태어난 근원이 되는 혈자리를 찾아 혈을 끊는 단맥(斷脈) · 단혈(斷血) 모티프가 이야기의 마지막에 결합되기도 하고, 일본 제국주의와 대결했던 인물을 '아기장수'의 형상에 겹쳐 놓기도 한다. 혹은 '아기장수'가 죽지 않고 살아 언젠가 다시 나타날 것이라는 기대를 드러내거나 '아기장수'가 남기고 간 투구나 갑옷, 검 등이 남아 민족의 위기를 알릴 뿐 아니라 언젠가 돌아올 '아기장수'의 존재를 증명하고 있다는 식의 구술이 첨가되기도 한다.[9)]

사회 · 역사적 관점에서의 해석적 코드가 작동하여 '아기장수'가

관(官)이나 중앙 권력에 대항하거나 민족 위기에 맞서는 인물로 재해석될 때 '아기장수'의 형상에 역사적으로 실존했던 다른 인물이 겹쳐지기도 한다. 이들은 대체로 중앙 권력에 의해 억울하게 죽임을 당했거나, 반란을 도모하다 실패했거나, 민족적 위기가 닥쳤을 때 외부 세력에 대항하여 싸운 인물들인데 김덕령, 이몽학, 임경업, 김응서, 정기룡, 김원봉 등이 이에 해당한다. 또한 지역 공동체 내의 유명 인물이 '아기장수'로 다시 맥락화되기도 하는데 주로 '우장군', '송장군' 등 '○장군'으로 불리거나 '오찰방' 등 직책이 붙은 이름으로 불린다.

<아기장수>의 인물과 사건이 연행 주체에 의해 사회・역사적 관점에서 해석되어 변화 지향을 드러내는 새로운 각편으로 재맥락화될 때 이야기의 세부 내용들이 사회적 현실, 역사적 사건과 결부되어 변화・조정되는 경향이 나타난다. 이때 연행 주체의 해석적 지평 안에서 이야기 맥락에 영향을 미치는 사회・역사적 현실은 주로 중앙 권력에 대한 민중의 항거라든지 일제 강점기・한국전쟁 등의 민족 위기와 관련된 전환사적 사건들이다. 특히 이와 같은 사회・역사적 인식이 이야기의 문맥을 변화시킬 때 '아기장수'의 죽음이 민족적 위기를 몰고왔다거나 그의 부재 때문에 위기를 슬기롭게 극복하지 못했

---

9) 단맥(斷脈)・단혈(斷血) 모티프의 결합은 '아기장수'가 땅에서 태어난 존재, 인간인 어머니의 몸을 빌려 태어났지만 사실상 대지의 기운을 타고난 존재라는 인식과도 연관이 있다. '아기장수'가 죽음 이후에 묻힐 곳을 알려주고 그곳에서 재생을 도모하는 에피소드가 결합된 이야기나 '아기장수'가 사라진 곳을 따라가보니 땅 속에서 동삼이 나왔다는 식의 에피소드가 결합된 이야기는 모두 이와 같은 인식을 드러낸다. 또한 <아기장수>에서 강한 지속 지향을 드러내는 '용마' 모티프나 변화 지향 속에 등장하는 곡물류의 모티프 또한 대지의 성스러운 힘과 재생력(再生力)을 상징한다. 같은 맥락에서 상당수 각편에 등장하는 명당 관련 모티프 역시 대지로부터 태어난 '아기장수'의 상징적 면모를 유감없이 드러낸다. 명당자리에 묘를 쓰고 '아기장수'를 낳았다는 내용의 에피소드가 결합된 작품은 거의 20% 육박하는 비율로 텍스트망 내 자리하고 있다. 이들 유형의 이야기에서 주목할 점은 명당을 쓰던 당시에 어떤 과오나 사소한 실수가 있은 후 '아기장수'가 태어났다는 식의 변이가 나타난다는 것이다. 이때 과오나 실수는 '아기장수'의 비극적 죽음과 좌절을 예고하면서 그 원인을 설명하는 모티프로 기능한다.

다는 식의 해석이 지배적으로 작용한다.

<아기장수>의 서사 전개에 개입한 변화 지향은 이 결말부 서술의 변이를 통해 가장 극적으로 드러난다. '아기장수'의 죽음을 안타깝게 여기며 그에게 자신들의 원망(願望)과 기대를 투사하는 연행 주체의 의식이, '아기장수'를 죽음으로 몰고간 이들에 대한 처벌 · 경계를 강화하거나 집단 살해에 동참 · 공모 · 동조했던 이들의 자기 반성과 회한의 정서를 부각시키는 방향으로 세부 문맥을 변형시키기도 하고 아예 '아기장수'가 죽지 않고 살아남은 것으로 결말부 서술을 재구성하기도 한다.

전자의 경우 '아기장수'를 죽인 집안 전체가 몰살하거나, '아기장수'의 부모가 벼락에 맞아 죽거나, 그 집이 불에 타버리거나, 그 후손들 가운데 건강하게 태어난 사람이 없거나, '아기장수'를 죽인 집안이 몰락하고 후손들이 크게 성공하지 못하는 등 사후적(事後的) 처벌의 성격이 강한 에피소드나 모티프가 첨가된다. 또한 '아기장수'를 죽인 어머니가 평생 두려움에 떨며 천둥만 쳐도 무서워 어쩔 줄 몰랐다거나 그 동생마저 한국전쟁 때 죽고 말았다는 식으로 가족의 비극이 연이어 구술되기도 하고(2번 자료), 한 도승이 '아기장수'를 죽여야 한다고 모의했던 동네 사람들을 찾아와 명당 묘자리를 파내라 하고 동네 사람들이 이를 따르는 바람에 공동체 전체가 와해되는 비극적 결과를 초래하는 에피소드가 첨가되기도 한다.(10번 자료)

유사한 예로 '아기장수'의 죽음과 연관된 공간이 처벌의 의미를 암시하는 징후를 드러내기도 한다. 예를 들면 '아기장수'가 빠져 죽은 바다가 궂은 날이면 언제나 핏빛으로 물든다든지(28번 자료), '아기장수'의 갑옷이 들어있는 바위가 '쩌렁쩌렁' 우는 소리를 낸다든지(47번 자료), '아기장수'의 갑옷이 든 바위를 건드리려던 일본 사람들에게 벼락이 내렸다든지(46번 자료), 갑옷이 든 바위를 건드리려 하면 마른 하늘에 천둥이 치면서 흙비가 내릴 뿐 아니라 갑옷을 넣을 때 덜 닫힌 바위 때문에 서쪽 마을에서는 부자가 나고 동쪽 마을에서는 가난한 사람이 많이 난다든지(99번 자료) 하는 등의 모티프가 반성과 후회를 촉구하는 상징적 처벌로 작동한다. 이와 같은 변이 없이도 이미 <아기장수>에서 지속 지향을 강하게 드러내는 용마와 용소 모티프가 이런 역할을 하지만, 앞서 열거한 방식의 변이들은 '아기장수'를 죽인 사건이 과오임을 좀더 명확하게 부각시키려는 연행 의도가 개입한 결과로 보인다.

이와 같은 의도는 때로 '아기장수'가 죽은 후에 누군가 찾아오는 설정으로 나타나기도 한다. 용마가 찾아오듯이 누군가 찾아와 '아기장수'가 신성한 존재이며 그를 죽인 것은 매우 커다란 잘못이라는 사실을 일깨워주는 것이다. 이들 서사에서는 주로 '뒤늦게 찾아왔음'이 강조되는데 '아기장수'가 죽기 전에 만났더라면 그의 죽음을 막을 수도 있었으리라는 안타까움이 함께 표현된다. '아기장수'의 사후에 찾아오는 인물로는 도승이 가장 많은데[10] 지속 지향 내에서 종종 '아기장수'의 적대적 세력으로 등장하는 '왕'이 '아기장수'의 존재 이유와 가치를 증명하는 편지를 그의 사후(死後)에 뒤늦게 보내는 이야기도 있다.(152번 자료) 이때에도 '뒤늦게 도착한 왕의 편지'는 '아기장수'가 죽은 후에야 모습을 나타내는 용마와 같은 역할을 한다.

앞선 이야기들에서 자연 재해나 용마・도승 등 신이한 존재의 등장이 사후적(事後的)으로 '아기장수'를 죽인 행동에 대한 반성과 후회를 촉구하지만 정작 '아기장수'는 자신을 죽이려는 이들의 의지를 담

---

10) 대표적으로는 162번 자료가 있다. 도승이 찾아오는 경우 용마 모티프는 생략되기도 하는데 168번 자료에서는 도승이 찾아온 후에 다시 용마가 나타난다. 도승은 '아기장수'가 태어나기 전이나 태어난 직후에 찾아오기도 한다. 170번 자료에서는 도승이 찾아와 '아기장수'가 태어날 것을 미리 알려주고, 217번 자료에서는 도승이 찾아와 '아기장수'가 태어났다는 사실을 발설하지 말라는 금기를 주고 간다. '아기장수'가 죽은 후에 도승이 찾아오는 이야기에서 간혹 도승이 '아기장수'를 죽인 이들을 징치하고 처벌하는 주체로 등장하는 사례가 있다.

담히 받아들인다. 때론 어린 자신을 죽이려드는 부모의 행동에 항거하기는커녕 쉽사리 죽이지 못하는 그들을 위해 자신을 죽일 수 있는 방법을 자발적으로 알려주기도 한다. '아기장수'는 그저 신비롭게 '가려진' 존재로 말없이 사라지는 반면, 그의 세계에 속하는 또다른 존재들이 인간 세상에 개입해 그의 존재 가치와 의미를 뒤늦게 알려줌으로써 그를 거부하고 축출하려 했던 인간으로 하여금 뼈저리게 반성하고 후회하게 만드는 것이다.

그러나 일부 각편에서 '아기장수'는 자신을 죽이려드는 이들에게 거세게 항거하기도 한다. 용마나 도승 등 다른 존재의 등장에 의존하지 않고, '아기장수' 본인의 발화를 통해 스스로 자신의 존재를 증명하려는 의지를 드러내는 것이다. 이런 류의 이야기에서 '아기장수'는 자신을 죽이면 후손들이 성치 못할 것이라는 저주에 가까운 예언을 남기며 죽기도 하고(52번 자료), 어머니가 그를 죽일 수 있는 방법을 알려 달라 성화를 부리자 그 비밀을 밝히며 '어머니 때문에 죽는다'는 한 맺힌 한 마디를 남기고 사라지기도 한다.(83번 자료) 더구나 59번 자료에서는 '아기장수'가 사람들의 핍박을 피해 사라졌다가 다시 '지관'이 되어 돌아와 복수를 하는데, 이때 후반부에 <며느리-단혈> 이야기가 에피소드로 삽입된다. 이와 같은 변이가 나타나는 이야기에서는, '가려진 존재'로서 신이한 분위기를 자아내던 '아기장수'의 신화적 이미지는 다소 약화되는 반면 어머니를 비롯한 다른 대결 주체와 '아기장수' 사이의 갈등이 구체적으로 부각된다.

'아기장수'의 집단 살해에 직·간접적으로 참여했던 이들이 그의 죽음을 애도하는 행위를 행하는 장면을 덧붙여 보여줌으로써 자신들의 과오를 스스로 반성하고 있음을 간접적으로 드러내는 이야기들도 있다. '아기장수'를 죽이는 일에 참여하거나 집단 살해를 공모한 이들, 혹은 직접 관여하지 않았다 하더라도 공동체 일원으로서 묵수와 방관을 통해 간접적으로 동조했던 이들이 그가 죽은 후에 비석을 세우거나 사당을 지어 그의 죽음을 기리는 동시에 그를 종교적・주술적 의례의 대상 신격으로 모시는 과정이 이야기 말미에 덧붙여진다. '아기장수'나 그의 죽음과 연관된 사물을 일상의 사소한 일들을 기원・축수하는 기도・기복의 대상으로 삼거나 그의 죽음이 발생한 공간을 특정 주술과 연관된 신성한 장소로 떠받드는 방향으로의 변화가 일반적이지만, 때로는 '아기장수'를 마을에 처음 들어와 특정 가문의 공동체를 새롭게 일구어낸 '입향조'로 세우는 변화가 나타나기도 한다.(45번 자료) 서사의 문맥 안에서 '아기장수'는 죽음을 맞이하지만 이야기를 연행하고 전승하는 이들의 삶과 의식 속에서 '아기장수'의 존재는 어떤 방식으로든지 여전히 지속되고 있는 셈이다.11)

'아기장수'에게 가해진 집단 폭력과 그의 죽음을 종교적・의례적・신화적 차원에서 보상하는 이와 같은 변화는, 이야기 속에서 '아기장수'를 죽음으로 몰고간 이들로부터 연행 주체에 이르기까지 폭넓은 범위에서 발생하는 자기 반성을 표현한다. 그리고 이러한 자기 반성은 살해 행위의 부당함에 대한 비판적 인식과 함께 비극적 주인공들에 대한 연민과 공감을 이끌어내는데, 이런 지향이 점차 강화되면서 더욱 적극적으로 연행에 개입하여 '아기장수'가 죽지 않고 살아남아 미래를 기약하는 서사적 변화가 일어나기도 한다. 3・167번 자료에서 첫 번째 '아기장수'는 비극적 죽음을 맞이하지만 두 번째 '아기장수'는 죽지 않고 어디론가 사라진다. 특히 167번 이야기에 등장하는 두 번째 '아기장수'는 첫 번째 '아기장수'의 무덤가로 사라지는데 땅 속으로 사라지거나 행적이 묘연해진 것으로 표현되는 이들의 최후는 그들이 살아돌아와 다른 변화를 만들어낼지도 모른다는 기대와 희망의 여운을 남긴다.(22・48・57・63・86・127・143・197・

11) 이런 변화는 연행 의식에 내재한, '아기장수'의 죽음을 부인하고 부정하려는 태도나 지향을 드러내는 동시에 '아기장수'의 존재속성과 '아기장수'의 죽음에 주술적・의례적・신화적 성격이 깃들어 있음을 암시한다.

261번)

지금 부재하나 언젠가는 귀환할 '아기장수'에 대한 기다림을 지향하는 데까지 나아가지는 못한 채, '아기장수'가 불완전한 존재로나마 살아남아 평범하게 생을 마감하기를 바라는 연행의식을 드러내는 각 편들도 존재한다. 이들 이야기에서 '아기장수'는 날개나 비늘을 제거당한 채-이것은 일종의 '거세'다.- 그저 남들보다는 힘이 좀더 센 장사로 살다가 생을 마감하거나, 낮은 벼슬이나마 사회적 인정을 받아 자신의 능력을 펼치다가 생을 마감하는 인물[12]로 그려진다.(51・72・73・74・75・76・78・79・81・240・241・243・244・245・247・259번) 이는 어린 '아기장수'의 죽음에 대한 연민과 '집단 살해'라는 폭력에 대한 공포가 '아기장수'의 죽음을 부인하는 태도를 유발하고 이것이 연행에 적극적으로 개입하여 서사적 문맥의 변화를 이끌어낸 결과라고 할 수 있다. 죽음으로 표상된 '아기장수'의 완전한 소멸이나 '자식살해'라는 폭력의 강렬한 파장을 견뎌내기 어려운 연행 주체의 심리적 불안과 동요가 이야기의 핵심 구조를 바꾸는 적극적 개입을 유발한 셈이다.

변화 지향이 가장 강하게 작용한 결과 드러나는 이와 같은 결말부의 변이에서 주목할 것은 '살아남은 아기장수'가 불완전한 존재라는 사실이다. 날개나 비늘을 제거당한 '아기장수'는 치명적인 결핍과 결함을 안고 살아가는 존재로, 처음 타고난 능력만큼이 아니라 그에 전혀 미치지 못하는 보잘것없는 능력을 겨우 유지하고 살아가는 인간으로 형상화된다. '신성한 장수'였던 그가 그저 남들보다 '힘이 좀더 센 사람'으로 살아가게 되는 것이다.[13] 날개와 비늘이 없는 그는 이

12) 제주도에서 연행・전승되는 <아기장수>의 각편 가운데 이처럼 죽지 않고 살아남아 부족하나마 자신의 능력을 발휘하며 살다간 인물들의 이야기가 많다. '오찰방' 관련 이야기가 대표적인 예다.

13) 살아남은 '아기장수'가 부정적인 인물로 전락하는 결말을 보여주는 이야기들도 있다. 202번 자료에서 '아기장수'는 도둑이 되며, 216번 자료에서 '아기장수'는 의병

제 인간 세계에 완전히 편입될 수 있는 평범한 존재, 다시 말해 집단적 동일성의 범주를 벗어나지 않는 존재가 되었다고 할 수 있다. 따라서 이와 같은 서사적 변화는 다른 한편 신성 징표, 곧 '남다름'의 요소를 제거한 후에야 비로소 '아기장수'가 존재의 절멸이라는 극단적 비극을 피할 수 있다는 메시지를 전달한다. '신성하고 초월적인 힘의 원천'이 되는 신체의 일부를 '거세'함으로써 '신성하고 초월적인 존재'에서 '평범하고 남다르지 않은 인간'으로의 존재론적 전환을 이룬 후에야 살아남을 수 있음을 보여주는 것이다.

지금까지 조사·정리한 <아기장수>의 전체 각편 수는 310편을 웃도는데 이 가운데 '여성' 연행자의 비율은 10% 정도에 불과하다.[14] <아기장수>의 연행은 대부분 '남성' 연행자 개인이나 집단에 의해 이루어지고 있는 셈이다. 개별적으로 연행을 하거나 집단 내에서 연행을 주도하는 이들은 대부분 마을의 어른이나 마을 권력의 중심에 있는 인물, 혹은 마을의 이름난 이야기꾼이다. 이들은 선대로부터 몇 대째 살아온 토박이이거나 수십 년 이상 거주해온 반토박이이거나, 그렇지 않으면 자신이 떠나온 고향에 대한 강한 집착과 자부심을 지닌 인물인 경우가 많다. 또한 집단적·지역적 정체감이 강하고 역사

활동 등을 하기도 하지만 제멋대로 살다 생을 마감하는 것으로 그려진다. 이와 같은 변이는 '아기장수'의 '남다름'을 부정적 관점에서 해석한 결과로 보이는데, 그의 능력을 공동체에 해가 되는 행위를 할 만한 능력으로 인식하고 있음을 알 수 있다. 97번 자료는 '아기장수'의 존재속성이나 그의 능력에 대한 양가적 인식태도가 서로 상반된 운명의 길을 걸어가는 쌍둥이 장수로 분화되는 방식으로의 서사적 변화를 보여준다. 이 작품에서는 똑같이 '장수'로 태어난 형제가 서로 다른 과정을 거쳐 한 명은 왕이 되고 다른 한 명은 몰락하는 내용의 이야기가 전개되는데, 이를 통해 '장수'라는 존재가 질서를 새롭게 구축하는 구심이 될 수도 있고 질서 안으로 들어서지 못한 채 영원히 축출당하는 비극적 운명의 주인공이 될 수도 있음이 암시된다.

14) 2000년대 이후 조사·채록된 자료에서는 점차 '여성' 연행자의 비율이 높아지고 있다. '남성', 혹은 '여성'으로 분화된 연행·전승 방식도 조금씩 변화하고 있음을 알 수 있다.

적 관심이 풍부하며 가문·집단·공동체의 수호자를 자처하는 경향이 강하고 역사인물담이나 지역과 연관된 '전설'류의 이야기를 즐겨 연행하곤 한다.

이들 연행 주체는 신이한 사건, 초월적인 신비에 관한 일들을 연행하는 경우라도 그것이 본인이 생각하는 역사적 진실이나 공동체의 전통, 지역적 정체성과 연관된 것이라면 시종일관 진지한 태도로 연행에 참여하여 이야기를 듣고 있는 이들에게 자신의 이야기가 진실된 것임을 설득하려는 강한 의지를 보인다. 이들은 이야기를 연행하는 동기가 지역 공동체가 오늘날과 같은 구도로 자리잡게 된 사회적 배경, 역사적 내력, 지형적 조건 등을 설명하는 데 있음을 적극적으로 천명하기도 한다. 예전에 마을에서 세도를 부리던 특정 성씨 가문이 어떻게 몰락하게 되었는지, 마을의 중요한 지형들이 언제 어떤 과정으로 형성되었고 또 어떤 의미를 지니고 있는지 등을 설명하기 위해 이야기 연행을 시작하는 것이다.

연행자들은 연행에 참여한 이들이 연행을 통해 자신들이 보여주고 이끌어가는 대로 지역 공동체의 일원으로서 특정 내용의 일체감과 정체성을 형성하고 유지해갈 수 있도록 하는 데 모든 능력을 집중하는 것처럼 보인다. 그리고 이런 내용은 모두 연행 속에서, 자신이 살고 있는 마을이나 자신이 오랜 시간 접촉해온 전통에 대한 자부심과 긍지로 표출된다. 그래서 다음과 같이 이야기 속 인물과 사건에 결부된 특정 공간과 대상에 대한 상세한 설명으로부터 연행을 시작하는 경우가 많다.

〈10번 자료〉

"영내터 거기 영로봉 들어가는 입구에 큰 탑이 하나 있는데, 그 탑은 어떻게 된 탑인고 하니까. 거기 전씨들이 옛날부터 오래도록 세돌하고 있는데, 잘 살았어. 아주 그때 살 때는, 참, 아주 거기서 부자로 살고 참 잘 살고 이랬는데,

그 잘 사느라고 탑 고 위에 올라가면 산등에 올라가면 묘가 있지. 그 댁들의 묘가 그 묘자리가 탑은 내중 탑이 된 거지. 애초 그런 못인데, 그 못하고 그 개울 건너서 바우가 있는데 바우 이름을 병풍 바우라 하는데, 그 바우가 아주 높았대. 높아 가지고, 그 바우에 해가 돌면은 그 바우 사이로 그 못으로 햇살이 들여 비추게 이렇게 되어 있다는구만. 응, 이랜기 그 묘의 못이 글루 해서 잘 됐대. 잘 되는데, 그랜 뒤에 그 집에 장사가 났대."[15]

〈15번 자료〉

"아 거기 저 선바우라구 거기 내 거기 지내는데 허방리 물이 있대, 거기 또 말무덤이 이라구, 용마가 나오구. 거기 한 가지 전설이 있어. 그건 아주 사실인데 사실 얘긴데 그달 저 옥천 좌운 얘긴데, 좌운동이면 저 동이면 좌운리 서기골 하방리래는 데 있는데. … '아이구, 이거 그냥 뒀단 역적된다.'구."[16]

<아기장수>의 연행자 중에는 특정 가문의 일원이라는 집단의식과 정체감이 강한 이들이 많다. 이들은 '아기장수'를 죽일 수밖에 없는 집단의 논리, 가문의 논리를 자신의 가치로 받아들이고 있는데 이야기 연행을 통해 이를 여과없이 드러낸다. 이들에게 '아기장수'를 죽여야 하는 이유는 이야기 속 등장인물들에게 국한된 문제가 아니라 바로 자기 자신의 문제인 것이다. 4번 자료의 연행자는 연행에 앞서 본인이 파평 윤씨 가문의 일원이라는 사실을 대단히 강조하였다. '역적이 나면 죽여야 한다'는 당위는 그에게 '아기장수' 부모가 아닌 연행자 자신의 '목소리'였다. 이 발화는 연행자들 사이에 이야기 속 인물의 입장을 대변한 목소리일 뿐이라는 이해가 전제・공유되어 있음에도 불구하고 연행자는 마치 자기 자신의 일인 양, 스스로에게 다짐하듯 확신에 찬 어조로 발언하였다.

15) 『대계』 2-1, 572～573면.

16) 『대계』 2-5, 451～452면.

연행자들 대부분은 <아기장수>를 아버지나 할아버지, 서당 선생님께 들었다고 말하였다. 어머니나 할머니에게 들었다는 이는 거의 없었는데 <아기장수>의 연행과 전승이 '남성'에서 '남성'으로, '가부장'에서 다음 '가부장'으로 이어지는 권력 승계 라인을 따라 이어지고 있음을 짐작할 수 있다. 연행자가 '여성'인 경우에도 그 어머니나 할머니에게서 이야기를 들었다고 하는 이는 없었다. 또한 이들 '여성' 연행자들 중에는 일찍 과부가 되어 남편이나 어린 아들 대신에 집안의 대소사를 이끌며 부분적으로나마 문중 일에 참여할 수 있었거나 가부장의 역할을 대신해온 이들이 많았으며 특히 가문공동체 내 다른 '여성'들에 비해 상대적으로 권력지수가 높은 종부(宗婦)인 경우가 있었다.[17)]

<아기장수>의 연행을 주도하는 이들 가운데 상당수는 마을에서 '고담'을 잘 하고 '유식한 노인'으로 통하며 마을의 이름난 '이야기꾼'으로 일컬어진다. 학교에 다닌 적은 없어도 어려서 서당에 다닌 이들이 많으며 한문에 식견이 있고 본인이나 주변 사람들 모두 그가 '야사(野史)'나 '야담(野談)'에 밝다고 인정한다. 7번 자료를 연행한 김재식씨는 스스로 마을의 '상층문화'에 속해 있다고 생각하고 있었는데 그는 이야기판이 어떤 사람들로 구성되어 있는가에 따라, 자신의 이야기를 귀기울여 들을 사람이 무엇을 원하는지에 따라 이야기를 선별하여 연행하는 성향을 드러냈다. 그는 조사자의 요구에 민감하게 반응하며 아무 이야기나 연행하려 들지 않고 설사 조사자의 요청이 있다 하더라도 스스로 생각할 때 근거가 없고 허황한 이야기는 하지 않으려 했는데 조사자에게 직접 '근거 없는 이야기는 잘 모르고 설사

17) 5・6번 자료를 연행한 박옥순씨, 39번 자료를 연행한 하봉련씨, 54번 자료를 연행한 박천수씨, 69번 자료를 연행한 김필련씨, 266번 자료를 연행한 이하순씨, 279・284・286번 자료를 연행한 백필경씨, 283번 자료를 연행한 배학이씨, 285번 자료를 연행한 김필봉씨, 291번 자료를 연행한 최막희씨, 306번 자료를 연행한 이병영씨 등이 모두 그와 같은 예에 해당한다.

안다고 해도 서울서 온 귀한 양반들 앞에서 할 수 없다'고 잘라 말하기도 했다.

이들은 스스로를 이야기꾼으로 인식할 뿐 아니라 주위에서도 그렇게 인정을 받으며 이런 관계를 통해 이야기꾼으로서의 자부심을 더 강화시켜나간다. 한 마을에서 함께 생활하는 '남성'들로 구성된 집단 내에서 이야기판이 벌어졌을 때 <아기장수>는 많은 사람들이 알고 있다는 반응을 보이는 이야기다. 조사자가 <아기장수>과 관련된 질문을 던지거나 해당 이야기를 간략하게 소개하면 많은 사람들이 반응을 보이는데 정작 누구든지 선뜻 나서서 연행을 시작하진 않는다. 마을의 이야기꾼으로 알려진 사람이나 마을의 어른격인 사람이 그 자리에 없으면 한두 사람이 말문을 열기 시작하지만 그런 사람이 자리에 있으면 그에게 연행을 미루고 나머지 사람들은 그를 조사자에게 추천하기만 한다. 그리고 그가 연행을 시작한 후에 그와 함께 연행을 만들어가는데, 오래도록 관계를 유지해온 공동체 성원들로 구성된 연행 집단이 아니거나 상호 동질성을 공유한 집단이 아닌 경우 이야기 연행은 곧잘 논쟁으로 이어진다.

집단 연행인 경우에는 연행 주체가 지역적 토대나 역사인식 등의 측면에서 특정 성격을 공유한 '남성'들로 구성된다. 서로 다른 씨족 집단에 소속되어 있는 사람들이나 서로 다른 마을에서 온 사람들, 혹은 서로 다른 계층에 속한 사람들로 연행 집단이 구성되기도 하는데 이런 경우 연행은 매우 논쟁적인 분위기 속에 진행된다. <아기장수>의 연행 현장에서 벌어지는 논쟁은 대부분 몇 가지 쟁점으로 집약되는데 첫 번째는 '아기장수'나 용마의 존재, 그리고 '아기장수의 죽음'을 둘러싼 사건의 진위와 진실성 여부이고, 두 번째는 '아기장수'를 죽인 행위가 옳은 것이냐, 혹은 그와 같은 행위를 할 수밖에 없는 필연적인 동기나 이유가 있었느냐 등을 둘러싼 윤리적인 문제이다.

첫 번째 쟁점은 각자가 소속된 집단이 달라 서로 알고 있는 이야기 내용이 다르거나 이야기 속 인물과 사건의 진실성에 대해 회의하는 움직임이 이야기판 내에 존재할 때 주로 중심 화제로 떠오른다. 반면 두 번째 쟁점은 이야기 내용에 대한 연행 주체의 해석 관점과 인식 태도를 보여주는 사안으로, 연행자들의 관심과 초점이 어떤 주제에 집중되고 있는지 드러낸다. <아기장수>의 연행에서 사건 전개와 관련된 서술 못지 않게, 어쩌면 그보다 더 큰 비중을 차지하는 것은 인물의 행위 동기, 특히 아기장수나 그 어머니의 행위 동기에 대한 설명과 평가를 제시하는 비서술적 논평이다. <아기장수>는 같은 범주 내 다른 유형 작품들에 비해 연행 주체의 해석적 지향과 논평적 태도가 강하게 드러나는 편인데 특히 '아기장수' 어머니의 행동과 그 동기를 둘러싼 논평이 확대 부연된 경우가 많으며 이 논평을 둘러싼 논쟁이 연행을 이끌어가는 동력이 되기도 한다.[18)]

〈25번 자료〉

"옛날의 법으로는 쌍놈의 집에서 장군이 나면은 역적 났다고 잡아다 죽이는 법이 있어. 친족, 외족, 처족, 삼족을 멸했어. 장군이 나면은 부모들이 죽을까 무서워서 장군감을 갖다 죽여버려. 저 건너 매봉재 밑에 묘 하나가 있는디 그것도 장군 묘소라는 거여. …중략… 지금 같으면 잘 키워서 성공시켜라 할 텐데 그때는 죽여. 공론을 하고서는 다듬잇돌 하나를 갖다 올려 놓으닌개 안 죽더라는먼 그려."[19)]

---

18) 아래, 자료 26번의 연행자는 <오뉘힘내기>도 연행하였는데 두 이야기 모두 상세하게 연행하고서는 말미에 '믿을 수는 없다'는 말을 덧붙였다. 이야기 연행에 참여하는 태도나 연행의 구체적인 표현으로 미루어보면 이야기의 진실성과 그 상징적 의미에 큰 의의를 부여하고 있는 듯 보이나 조사자를 향한 발화에서는 '이야기가 그렇지 사실이 그렇겠냐'는 반응을 보이고 있다. 이는 다소 수사적인 상투 어구인 것으로 보이는데 조사자를 염두에 둔 듯 그는 계속해서 자신이 합리적인 태도로 이야기를 해석하고 있음을 드러내려 하였다.

19) 『대계』 5-2, 492~493면.

〈26번 자료〉

"그러닝개 하 그걸 내우간이 보고서, 아 큰일났다구, 그때만 해두 역적이 나면 씨를 종자를 멸하는 판이거든. '저것이 커서 역적이 되면 우리 잡안이 망헌다.' 그것이여. 그래 그것이 무서서 장군이 났는디, 그것을 모르고 무서서 다디미독을 논다치면, 배우게다 올려놓면 그냥 벌떡벌떡 넘어가버려. 그런개 그냥 쪄올라서 짓누를라고 순전한 욕을 봤어. 이와 같은, 그래서 이런 것을 인자 다디미독을 쪄눌러서 죽였지. 안 죽을 것이여? 죽었어. …중략… 그런 전설이 있기는 있는디 그것이 확실치는 못혀. 말만 그렇지."[20]

〈131번 자료〉

"나가서 빨래하고 오니까 없더래요. …중략… 지 어매가 밭 매고 옛날에 빨래판, 바가지를 놨는데 아버지가 오니까 뿌리더랍니다. 장군 난 집은 사형을 시킨다 하니까 들어오니까 훅 뿌려지더랍니다. 아 애는 없는데 훅 팥이 뿌려지더래. 아 보니까 애가 거기 있더래요. 지금 같으면 자기 애가 장군이라 알면 그 애를 잘 기를 텐데, 두 내외가 앉아 갖고 장군 나게 되면 나라에서 장군 난 집을 자기가 위험할 것 그랬는지, 그 집이 아니고 요즘 말로 사형을 시키니까 안 되겠다, 이 놈 두었다가는 우리가 죽겠다구 하면서 어머이 아부이가 깔아 뭉개 죽였대요. 장군이 되게 되면 만약 나라 사위가 되면 장군 난 집이 나라를 침범할까봐 두 어머이 아부이가 죽였다는 전설이 있더래요. 죽이니까 난데없이 말이 허연 백말이 여기 들판이, 저기 서현리이고 이 아래 금악리가 있는데, 금악리가 살그매기라고 해요. …중략… 갤 죽이니까. 걔가 크게 되면 그 말이 아주 용마가 타고 갈 텐데. 그런 전설이 있어요."[21]

〈138번 자료〉

"그 담엔 그게 인제 장사인 줄 알고, 옛날에는 그 장사가 태어나면 역적으로

---

20) 『대계』 5-3, 117～118면.

21) 『강원설화총람』 2, 앞의 책, 422～423면.

몰려서 그 일가친척을 다 죽였거든요. 그래 그걸 죽인다고 하니까 아버지가, '내가 보통 사람이 아니고 장사로 태어났으니까 네가 하나 죽는 게 낫지 우리 집안이 다 죽어서야 되겠냐? 그래서 내가 널 죽일려고 한다.' 그러니까 '나 그렇게 때려서는 안 죽어요.' 라더래. 그래서, '그럼 어떻게 해야 죽느냐?' 라고 하니까 옷을 이렇게 들추면서 한 여가리를 가리키며 '여기를 절구공이로 때려야 죽어요'라고 하더래. …중략… 그니까 천도가 그 하늘의 복숭아가, 아니 하늘 복숭아가 아니라 어디 복숭아라고 해도, 땅에 떨어지면 썩게 마련이잖아요. 그니까 그게 땅에 떨어진 자리니까 아마 쓰지도 못할 자리에다 묘를 썼더니 장사는 나왔지만 그랬대요."[22)]

〈150번 자료〉

"그래 옛날에는 집안에 장수가 나면 그 뭐라나 삼족을 멸한다고 하잖아. 그래 집안 식구들이 모여 회의를 해 가지고 아를 죽여버렸어. …중략… 날개가 나 가지고 고만 뭐 지 아버이 죽인다 그러거든. 장수는 지 아버이 죽인대. 그런다고 고만, 그럴까봐 죽여 버렸어. 그래니 그 날개가 나 가지고 그냥 금방 난 게 훨훨 날아댕기니 이 그 지 아버이 죽을까봐 죽여버렸어. 그래 사흘 만에 용마가 나 가지고 그게 안 죽였으면 용마가 시방 나왔으면 그거 타고 다닐라 그랬는데 그 뭔 죽여 버렸지. 장수가 죽었으니."[23)]

〈158번 자료〉

"그래서 그 전에 옛날에 어떻게 했나 할 것 같으면은, 어 뭐시기 집에 장수가 난다 할 것 같으면은 역적으로 몰려 가지고 삼족을 멸했었다고 말이여. 이러니깐 이거 내버려뒀다가는 우리 삼족이 다 멸할테니까, 삼족이 뭐일거 같으냐면은 자기 직계 가족하고 처갓집하고 외갓집하고, 그래 삼족을 아주 씨를 지운단 말여. 그 삼족을 멸한다는 거는 그러니까 기가 막히게 무서운

22) 『강원설화총람』 2, 앞의 책, 638～639면.

23) 『강원설화총람』 4, 앞의 책, 160면.

일 아니야 그거는?"[24)]

〈175번 자료〉

"날개가 달려서 사람들이 장수라. 나라 임금 입장에서 보면은 나중에 이 사람이 화를 끼칠 수가 있으니까 가족들 피해를 준다 이거죠. 장수가 커서 살아나면 삼족이 멸할 가망성이 있다는 그런 얘기를. 이 애기를 어떻게 죽일라고 하는데 자기 자식인데 어떻게 할 수가 없는 거예요. …중략… 계속 애를 죽일려고 하니까 애가, 부모가 인제 지를 안 죽이면 온 집안을 망하게 한다니까, 그게 인제 나중에 걔가 왕이 될 수도 있고 가족이 다 역적으로 몰려 망할 수도 있는. 그래 가지고 그 애가 죽었는데."[25)]

때로는 연행에서 다른 부분을 모두 생략하거나 축약하더라도 '아기장수'를 죽일 수밖에 없는 이유, '아기장수'를 죽이는 장면, '아기장수'가 죽음을 받아들이고 죽이는 방법을 알려주는 장면, 용마가 나왔다 사라지는 장면, '아기장수'가 실패할 수밖에 없었던 근원적인 이유만은 반드시 언급하고 넘어가기도 한다.

<아기장수>의 연행에서는 다른 누구보다도 '아기장수' 어머니의 과오를 질책하는 논평의 목소리가 높다. 다른 연행에서는 일반적으로 어머니가 '아기장수'를 죽여야 한다고 판단한 것을 질타하는 경향이 강한데 아래 136번 자료의 연행자는 '아기장수'의 능력을 발견한 어머니의 과오를 강한 어조로 질타하면서 '아기장수'가 일찌감치 그 어머니와 거리를 두었어야 한다는 견해를 강조하였다. 그의 발언을 통해 '아기장수' 어머니의 '발견'을 일종의 잠재된 금기를 위반한 행

24) 『강원설화총람』 4, 앞의 책, 328~329면.
이 연행자는 연행 말미에 용마 무덤 근처 농사가 잘 되지 않는다는 말을 덧붙이기도 하였다.

25) 『강원설화총람』 4, 앞의 책, 679면.

위로 판단하고 있음을 짐작할 수 있다. 그는 훈장 선생님이 들려준 이야기라고 말하면서 조사자 가운데 '여자'가 있어 이야기를 들려주기 어렵다는 태도를 보이기도 하였다.

〈136번 자료〉

"그 옛날에는 이 부자간에도 그런 게 있잖아요. 엄부는 출효자하고 엄모는 출효녀니라. 엄한 애비는 효자를 낳고 엄한 어미는 효녀를 낳는다. 엄하다고 해서 몽둥이로 때리고 이러는 게 아니고 그 자식들한테 좀 귀에 들어가는 얘기. 이렇게 해서 무분별하게 하지 말고 좀 엄하게 키워라. 그래야 자식들이 아머지 대를 이을 수가 있고 남한테 가서도 실수도 안 하고 이렇다 그러잖아요. 그래서 옛날에는 문을 열고 들어갈 적에도, 시방은 노크라는 걸 하잖아요? 옛날에는 노크라는 게 그걸 모르고 인기 소리를 하라고 그러죠. 인기척. 인기 소리를 해서 어머니 방에 들어갈 적에도 인기 소리를 하고서 들어가고 아버지 방에 들어가도 인기 소리를 하고 들어가야 된다. …중략… 그런데 그거를 문구녕으로 드다 보지 말아라 하는 말이 뭐냐면 그 애가 죽었답니다. 죽었대요. [조사자: 엄마가 들여다 봐서요?] 예. 그래서 죽었는데 그 애가 그렇게 세 번을 태어났대요. …중략… 애들 놀고 잘 적에는 절대로 엄마들이 문구녕으로 들여다 보지 말아라 그런 말씀을 하시더라고. 그러니까 태어나서 죽고, 딴 데 가서 태어났다가 또 죽고 해가지고 세 번 만에 태어나서 그 영우이 되었다 그런 말이지요. [조사자: 그러니까 그 애기를 낳을 때 그 애기가 방에서 놀고 그럴 때 들여다 보지 말라고 한 사람은 누가 그런 말을 한 거예요, 엄마한테?] 그러니까 그렇게 해서 죽고 해서 세 번 태어나고 그랬으니까 우리 선생님이 애들 갖다가 자던지 놀던지 하면 부모네가 인기 소리를 하고 문을 열든지 해야지 모르는 순간에 들여다 보면은 안 되니 몰래 들여다보지 말아라."[26)]

---

26) 『강원설화총람』 2, 앞의 책, 535~537면.

앞의 이야기에서처럼 '아기장수'를 죽이는 장면이 잔혹하게 그려질수록, 또 그가 죽은 후 '아기장수'의 신성성을 드러내는 징표가 부각될수록 '아기장수'의 죽음을 반성하며 안타깝게 여기는 의식 또한 강하게 드러난다. 아래 36번 자료에서는 죽이는 장면이나 사후의 장면뿐 아니라 처음 '아기장수'의 능력을 발견하고 놀라는 장면이 상세하게 부연됨으로써 '아기장수'를 죽일 수밖에 없었던 그 부모의 인간적 조건과 한계가 한층 부각되었다. 연행자는 '아기장수'를 죽인 부모의 어리석음과 무지를 안타깝게 여기면서도 '아기장수'를 죽여야 한다고 생각했던 그들의 생각이 잘못된 인식이었음을 거듭 강조하였다. 또한 서사 전개가 일단락된 후에도 '요새 같으면 날개 난 사람도 없겠지만 그렇다 하더라도 애비가 집안 망한다고, 임금질할지도 모른다고 죽일 리 없다'는 말을 반복하였다. 아울러 '아기장수'의 집안이 그를 죽인 탓에 결국 망하고 말았다는 사실을 거듭 강조하였다. 이밖에도 아래 130・219번 자료처럼 '아기장수'를 죽인 후 그 집안에 좋지 않은 일들이 반복되다가 결국 집안 전체가 몰락하고 말았다는 이야기가 첨가된 각편들을 쉽게 찾을 수 있다.

〈36번 자료〉

"[놀라서] '하이고, 우리 집안 통 망한다' 이거 거묵으네 집안이다. 장승백이. 거묵으네 집안이다. 그 집이 미가 여 숱하다. '아이구, 우리가 그라먼 망한다. 이거는 우야노? 아를 쥑이자.' '쥑이먼 우야노?' 그때는 여기 냄기 신맥이 다 있고 하이, '낭글 비다가 돌로 져다 아로 쥑이자.' 이랬다 말이다. '이거 안 쥑이고 나두먼 나라서 우리가 역적이 돼가주 인지 큰일 난다.' …중략… 그런데 요새 겉으먼, 그 나라 임금질할라고 안 할끼다. 조선 천지에 나래 그래 난 이가 있이먼, 머 어드로 날디라도 날라 댕기먼 일로 해도 돼지. 그 때는 사람이 나걸랑, 나타나서, 그 사람 지사 쓰먼 안 그렇지. 머 벼실이 많이 나도, 이 나라 범할까바, 사람으로 벼실 다가도 다 없애뿌는 기라. 한 집에 많이 나마.

이러하는 시월인데. 아 오새 같으만 그래 나래 난 사람이 있이만, 그까짓 임금님 그거 하나? 조선 천지 날라 댕기며 [웃으면서] 통일할라 캐도 할끼다. 그런 맘만 있이만. 이래가 주기이고, 그 집, 그 집안이 그거 나고는, 사람 줘이뿌고는 그 집안이 끈대기가 없다. …중략… 그 집안에 통 망해, 여기다 인간이 하나도 없어. 미 맬라이 안 묵나. …중략… 우리 어른도 다 알아. 거묵골네가 여거 있는데. 그 집이가 본세 힘, 다 기운 시고 이래 났는데, 그 장군 나고는 마 집안이 통 망했다. 장군을 나 이면 될긴데, 줘이뿌랬다 말이다. 이 미 그 집 미가 다 묵 미(묵은 묘)다."[27]

〈130번 자료〉

"그 박장군이 보를 댔어. 사람이 있어? 없으니까, 음력 동지 섣달에 한달에 보를 댔는데. 거기서 보를 막아 가지고 논을 댔는데. 돌아가시고 보가 자꾸 터지더래. 농사를 못 져. 그래 옛날에는 점쟁이에게 물으니 박장군을 모셔라. 박장군을 모시고 일 년에 한 번씩 치성을 드려라. 9월에 돼지 잡아서 치성을 단단히 드렸어. 수복 때도 지냈대요, 지금은 안 지내잖아요. 박씨네가 손이 안 퍼져요. 장사가 나고 장군이 나면 손이 안 퍼져와. 도장을 해서 집안이 다 망가졌어요."[28]

〈219번 자료〉

"그때 그 장군대자를 강씨네가 잡아서 썼다라케. 강씨네가, 강씨, 강가들이 그 장군대자 묘를 썼는데, 묘를 써 가지고 장군을 낳았다 이거라. 나선 인자 그래 가지고 정부에서 알게 되면, 나라에서 알면 삼족을 멸해 버린대. 근데 왜 역적된다고. …중략… 매를 때리고 뭘로 해도 죽이질 몬했어. '이래 갖곤 나를 몬 줘인께, 꼬욱, 나를 줘일라카믄 인자 삼 껍데기 엎져서 알래가 그런 걸러 나를 세 대 때리면 나가 죽소.' 그래 가지고 죽었다 이기라. …중략… 그

27) 『대계』 7-1, 545～549면.

28) 『강원설화총람』 2, 앞의 책, 416면.

> 래 그 뒤 그 내 봐서는 장군이 나지 않았어. 여서 보면 요산이 창바우산인디 그런 전설이 있어. 내 마누라가 강씨다. 그 뒤로 강씨가 폭삭 망해 부렀어."29)

'아기장수'의 죽음을 안타깝게 여기는 연행의식은 '아기장수'의 죽음을 부인하거나 '아기장수'가 언젠가 다시 위기 상황에 돌아와 희망을 만들어 주리라고 기대하는 태도로 이어지기도 한다. 22번 자료의 연행자는 '아기장수'가 갑옷과 투구를 넣어 놓고 사라졌다는 뒷산 '농바위'가 가끔 움직인 자국이 남아 있는데 사람들은 이것을 '아기장수'가 왔다간 흔적으로 여긴다고 말했다. 특히 해방될 무렵 '아기장수'가 돌아왔다는 소문이 돌았다는 것이다. 때론 '아기장수'의 회귀를 두려워하는 이들이 '아기장수'가 돌아올 희망마저 없애려 들지만 이런 시도가 한 번도 성공한 적은 없다는 확신을 드러내기도 한다. 예를 들어 46번 자료의 연행자는 일제 강점기에 일본인들이 '아기장수'의 갑옷이 든 바위를 건드리다 벼락을 맞았다는 말을 연행 말미에 덧붙였다.

> 〈195번 자료〉
>
> "이북에 고성 밑에 거기서 언제 뭐 몇 년 전인지, 홍수가 뭐 엄청나게 났대. 그래 홍수가 많이 나 가지구 개울이 막혀 가지구 쌀이 없는데 개울이 막힌 거야. 그 개울을 건너여 먹을 양식도 구하고 하는데. 근데 이 집에서 애를 난지가 한 오개월인가 육개월인가 그것밖에 안 됐는데, 두 노인네들이 이 굶어 죽겠으니 이 어떻게 하나. 이 두 부부가 애는 먹일라고 하는데 이 아들이 오개월이 아니고 다섯 살이다. 다섯 살. 다섯 살 먹은게, '엄마 아부지 왜 근심을 하냐' 이기야. '야, 저 강을 건네야지 먹을 게 있는데 그걸 으뜨게 하니.'

29) 조희웅 · 노영근, 『영남 구전자료집』 3, 박이정, 2003, 327면.

'응, 내가 갔다올 테니깐 엄마 아부지는 여기 있어.' 그러더래. 그래 이 무슨 소린가 하구, '니가 어떻게 갔다 오니냐' 하니, '나 갔다올 수 있다'고 그래. 그래 옛날에는 장사들이 축지법을 썼는지 날아당기다시피 한다는구만. 그 큰 강가에 물이 그렇게 났는데두 얼마 안 있으니깐 무슨 양식을 가져 왔드래. 그래서 하두 부모들도 이상해가지고 밤에 자는데 옷을 벗겨서 보니깐 겨드랑 밑에 날개가 달려 있드래. 그래서, '우린 이제 큰일났다. 이 일을 우쩌냐.' 알고 보니 이게 장사라는 거야. 소문나면 인제 죽인다 그래 가지구 자식을 살리긴 살려야 됐으니 거 뭐 어떡해. 거기서 밤에 야반도주를 해 가지고 금강산 어느 골짜기로 숨어 들어갔대. 그래서 거 가서 평생을 숨어 살았다는 얘기두 있어요. 그래 가지구 뭐 그 다음에는 어떻게 됐는지 모른다는구만. 거기 들어갔다는 것은 알아도 어떻게 된지는 모른다는 거야. 그래서 일본 놈들이 그걸 알면은 그 집안 식구들 다 죽이구 그러니까. 일본 놈들이 그렇게 무섭다는구만. 그래 가지구 일본 놈들이 그런 장수가 낭로까봐 그 산에 쇠말뚝을 갔다가 묻구, 박구. 지금두 금강산 그 주변에 아주 형편없대. 그 쇠말뚝 땜에."30)

〈196번 자료〉

"산세가 저 그렇게 돼 있어. 산세가 그렇게 돼 있다고. 금장동이라는 금굴이 있는 데기 때문에 여기가 우리 국가가 중심이 돼 가지고 세계통일을 할 수 있는 지형이 그렇게 돼 있다고. 그래서 여기가 전 세계를 축소한 게 한국인데. 아까도 얘기했지만 백두산이 하느님이고 아버지고 한라산이 제주도 한라산이 어머니고 땅이야. 그래 지금 현재까지가 버머지와 어머니 하늘과 땅은 나왔다고. 유물론이고 유신론이야. 그러니까 이제 유물론 유신론 하니까 유인론이라는 게 나와야 하니까 그런 기운이 산세가 그래. 장사가 났는데 역적이 될까봐 그런 거야. 역적이 될까봐 죽였다고. 애기가 나니까 낳자마자 벌써

30) 『강원설화총람』 7, 앞의 책, 280~281면.

선반 위에 올라가 앉더라는 거야. 그런 장수가 났어. 그러니까 저 참나무를 깎아서 겨드랑이 밑을 양쪽으로 껴 가지고 찔러서 겁이 나서 죽였다고."[31] (397)

195번 자료의 연행자는 '아기장수'의 죽음이 부당하고 안타까운 사건임을 드러내는 데 그치지 않고 이와 같은 정서를 이야기 구성에 적극 개입시켜 '아기장수'가 죽지 않고 금강산으로 들어가 살았던 것으로 이야기를 변형시켰다. 이 이야기에서 '아기장수'를 살아남은 존재로 만든 서사적 변형의 요인은 '아기장수'와 같은 민족적 구원의 주체가 등장하는 것을 꺼리는 '일본'에 대한 대결의식이다. '아기장수'를 죽이려 들거나 그와 같은 인물이 다시 나지 못하도록 혈을 끊고 다닌 것이 '일본'이었다는 설명은 '아기장수'를 민족적 영웅으로 해석하고 있는 연행 주체의 의식을 보여준다. '일본'이 끝내 '아기장수'를 죽이지 못했다는 진술은 민족적 자긍심의 표현이며 역사적 현실에 대한 불안을 반증하는 것이기도 하다. 196번 자료에서 연행자가 '한국'을 세계의 중심으로 설정하고 '아기장수'와 연관된 산이나 '아기장수' 자체를 우주적 구심으로 표현한 것도 이와 같은 맥락에서 해석할 수 있다. 이처럼 <아기장수>의 연행과 전승을 통해 드러난 다양한 변화 지향의 구현 양상은 연행 주체의 해석적 관점과 의식적 지향을 엿볼 수 있는 실마리를 제공한다.

<아기장수>의 '자식살해'는 '부친살해'의 반동적 성격이 강하며 부모에 의해 직접적으로 자행되기보다는 가문이나 친족, 지역을 구심으로 결속한 공동체에 의해 집단살해의 형태로 실행되는 경향이 강하다. 부모는 이와 같은 집단살해에 공모하는 주체로 등장하는데 부

---

31) 『강원설화총람』 7, 앞의 책, 397면.

모로서도 어쩔 수 없는 상황이라는 점이 강조됨으로써 '자식살해'의 불가피한 맥락이 정당화되는 동시에 '자식살해'에 나서는 부모 또한 집단 논리의 희생자임이 부각된다.

'부친살해'의 '아버지'는 상징적인 존재기에 다양한 표상으로 얼마든지 확장된다. 다시 말해 '부친살해'의 반동으로 '자식살해'에 나서는 '아버지'는 기성세대일 수도 있고 민족, 계층, 친족, 가문 등의 집단일 수도 있으며 공동체의 규범이나 가치 질서, 혹은 공동체의 집단동일적 표상이나 권위적인 전통일 수도 있다. 따라서 아기장수의 죽음을 요구하는 집단 역시 또다른 '아버지'의 표상성을 지닌다.

아기장수의 죽음을 요구하는 논리는 가문, 계층, 민족, 지역 공동체로부터 나온다. 이는 '남성' 권력의 핵심 내용이자 '남성' 주체의 결속, 혹은 대결 논리라고 할 수 있다. 그러나 아기장수의 '남다름'을 발견하는 대목에서부터 아기장수의 죽음에 이르기까지 전면에 부각되는 것은 '아버지'가 아니라 아기장수의 '어머니'다. 이 때문에 '어머니'로 표상된 '여성'이 아기장수의 죽음에 대한 모든 책임을 떠안거나 적극적인 비판의 대상이 되기도 한다. 때론 '아버지'는 배제된 채 '어머니'만 아기장수의 적대자로 그려지기도 한다.

그러나 다른 한편 아기장수가 죽음에 이르는 대목이 비극적으로 강조되거나 용마가 나타나는 대목을 확장함으로써 아기장수의 죽음에 대한 반성과 비판, 원망과 회한의 어조가 더욱 강화되는 변화도 종종 나타난다. 아기장수가 죽지 않고 살아남는 것으로 그려지거나 아기장수와 부모 사이, 혹은 아기장수와 집단 사이의 갈등과 대결이 더욱 극대화될 때 이와 비슷한 서사적 효과가 드러나기도 한다. 이와 같은 효과의 내용은 '부친살해'의 반동으로 나타난 '자식살해'를 비판하는 것이며 이는 곧 '반(反) 부친살해' 내부의 균열 징후로 해석할 수 있다.

<아기장수>에서 마지막으로 지적할 것은 남성 위주의 연행 구도

다. 남자 어른에서 남자 아이로 이어지는 전승 흐름은 이 이야기의 연행이 '남성' 주체의 사회입문에 연계된 것임을 짐작케 한다.[32] 앞 장에서 살펴본 효행담과 마찬가지로, 아니 효행담보다 더 적극적으로 젠더 주체 생산에 기여하는 효과를 만들어내는 것이다.

효행담과 마찬가지로 '남성' 주체의 상실과 우울, 불안과 결핍을 대리하는 '여성'으로서, '집단 논리에 맹목적으로 순종함으로써 과오를 범하는 어머니'의 이미지가 등장하기는 하되, 효행담에 비해서는 부과된 책임의 무게가 훨씬 가볍다. 아기장수를 죽음으로 몰아넣는 것은 어머니의 의지가 아니기 때문이다. 그러나 앞 장에서 살펴본 효행담과 달리 어머니가 직접 아들의 죽음에 관여한다는 점에서 '자식살해'의 본격적인 징후를 드러내는 서사로 판단할 만한 근거가 충분한 것 또한 사실이다. 다만 <아기장수>에서 주목할 것은 앞에서 살펴본 대로 연행 층위에서 아들인 아기장수의 죽음을 비판하거나 반성하는 목소리가 훨씬 더 크게 들려온다는 점이다.

2. 〈우투리〉의 '자식살해' 공모와 비판

<우투리>[33]는 홀어머니 밑에서 부족하게 태어난 아이가 어느날 어떤 사건을 계기로 남달리 탁월한 능력을 보이며 집을 떠나 바위 속에서 장수가 되려 했다가 어머니의 비밀 누설로 좌절하는 이야기이다. 아이는 처음에 말을 하지 못하거나 늦되거나 상반신만 있는 상태로 태어난다. 그러던 어느날 어머니의 등에 업힌 채 신분이 높은

32) 이에 대해서는 김영희 앞의 논문(2009) 참조.

33) <우투리>는 <아기장수>의 하위 유형으로 간주되기도 한다. 그러나 두 유형의 이야기는 유사한 주제를 구현하고 있을 뿐 서사 전개 내용이 서로 다르다. 자세한 내용은 이 책 163쪽 각주 33번 참조. 유형 명칭을 '우투리'로 정한 것은 해당 유형의 대표적인 캐릭터 이름을 차용한 데 지나지 않는다.

한 남자를 만난 아이는, 벼를 몇 포기나 심었냐는 질문에 당황한 어머니 대신 이제껏 걸어온 말발자국 수가 얼마나 되냐고 되받아친다. 또는 이 장면 대신에, 조선의 왕이 되기 위해 팔도의 산신들에게 제사를 지내고 다니던 이성계가 지리산신으로부터 우투리가 왕이 될 것이라는 말을 듣는 에피소드가 삽입되기도 한다. 혹은, 어머니 뱃속에 있거나 갓 태어난 아이가 자신의 미래를 예언하면서 자신의 존재를 숨기고 콩·팥 등의 곡물을 준비해 달라는 말을 전하는 장면이 삽입되기도 한다.

어느 경우에나 아이는 자신의 어머니에게 일정 수의 콩·팥 등 곡물을 준비해 달라 요청한다. 아이는 이것을 볶아 달라 하는데 콩을 볶던 어머니는 무심코 튀어나온 콩 하나를 주워 먹고 만다. 아이는 콩·팥 등을 들고 집을 나서며 자신이 어디로 가는지 누구에게도 절대 알려주어선 안 된다는 금기를 어머니에게 제시한다. 아이는 곡물을 들고 땅 속, 혹은 바위 속으로 사라진다. 마침내 처음 만났던 지체 높은 남자, 혹은 이성계가 보낸 군사, 혹은 중국에서 보낸 사람 등 이 아이의 성장은 물론 존재 자체를 꺼리는 이들이 찾아와 어머니를 협박한다. 위협을 이기지 못한 어머니가 아이의 비밀을 털어 놓고, 아이가 들어간 바위를 찾아간 군사들에 의해 바위 문이 열리는 순간 콩·팥이 변한 군사나 무기와 더불어 이제 막 장수가 되어 일어서려던 아이가 완전히 준비되지 않은 채로 노출되고 만다. 아이는 갑작스럽게 싸움을 하게 되고 병사, 혹은 무기 하나가 모자라 죽음을 맞이한다. 어머니의 비밀 누설과 콩 하나를 집어 먹은 작은 실수가 장수가 되려던 아이를 좌절시킨 것이다.

지속 지향이 강한 서사단락을 중심으로 <우투리> 유형에 속하는 이야기의 뼈대를 재구성해 보면 대략 다음과 같은 결과를 얻을 수 있다.

〈우투리〉

1. 옛날에 어느 부인이 남편 없이 아이를 낳았다.
2. 아이는 처음에 부족함이 있었지만 어떤 사건을 계기로 곧 남다른 능력을 드러냈다.
3. 아이가 집을 떠나면서 일정 수의 콩과 팥 등을 볶아 달라 하였다.
4. 아이의 어머니가 콩과 팥 등을 볶다가 무심코 하나를 주워먹었다.
5. 아이가 떠나면서 누가 찾아와도 자신을 간 곳을 알려주지 말라 하였다.
6. 어느날 군사들이 아이의 어머니를 찾아와 아이 간 곳을 물었다.
7. 어머니가 처음에 가르쳐 주지 않았으나 생명을 위협하자 아이 간 곳을 털어놓고 말았다.
8. 군사들이 어머니와 함께 아이가 사라진 바위 앞에 가서 바위를 열었다.
9. 바위 문이 열리자 말을 탄 장수가 된 아이가 곡물이 변한 병사(무기)와 함께 싸울 태세를 하고 있었다.
10. 병사(무기) 하나가 모자라 아이가 패배하고 말았다.
11. 어머니의 잘못으로 큰 장수가 될 아이가 패배하고 만 것이다.

아래 표는 지속・변화 지향의 상대적 분포 양상을 확인하기 위해 <우투리>의 내용을 서사단락별로 구분하여 재구성한 것이다.

단락번호	서 사 단 락 내 용
1	옛날 어느 부인이 남편 없이 아이를 낳았다.
2	아이가 세 살쯤 되었을 때 아이를 업고 밭일을 하던 중에 말 타고 온 남자를 만났다.
3	말 타고 온 남자가 지금까지 심은 모의 수를 물었다.
4	업혀 있던 아이가 지금까지 걸어온 말발자국 수를 되묻자 말 타고 온 남자가 그냥 되돌아갔다.
	* 1・2・3・4: 이성계가 조선을 건국할 때의 이야기다. 이성계가 산신들에게 제사를 지내고 다녔다. 소금장수가 산길을 가다 고목나무 밑에서 잠이 들었는데, 한밤중에 산신들이 나누는 대화를 엿들게 되었다. 지리산신이 이성계가 왕이 되려고 산제를 지내고 다니지만 우투리란 아이가 태어나 조선의 왕이 될 것이라 말했다. 소금장수가 이 사실을 이성계에게 알렸다. 이성

	계의 병사들이 우투리를 찾으러 다녔다.
5	집에 돌아온 아이가 어머니에게 콩 서 말, 팥 서 말을 볶아 달라 하였다. * 부인의 꿈에 아이가 나타나 자신이 누구이며 앞으로 어떤 일이 벌어질 것인지 알려주고 비밀을 지켜달라 당부 하였다. * 어느날 아이가 어머니에게 자신이 예사 사람이 아님을 말하며 콩과 팥을 볶아 달라 하였다. * 아이가 자신이 죽으면 특정 산이나 바위 아래 곡물과 함께 묻어 달라 하였다.
6	어머니가 콩을 볶다가 무심결에 콩 하나를 주워 먹었다.
7	아이가 볶은 콩을 가지고 집을 떠나며 어머니에게 자신을 찾아오는 사람 그 누구에게도 자신이 간 곳을 알려 주지 말라 하였다.
8	어머니가 몰래 아이를 따라가 보니 아이가 뒷산 바위 속으로 사라졌다.
9	군사들이 찾아와 아이가 간 곳을 물었으나 어머니가 말하지 않았다. * 지난번에 만난 관장(이성계의 군사들, 중국 사람들)이 아이를 죽이러 찾아와서 어머니에게 간 곳을 물었으나 말 하지 않았다.
10	군사들이 죽이겠다며 위협하자 그 어머니가 입을 열고 말았다.
11	군사들이 어머니를 앞세워 아이가 들어간 바위로 갔다. * 군사들이 어머니에게 탯줄을 무엇으로 잘랐냐 묻고 억새로 잘랐다 답하자 억새로 바위를 그어 바위문을 열었다.
12	바위를 열자 말을 탄 아이와 병사들이 나왔다. * 아이가 갑옷을 입고 말을 탄 장수가 되어 일어나려 하고 있었다. * 곡물이 병사(무기)가 되어 싸울 태세를 하고 있었다.
13	서로 싸우다가 병사 한 명(갑옷의 비늘 하나, 화살이나 무기 하나)이 모자라 아이가 패하고 말았다.
14	조금만 더 있었으면 완전한 장수가 될 아이였는데 어머니의 잘못으로 죽고 말았다.

서사단락을 위와 같이 구분하여 재구성한 후, 현재까지 조사된 전체 이야기 각편 자료를 대상으로 서사단락별 지속・변화 양상과 연행・전승의 개괄적인 특성을 표로 정리하면 다음과 같다.

번호	제목	연행자			조사 지역	조사일	서사단락별 지속・변화 지향 추이	자료 출처
		이름	성별	나이				
1	아기장수(1)	최영화	남	28	옹진군 영종면	1982. 7. 17.	1* - 7・8* - 5 - 9 - 10 - 11 - 12 - 13* 1* 일제시대. 머리 비상, 체격 우람한 아이. 7・8* 몇 년 뒤 자신이 사라질 것을 알려줌. 자신을 찾아오는 이 누구에게도 간 곳을 알려주지 말라 함. 어머니가 간청하자 갈 곳을 알려줌. 13* 기간이 모자라 패배한 것. 명확한 표현 꺼림.	대계 1-8

2	어머니 때문에 장수가 못된 어린애	박임순	여	71	영동군 용산면	1982. 7. 25.	1* - 2* - 5* - 7 - 8 - 9·10 - 11 - 12 - 14 1* 어떤 사람이 아주까리 세 말을 농사 지어 놓고 팔기를 소망하고 있었음. 2* 태어난 지 3일 만에 재주를 부림. 천장에 붙었다 벽에 붙었다 함. 활쏘기와 총 쏘기에도 능함. 5* 아주까리 서 말을 팔아오라 함. 팔려는 사람에게 돈을 더 주고 사오라 함. 들깨도 그렇게 삼.	대계 3-4
3	이성계와 지리산 산신령과 우뚜리	김일권	남	69	남원군 덕과면	1979. 8. 3.	1* - 9 - 10 - 11 - 12 - 13 1* 이성계 산신제 지낸 이야기. 부정 탄 제사. 지리산 산신을 달래 겨우 허락을 받아냄.	대계 5-1
4	이성계와 웃돌이	이용덕	남	76	군산시 군산역 앞	1982.. 8. 1.	1* - 2* - 5* - 6·7 - 10* - 11 - 12 - 13 - 14* 1* 이성계 산신제 지낸 이야기. 모든 산신들이 이성계 지지. 지리산신만 윗도리가 왕이 되리라 여김. 2* 이성계가 웃돌이를 찾아다니다가 그 엄마를 만나 그 집 머슴살이를 하다 웃돌이 엄마와 결혼함. 5* 윗도리만 있는 웃돌이가 태어나 자신을 못에 넣어 달라 함. 그리고 선몽하여 자신이 말하는 대로 해 달라 함. 꿈에 나타나 장자에게 가서 서석 한 말을 얻어다 밥을 한 후 못에 넣으라 함. 절대 먹지 말라 함. 10* 이성계에게 비밀을 털어 놓음. 14* 이성계 무덤 자리 설명.	대계 5-1
5	웃도리 전설	하동수	남	55	완주군 운주면	1980. 1. 31.	1* - 2* - 10* - 1·5* - 8 - 10 - 11 - 12 1* 이성계 산신제 지낸 이야기. 2* 이성계가 웃도리를 찾아다니다가 그 집에 들어가 머슴살이를 함. 10* 이성계가 웃도리에 관한 이야기를 어머니에게 들음. 1·5* 윗도리만 있는 웃돌이가 태어나 자신은 이 세상 사람이 아니라 함. 자신을 업고 가서 바위에 넣어 달라 함. 콩 한 말과 생쌀 한 말을 함께 넣어 달라 함. 몇 년 후에 다시 만나자고 함.	대계 5-2
6	우투리와 대조영	백윤정	여	14	완주군 운주면	1980. 1. 31.	1* - 2·3·4* - 5* - 8* - 9* - 10* 11 - 12 - 13* 1* 오랫동안 애기가 없던 부부가 몸뚱이만 있는 아이를 낳음. 남편이 밖에 나가 말하지 말라 함. 동네 아낙이 물어 어머니가 대충 대답함. 2·3·4* 밤중에 군사훈련을 하다 콩나물 속으로 들어감. 어머니가 이 장면을 목격함. 백일 지나도록 아무에게도 말하지 않으면 다리가 나올 것이라고 말함. 5* 남편과 의논하던 중 애기가 자신을 산에 묻어달라 함.	대계 5-2

							8* 아이를 산에 가서 쌀 한 말과 함께 묻음. 9* 대조가 점쟁이에게 가서 물어 우뚜리를 찾으러 옴. 10* 동네 사람에게 이야기를 들음. 대조가 99일간 부부를 괴롭히다 아버지는 죽이고 어머니만 남았음. 결국 하루 앞두고 어머니가 입을 열었음. 13* 대조가 아이를 칼로 찔러 죽이고 어머니도 죽임.	
7	왕이 못된 아기장사	최홍렬	남	69	승주군 상사면	1984. 3. 30.	1* - 2 - 3 - 4* - 5 - 6 - 7 · 13* - 8 - 9 - 10 - 11 - 12 - 14 1* 아이 태어난 후 남편이 죽음. 4* 말을 타고 온 남자는 왕이 되기 위해 전남에 생긴 왕을 죽이러 온 사람이었음. 세 살짜리 아이에게 나하고 적이 되겠다는 말을 남기고 떠남. 7 · 13* 콩과 서숙으로 갑자기 날아오는 화살을 막으나 하나가 모자람. 어머니에게 바위 밑에 묻어 달라 말하며 아무에게도 말하지 말라 함. 석 달간 말하지 않으면 용상에 오른다 함.	대계 6-4
8	아기장수 이야기	이난자	여	71	해남군 삼산면	1984. 7. 18.	1 - 2* - 5* - 6 - 7 - 8 - 9 - 10 - 11 - 13* - 14 2* 똥을 싸서 뭉갤 정도로 바보 같고 모자란 아이. 5* 어머니가 구박하자 곡물을 구해오라 함. 13* 하나 모자란 장면 없음.	대계 6-5
9	우터리 전설	오문역	여	76	화순군 동복면	1984. 7. 25.	1* - 7* - 9* - 10 - 11 - 12 - 14 1* 낳으면 우터리만 낳음. 곧 죽어버림. 7* 삼일 만에 나가 버린 우터리. 곡식 모티프 없음. 9* 장군이 우터리를 찾아다니다가 빨래터에서 '우털네' 부르는 소리를 듣고 뒤쫓아감.	대계 6-11
10	어머니의 잘못으로 실패한 아기장수	박봉금	여	51	안동군 임하면	1980. 8. 11.	1 - 2 - 3 - 4 - 5 - 6 - 8* - 13* - 5* - 7 - 8* - 9 - 10 - 11 - 12 - 14 8* 콩을 들고 아이가 동쪽을 향해 앉아 있음. 13* 갑자기 날아오는 화살을 콩으로 막다가 하나가 모자람. 5* 자신이 죽으면 저릅대 한 줌과 나락 껍질 한 말, 서숙 한 식기를 뒷동산 아무개 바위 밑에 넣어 달라 함. 8* 어머니가 죽은 아이를 갖다 묻음. 11 · 12 · 13* 병사들이 갑자기 찾아와 싸움. 아이가 활을 쏨. 콩이 하나 모자라 죽음. 14* 서숙밭에 묻어달라 하여 그렇게 했더니 다시 득천하여 소생.	대계 7-9
11	서숙밭에 묻혀 득천한	최임생	여	73	군위군 소보면	1982. 7. 29.	1 - 2 - 3 - 4 - 5 - 6 - 11 · 12 · 13* - 14* 11 · 12 · 13* 병사들이 갑자기 찾아와 싸움. 아이가	대계 7-12

	아이						활을 쏨. 콩이 하나 모자라 죽음. 14* 서숙밭에 묻어달라 하여 그렇게 했더니 다시 득천하여 소생.	
12	장수바위	김삼윤	남	63	거제군 장목면	1979. 7. 30.	1* - 2* - 3* - 4* - 5 · 7* - 8* - 9* - 10* - 11 - 12 - 13* - 14 1* 탯줄을 억새로 끊었음. 2* 세 살이 되도록 말을 못하는 아이를 안고 있다가 말을 타고 지나가는 어떤 관장을 만남. 3* 낳은 날짜가 며칠째냐 물었는데 여자가 대답을 하지 못함. 4* 아이가 갑자기 말을 하며 왜 몇 발자국 걸어왔냐 묻지 못했냐고 말함. 여자가 다시 관장을 불러 세워 아이가 시킨 대로 말하자 관장이 아이를 죽이고 가버렸다 말한 후에 연행자가 다시 정정함. 5 · 7* 관장이 자신을 죽이러 올 것이니 자신이 죽으면 억새로 바위를 가르고 그 안에 넣되 콩 한 말 조 서 말을 함께 넣어야 하며 절대 10년 동안 그런 사실을 발설하면 안 된다고 하였음. 8* 아이가 죽은 후 시킨 대로 하였음. 바위 안에 시퍼런 물이 있었음. 9* 전국에서 인재가 죽어나가 나라가 망할 위기. 나라에서 원인을 아는 자가 이를 밝히면 상을 준다 함. 10* 약속한 십 년을 몇 달 남겨둔 어느날 여자가 상을 받기 위해 관가에 가서 사실대로 고함. 13* 여자에게 물어 억새로 바위를 가른 후 일어나려던 장수를 죽임.	대계 8-1
13	아기장수	박천수	여	70	거제군 거제면	1979. 8. 9.	1* - 5* - 8* - 9* - 10 - 11 - 12 - 6 - 13* - 14 1* 자식 없이 애태우다가 늦게 본 자식. 5* 뱃속에 든 아이가 어머니에게 자신을 바위 위에 가서 낳으라는 말과 함께 콩을 볶아 놓으라 함. 8* 아이가 말한 대로 바위 위에 짚단을 깔고 아이를 낳음. 아이가 옆구리로 낳지 말고 입으로 낳으라 함. 낳자마자 바위 속으로 사라짐. 9* 쿵쿵쿵쿵 소리가 들림. 나라에서 찾으러 다님. 13* 겨드랑이 밑에 갑옷 비늘이 하나 부족하여 죽음.	대계 8-2
14	아기장수	이병현	여	56	거제군 진양군 대곡면	1980. 8. 4.	1* - 2* - 5* - 8* - 9 - 7 - 10 - 11 - 12 - 6 - 13* - 14 1* 웃도리만 있는 아이를 낳음. 2* 엿장사하는 부모님의 엿판에서 엿을 꺼내 먹음. 시내에서 가재 잡아다 실로 매달아 던져서 선반 위의 엿	대계 8-4

<table>
<tr><td></td><td></td><td></td><td></td><td></td><td></td><td></td><td>을 꺼냄. 어머니가 야단치고 구박함. 아이가 어머니가 구박하니 큰 사람이 못 될 것이라면서 죽겠다 함.
5* 죽을 때 차조와 팥을 함께 묻어달라 함.
8* 아이가 말한 대로 묻어 주었음.
13* 바위 열자 군사로 변한 팥과 조가 한꺼번에 사라짐.</td><td></td></tr>
<tr><td>15</td><td>윗도리 엄마와 소금장수</td><td>성판원</td><td>남</td><td>56</td><td>거창군 남상면</td><td>1980. 12. 1.</td><td>1* - 9 · 10* - 11* - 12 - 13* - 14
1* 소금장수가 밤길을 가다 웃돌네 집에 머물게 되면서부터 이야기 시작.
9 · 10* 웃돌이 엄마와 소금장수가 부부의 정을 맺고 살면서 웃돌이 엄마가 비밀을 털어 놓음. 아이가 태어난 지 삼일만에 사라졌다 함. 등구나무 밑에서 치성을 드리니 '웃돌이가 이 골짝을 차지했다' 말함.
11* 소금장수가 우여곡절 끝에 웃돌이가 들어간 바위를 찾아냄.
13* 시간이 모자라 죽은 것.</td><td>대계 8-5</td></tr>
<tr><td>16</td><td>용 아들의 말 안들어 죽은 어머니</td><td>박옥천</td><td>남</td><td>66</td><td>거창군 위천면</td><td>1980. 11. 21.</td><td>1* - 2* - 3* - 4* - 5* - 6* - 7 · 8* - 13* -7 - 8* - 9 - 10 - 11 - 12 - 13 - 5* - 9 - 10 - 11 - 12 · 13* - 5* - *
1* 스무 살이 넘도록 똥오줌을 가리지 못함.
2* 어머니가 시키는 대로 김정승이 성을 쌓는 곳에 감.
3* 김정승이 돌 하나 자리를 찾지 못함.
4* 아이가 일러주어 성을 완성.
5* 아이가 어머니에게 돌아와 김정승네 가서 콩 서 되 받아다 볶아 달라 함.
6* 콩 하나 떨어뜨림. 아이에게 사실대로 말함.
7 · 8* 자신이 죽으면 김정승네 가서 좁쌀 서 되 받아다 가슴에 부은 후 묻어달라 함.
13* 정승이 활을 쏘는데 활 하나 모자라 죽음. 이후 다시 이야기 내용을 풀어서 반복.
8* 날이 가물어 백성이 도탄에 빠지자 김정승이 아이를 찾으려 함.
5* 아이가 꿈에 나타나 다시 묻어달라 함.
12 · 13* 죽는 장면 반복. 좁쌀이 말이 됨.
5* 다시 꿈에 나타나 이제 안 되겠으니 강에 묻어달라 함.
* 아이가 용이 되어 승천하면서 꼬리를 어머니를 쳐서 물에 넣어 버림.</td><td>대계 8-6</td></tr>
<tr><td>17</td><td>아기장수</td><td>제훈이</td><td>여</td><td>64</td><td>김해군 이북면</td><td>1982. 8. 8.</td><td>1* - 2 - 3 - 4 - 5* - 7 - 8 - 9 - 10 - 11 - 12 - 14
1* 걷지도 말하지도 못하는 아이. 엄마가 늘 업고</td><td>대계 8-9</td></tr>
</table>

							다님. 5* 아이가 자신을 잡으러 온 사람이었다고 말함. 장부자와 최부자의 집에 가서 적두 판 서 말과 잔조 서 말을 가져오라 함. 가서 말만 하면 줄 것이라 함.	
18	아기장수	이정임	여	59	의령군 정곡면	1982. 1. 31.	1* - 5* - 12 · 13 · 14 - 7 - 10* 1* 난리가 나서 동네 사람들이 피난을 가는 와중에 아이를 낳음. 샛대로 탯줄을 자름. 풀 먹인 치마를 빨아서 그 물을 먹어 연명함. 5* 아이가 좀 자라서 전쟁터로 나가겠다며 어머니에게 좁쌀을 구해달라 함. 10* 어머니가 가르쳐주지 않아서 잘 살게 됨.	대계 8-11
19	아기장수	서분이	여	55	울주군 언양면	1984. 7. 25.	1 - 2 - 3 - 4 - 5 - 6 - 7 - 8 - 9 - 10 - 11 - 12 - 13 - 14	대계 8-12
20	반쪼가리 애기장수	김재천	남	49	하동군 금남면	1984. 5. 5.	1* - 5* - 7 · 8* - 9* - 10 - 11 - 12 - 13* - 14 1* 공을 들여 반쪼가리 아들을 낳음. 어머니가 변소 갔다 오니 아랫목에 있던 아이가 웃목에 올라가 있음. 자신이 태어났다는 사실을 다른 사람들에게 알리지 말라고 아이가 말함. 5* 퐅 한 말 조 한 말을 구해 달라 함. 7 · 8* 뒷산 바위틈에 가서 억새로 바위를 끊더니 그 안으로 사라지며 석달 열흘 동안 자신을 낳았다는 것을 발설하지 말라 함. 9* 소문을 먼저 듣고 마을 주변을 배회. 결국 어머니를 찾아냄. 13* 시간을 못 채워서 그만 이슬처럼 사라지고 말았음.	대계 8-14
21	십리 바위	岩村正男	남	미상	진도군 진도읍	1943. 12.	1* - 5 - 6 - 7 - 8* - 9 - 10 - 11 - 12 - 13 - 14 1* 웃도리만 있는 아이가 태어남. 8* 아이가 어머니에게 같이 바위 안으로 들어가자 했으나 어머니가 거절하였음.	임석재 9권
22	불운한 장사	고광술	남	미상	경남 하동읍	1973. 7.	1* - 2* - 7 - 5 - 8 - 9 - 10 - 11 - 12 - 13 - 14 1* 어떤 여자가 나이 먹도록 아이가 없다가 반쪼가리를 낳음. 2* 아랫목에 있다가 금세 윗목으로 옮겨가곤 하였음. 자신을 낳은 것을 입 밖에 내지 말라 함.	임석재 10권
23	불운의 장수	강유조	남	77	거제군 동부면	1970. 7. 8.	1 - 2 - 3 - 4 - 5 - 6 - 7 - 8 - 9 - 10 - 11 - 12 - 13 - 14	임석재 10권
24	신주못	이열수	남	48	의성군 사곡면	1969. 8.	1* - 2 - 3 - 4 - 5 - 6 - 7 - 8 - 9 - 10 - 11 - 12 - 13 - 14 1* 늙은 부부가 백일 기도를 드린 후 아들을 낳음.	류증선 154

25	아기장수 웃도리	이강석	남	78	익산시 용동면	1992. 1. 31.	1* - 2 · 7* - 8* - 9* - 10 - 11 - 12* - 13* - 14* 1* 이성계 건국 당시. 이성계가 왕이 되기 위해 산신제를 지내고 다님. 2 · 7* 다리 없는 아이. 나중에 발이 생김. 재주가 비상. 어머니를 죽이려 함. 죽이지 않는 대신 입을 다물라 함. 8* 지리산으로 공부하러 감. 9* 이성계가 찾아와 웃도리 어머니를 데리고 살았음. 12* 웃도리가 패배했음을 미리 알고 죽음을 받아들임. 13* 3일이 모자라서 죽게 되었다 말함. 14* 지리산 산신과 이성계의 갈등. 이성계가 전라도땅에 대해 통치권을 행사하지 못하는 이유가 됨.	이강석 구연 설화집
26	하루가 모자라 군사가 안 된 좁쌀	박영진	남	79	태백시 동점동	2002. 8. 28.	1* - 2 · 3 · 4* - 9 - 5 - 6* - 5* - 7 - 13* - 9 · 10* - 11 - 12 - 13* - 14 1* 가난한 농부가 날개 달린 아이를 낳음. 2 · 3 · 4* 농부가 산 속으로 피신을 했는데 소문이 궁궐까지 퍼짐. 6* 어머니가 콩 한 알을 먹음. 장수는 갑옷에 구멍이 나서 자신이 죽을 것을 앎. 5* 어머니에게 장수가 자신의 시체를 콩 세 되 팥 세 되와 함께 묻어달라 함. 13* 죽은 장수를 부모가 묻음. 9 · 10* 임금이 보낸 군사들이 찾아와 아이 묻은 곳을 묻자 어머니가 협박 없이 그냥 말함. 13* 아들이 울면서 하늘로 올라감. 삼 년에서 하루가 모자람.	강원 설화 총람 3권
27	어머니가 말을 해서 장수가 못 된 아이	이차숙	여	77	함안군 용덕면	2000. 4. 11.	1* - 2 · 3 · 4* - 5 - 6 - 7 - 9 · 10 - 11 - 12 - 13* - 14 1* 어머니가 죽거나 장수가 죽거나 둘 중 하나는 죽어야 하는 상황. 2 · 3 · 4* 낳자마자 사라짐. 9 · 10* 어머니가 협박 없이 그냥 말함. 13* 싸우기 전에 사그라들고 말았음.	영남 구전 자료집 8권
28	비운의 장수	갈정숙	여	74	대전시 유성구 어은동	1999. 4. 27.	1 - 2* - 8 - 9* - 7 - 10 - 11 - 12 · 13* - 14 2* 크게 될 아들. 9* 중국에서 자꾸 잡으러 옴. 12 · 13* 바위를 열자 아들이 쓰러지고 맘.	한국 구전 설화집 3권
29	장수가 될 뻔한 웃토리	정학례	여	81	장흥군 회진면	2006. 4. 12.	1* - 2* - 5* - 7* - 8* - 9 - 10 - 11 - 12* - 13 - 14 1* 아랫도리는 없고 윗도리만 있는 아이를 낳음. 2* 산에 가서 떡갈잎으로 배를 갈라 아이를 낳음. 사	구비문학답사 보고서(

							람들이 소문을 듣고 찾아옴. 5* 아이가 떡갈잎을 하나 떼내 자신에게 달라 하고 업어다 바다에 내려 달라 함. 파란대, 콩, 잠실, 차조 한 되를 가져가자 함. 7* 누구 찾아오면 바위에 빠뜨려 죽었다 말하라 함. 절대 가르쳐 주지 말라 함. 8* 바위가 열리면서 아이가 사라짐. 12* 콩으로 총칼과 군사를 만들었으나 중간에 발각되어 완성되지 못한 채 망함. 서너 달이 모자람.	2006)
30	웃돌네 이야기	김점득	여	84	장흥군 회진면	2006. 4. 12.	2* - 3* - 4* - 1* - 6* - 7* - 8 - 9 - 10 - 11 - 12 - 13 - 14 2* 풀 베어 퇴비 만드는 시합에 참여한 사촌 형제. 3* 사촌 형이 늦게 왔다고 동생을 목 베어 죽임. 4* 동생이 죽은 후 구름이 끼고 비가 옴. 비를 피해 들어간 곳에서 호랑이를 만남. 호랑이가 '윗도리를 당기겠다' 하니 동생 목 벤 사촌이 '윗도리를 당겨봐라'고 답함. 나머지는 모두 죽고 목 벤 사촌만 살아남음. 크게 될 사람이라 산신령이 살린 것. 1* 목 벤 사촌이 바위 아래 숨어 지내는데 윗마을과 아랫마을 사이에 대표 선출 경쟁이 벌어짐. 윗마을에서는 웃돌네를 내고 아랫마을에서는 김도령을 냄. 김도령이 웃돌네를 찾아나섬. 6* 김도령이 웃돌네 어머니에게 함께 살자 함. 웃돌네 어머니가 아들 낳은 사실을 폭로함. 아랫도리가 없는 아들을 낳음. 7* 몇 달 만에 죽으면서 비밀을 지키라 어머니에게 당부함.	상동
31	어머니 때문에 죽은 아기장수	김귀국	여	80	금산군 금성면	2003. 11. 22.	1* - 5* - 6・10・11・12* - 13 - 14 1* <아기장수1>의 내용. 날개를 잘라 죽임. 5* 어머니 때문에 죽는다고 말하며 녹두 한 말을 함께 묻어 달라 함. 6・10・11・12* 어머니가 날짜를 기다리지 않고 땅을 파냄.	금내 유역의 구비 설화
32	웃돌래매	이두환	남	87	부여군 양화면	1995. 2. 12.	1* - 5* - 7* - 9* - 10 - 11 - 12 - 13* - 14 1* 윗도리만 낳았음. 동네에서 웃돌래매라고 부름. 그 양반의 말은 서숙. 5* 태어나기 전에 꿈에 나타나 '나 낳거든 팥 두 되하고 같이 산 밑 바위 밑 구멍에 놓아 달라 함. 7* 꿈에서 아무에게도 자신에 관한 이야기를 하지 말라 함. 9* 이웃에서 부르는 소리 듣고 찾아냄. 13* 싸우기 전에 사그라들고 말았음.	김영희 현지조사자료

<우투리>는 앞에서 표를 통해 살펴본 대로 제주도를 제외한 전국에서 연행・전승되는 이야기인데 현재까지 조사・채록된 자료의 수는 많지 않다. 지금까지 연구자들 사이에서 '아기장수' 이야기의 하위 유형으로 연구되곤 했지만 <아기장수>와 비교해 보았을 때 그 서사적인 내용과 연행 조건, 전승 양상 등이 매우 상이함을 알 수 있다.[34]

<우투리>는 <아기장수>에 비해 상대적으로 지속 지향이 약한 편이다. 다양한 변이가 나타나는데 변화가 가장 뚜렷하게 나타나는 부분은 장수가 될 아이가 태어나기 전, 혹은 태어날 무렵의 상황이다. 아이가 태어나기 전에 아이의 존재가 문제시되는 과정이나 아이의

34) 다만 장수가 될 가능성을 갖고 태어난 어린 아이가 어머니의 과오와 그를 죽이려는 기성 권력 집단의 공격으로 결국 죽음을 맞이하고 만다는 전체 서사 구도와 인물 관계 설정의 유사성 때문에, 연행 주체 가운데 두 이야기를 모두 '아기장수' 이야기로 인식하고 두 이야기를 섞어 하나의 작품으로 만들거나 두 이야기를 연달아 연행하는 이들이 있기는 하다. 2번 자료의 연행자는 <아기장수>의 모티프가 일부 결합된 <우투리>를 연행한 후에 <아기장수>를 다시 연행하였고 13번 자료의 연행자 역시 <우투리>를 먼저 연행한 후에 <아기장수>를 연행하였다. 20번 자료의 연행자는 <아기장수>의 모티프를 끌어다 전반부를 구성한 <우투리>를 연행하였고 26번 자료의 연행자 역시 '날개 달린 아이가 가난한 집에 태어난다'는 <아기장수>의 설정에서 <우투리>의 연행을 시작하고 있다. 31번 자료의 연행자도 <아기장수>를 연행한 후에 죽은 아기장수가 부활하는 내용을 골간으로 하여 <우투리>를 연행하였다. 8번 자료의 연행자는 '아기장수' 이야기를 들려달라는 조사자의 요청에 <우투리>의 연행을 시작한 반면, 9번 자료의 연행자는 조사자가 '날개 달린 장수' 이야기를 해달라고 했으나 자신은 모른다고 답한 후 <우투리>를 연행하기도 하였다. 9번 자료의 연행자는 두 이야기를 전혀 다른 것으로 인식하고 있는 셈이다. <우투리>를 연행한 대부분의 사람들은 <아기장수>를 <우투리>와 같은 이야기로 인식하지 않고 있다. 몇몇 연행자들이 두 이야기 사이에 상호 연관이 있다는 해석 태도를 드러내기는 했지만 이는 일부에 지나지 않으며 <우투리>의 주인공을 '아기장수'로 부르는 예도 거의 발견되지 않는다. 대부분의 연행자들은 <우투리>의 주인공을 '우투리', '우뚜리', '웃돌래매', '웃돌이', '웃도리', '우터리', '반쪼가리' 등으로 부르고 '장수'라고 부르기는 하지만 '아기장수'나 '날개 달린 장수' 등으로 부르지는 않고 있다. '아기장수' 이야기를 들려 달라는 조사자의 요청에 <우투리>의 연행을 시작한 8번 자료의 연행자 역시 주인공을 '아기장수' 대신 '똥개'라고 부르고 있다.

능력이 드러나는 장면, 아이와 대결하는 주체가 가시화되는 대목 등을 구성하는 에피소드나 모티프가 각편에 따라 다르게 구술된다. 상대적으로 <우투리> 서사 안에서 지속 지향이 강하게 드러나는 부분은, 부족하고 늦되던 아이가 남달리 탁월한 능력을 드러내는 장면, 콩이나 팥 등의 곡물을 볶아 달라 하여 가지고 땅이나 바위 속으로 들어가거나 파묻히는 장면, 어머니가 곡물을 볶다가 무심결에 하나를 주워 먹는 장면, 장수가 될 아이가 어머니에게 자신에 관한 비밀을 지켜 달라 금기를 설정하는 장면, 군사 등 장수가 죽기를 바라는 이들이 찾아와 아이의 어머니를 협박하는 장면, 어머니가 아들의 비밀을 말하는 장면, 바위가 열리고 미처 완전히 장수가 되지 못한 아이가 군사들과 대결하다가 패배하는 장면이다.

서사단락 가운데 변화 지향이 두드러지게 드러나는 대목은 아이가 태어나기 전이나 태어난 직후, 혹은 서너 살이 되었을 무렵 세상의 중심이 될 아이의 미래가 암시되면서 그의 남다른 능력이 표출되는 부분이다. 몇몇 각편에서 이 대목은 조선의 왕이 되려는 이성계와 지리산신이 조선의 왕으로 인정한 우투리 사이의 갈등으로 그려진다. 3·4·5·25번 자료가 그 예에 해당하는데, 주인공 '우투리'의 출생 전후 이성계가 조선 팔도 산을 돌아다니며 산신제를 지내는 장면이 이야기 서두에 제시된다. 조선의 왕이 되고픈 이성계가 조선 산신들의 인정을 받기 위해 팔도를 돌며 산신제를 올리고 다닐 무렵, 우연히 고목 둥치에서 잠이 든 소금장수가 지리산신이 '우투리'만을 조선의 왕으로 인정하려 한다는 사실을 엿듣고 이를 이성계에게 알리는 장면이 첫머리에 등장하는 것이다.

나머지 상당수의 자료에서 이 대목은 말을 타고 지나가던 지체 높은 남자가 아이를 업고 일하는 어머니에게 '오늘 심은 모가 몇 포기나 되냐'고 묻고 어머니가 대답을 못하는 사이 아이가 '지금까지 걸어온 말 발자국 수가 얼마나 되냐'고 되묻는 장면으로 그려진다. 몇

몇 작품에서는 장수가 될 아이가 기존 권력 질서의 중심 인물과 갈등하는 장면 자체가 생략되어 있다. 대신 이들 작품에서는 아이가 태어나기 전에 임산부인 어머니의 꿈에 나타나 자신의 미래를 예언하거나 태어난 지 며칠 지나지 않은 아이가 갑자기 말문을 열어 어머니에게 자신의 미래에 관련된 일을 지시하기도 한다. 대부분의 작품에서 반복되는 것은, 어딘가 '남달리 부족하던' 아이가 어느 순간 어떤 계기를 통해 '남달리 뛰어난 면모'를 드러내면서 장수가 될 가능성을 보여준다는 초반부의 설정이다.

부족하던 아이가 남다른 능력을 보여주는 장면의 변화는, 상반신만 있는 아이가 태어나 자신이 곧 죽거나 사라지리라는 예언을 하면서 자신의 시신을 땅이나 못, 바위 속에 넣어달라는 말을 하는 것(4・5・14・20・21・22・25・29・30・32번)으로 나타나거나, 몸뚱이만 있는 아이가 태어나 밤마다 군사훈련을 하다 콩나물 속으로 들어가는 것(6번)으로 나타나거나, 똥을 싸서 뭉갤 정도로 어딘가 부족했던 아이가 어느날 갑자기 곡물을 구해 달라 하여 그것을 가지고 바위 속으로 들어가는 것(8・16번)으로 나타나거나, 말하지도 걷지도 못해 늘 업혀다니던 아이가 어느날 갑자기 앞일을 예견하고 곡물을 준비시키는 것(17번) 등으로 나타난다. 이와 같은 경우에 아이는 대체로 늙은 부모 밑에서 오래도록 자식이 없다가 불공 등의 정성을 들여 태어난 존재로 그려진다.

처음부터 남다른 능력이 드러나는 작품의 예로는 다음과 같은 것들이 있다. 1번 자료에서는 처음부터 머리가 비상하고 체격이 우람한 아이로 등장하고, 2번 자료에서는 태어난 지 3일 만에 천장이나 벽에 붙거나 활이나 총 쏘기에 능한 아이로 등장하며, 13번 자료에서는 자신을 임신한 어머니의 꿈에 나타나 자신을 바위 위에서 낳은 후 콩을 볶으라는 내용을 지시하는 아이로 등장한다. 26・31번 자료에서 장수가 될 아이는 '날개 달린 장수'로 태어나고 27번 자료에서는 낳자마자 걸어서 어디론가 사라지며 28번 자료에서는 핵심 사건이 전개되기도 전에 '크게 될 인물'로 공공연하게 밝혀진다.

곡물을 구해 달라 하여 땅이나 못, 바위 속으로 들어가거나 자신이 곧 죽을 터인데 죽으면 곡물과 함께 묻어 달라는 말을 남기는 것은 대체로 어느 각편에서나 반복되는데, 곡물의 종류나 곡물의 준비 방식 등에서 변화 지향이 나타난다. 곡물의 종류로는 콩이나 팥이 가장 일반적인데 아주까리나 서숙, 나락, 저릅대 등이 언급되기도 한다. 곡물의 준비 방식으로는 장자의 집에 가서 얻어 오라 하거나 콩 등을 볶아 달라 하는데 콩을 볶아 달라는 장면이 생략되는 각편도 상당수 존재한다. 콩을 볶아 달라 하는 경우에는 콩을 볶던 아이의 어머니가 무심코 콩 하나를 주워 먹는 장면이 반드시 삽입된다.

2번 자료에서는 아이가 아주까리나 들깨를 파는 사람에게 값을 더 쳐주고 사오라고 말하고 4번 자료에서는 꿈에 나타나 장자의 집에 가서 서숙 한 말을 얻어다가 밥을 지은 후 자신과 함께 못에 넣어 달라 말한다. 5번 자료에서는 콩 한 말과 생쌀 한 말을 자신과 함께 넣어주면 몇 년 후 재생할 것이라 말하고 10번 자료에서는 저릅대 한 줌과 나락 껍질 한 말, 서숙 한 식기를 자신과 함께 바위 밑에 묻어 달라 말한다. 11번 자료에서는 아예 서숙밭에 묻어 달라 말하고 12번 자료에서는 자신이 죽은 후 억새로 바위를 가르고 그 안에 콩 한 말과 조 서 말을 함께 넣어 달라 말한다. 14번 자료에서는 죽은 후에 차조와 팥을 함께 묻어 달라 하고 16번 자료에서는 자신과 갈등하던 김정승네 가서 좁쌀 서 되를 받아다가 죽은 자신과 함께 묻어 달라 한다. 17번 자료에서는 장부자와 최부자네 가서 적두 서 말과 잔조 서 말을 가져오라 하며 18번 자료에서는 전쟁터로 나가면서 어머니에게 좁쌀을 구해 달라 한다. 20번 자료에서는 팥과 조가, 29번 자료에서는 콩·조·삼대가, 31번 자료에서는 녹두가, 32번 자료에서는 팥이, 앞의 예들과 같은 서사적 기능을 하는 에피소드에서 핵심 모티프를 구성하는 주요 곡물로 등장한다.

장수가 될 아이가 죽지 않고 산 채로 바위나 못, 땅 속으로 들어가는 장면은 몇몇 작품에서 죽은 후에 땅이나 바위 아래 묻히는 것으로 그려진다. 이런 경우 재생(再生)의 의미가 좀더 명확하게 드러나는데, 태어나자마자 죽기도 하지만 대결 주체와 싸우다 죽는 경우도 있다. 어느 경우에나 아이는 자신이 죽을 것을 어머니에게 미리 알려주고 곡물과 함께 어딘가에 묻어주면 되살아날 것이라는 말을 함께 건넨다. 이때 아이는 어머니에게 자신에 관한 비밀을 지켜 달라 당부한다. 그는 자신에게 일어날 일을 이미 알고 있으며 비밀이 지켜지지 못하면 죽게 될 것이라는 사실도 예지(豫知)하고 있다. 어머니에 의해 비밀이 누설될지도 모른다고 생각하기 때문에 특히 어머니에게 비밀을 지켜 달라 당부한 것이다. <우투리>에서는 부자 관계는 거의 등장하지 않은 채 어느 각편에서나 모자 관계만이 부각되는데 이들 모자 사이의 갈등이 장수 될 아이의 죽음에 대한 필연적 원인으로 부각되기도 한다.

<우투리>의 각편 중에는, 비밀 누설의 원인이 어머니와 아들 사이의 갈등에 있는 것처럼 그려내면서 모자 갈등을 최대치로 극대화한 작품들이 있다. 예를 들어 8번 자료에서 장수가 될 아이는 나이가 들도록 똥오줌을 가리지 못해 어머니에게 '똥개'로 불리며 구박을 당하다가 결국 구박이 심해지자 서숙 한 말과 팥 한 말을 들고 물속으로 사라진다. 14번 자료에서는 상반신만 있는 아이가 엿장사하는 부모의 엿판에서 매일 엿을 꺼내먹자 그 어머니가 '너를 기르기 위해 이렇게 애를 쓰는데 너는 방에 앉아 도적질만 하냐'며 타박을 하고, 이를 견디기 힘든 아들이 '그런 소리를 듣느니 내가 죽겠다'면서 자신을 묻으라 말한다. 이런 부류의 작품에서는 연행자의 논평에서 어머니에 대한 비난의 어조가 강하게 드러난다.

그러나 <우투리>의 지속 지향을 통해 부각되는 인물 갈등은 기존

권력 질서의 중심 인물과 새로운 중심 인물 사이의 관계에서 발생한다. 주인공인 장수 될 아이와 직접적으로 대결하는 주체는 조선의 왕이 되려는 이성계, 말을 타고 온 높은 관직의 남자, 조선에 영웅이 나는 것을 반대하는 중국 등으로, 세계를 새롭게 질서화할 구심이 될 인물의 탄생을 결사적으로 막으려는 현 질서의 중심이자 현 권력의 상징적 존재들이다. 또는 장수 될 아이와 경쟁 관계에 있거나 그와의 겨룸에서 반드시 승리하여 그를 죽이고서야 권력 질서의 중심 인물이 될 수 있는 이들이 '웃돌이', 혹은 '우투리'와 대적한다. 이들은 모두 장수 될 아이와 관련된 비밀을 캐내기 위해 부모를 죽이거나 위협하는 일을 서슴지 않으며 아이의 어머니와 부부의 연을 맺기도 한다. 아이의 비밀은 그의 재생과 재림, 혹은 장수로서의 성숙과 완성뿐 아니라 그의 생명을 좌우하는 핵심 열쇠이기 때문이다.[35)]

장수가 될 아이의 실패는 '재생'과 '완성'에 필요한 시간을 충분히 확보하지 못한 데 기인하는 것으로 그려진다. 비밀이 지켜져서 조금만 더 시간을 가질 수 있었더라면 아이는 장수가 되어 현 질서를 뒤엎고 자신이 중심이 된 새로운 질서를 구축할 수 있었을 것이다. 장수 될 아이의 패배를 초래한 또다른 요인으로 '모자란 콩 한 알'이 제시되기도 한다. 아이가 처음 콩 등의 곡물을 준비해 달라 했을 때

---

35) 4・5・25번 자료에서는 이성계가 '웃돌이'의 정체와 비밀을 파악하기 위해 그 집에서 머슴살이를 하거나 어머니와 결혼을 하기도 하고, 장수 될 아이와의 지혜 겨룸에서 진 지체 높은 남자(말 타고 가던 남자, 혹은 관장)가 직접 아이를 죽이기 위해 찾아나서기도 한다. 특히 7번 자료에서는 말을 타고온 남자가 '전남에 생긴 왕'을 처단하기 위해 찾아오고 6번 자료에서는 대조영이 점쟁이에게 물어 '우뚜리'의 존재를 알게 되자 그를 죽이기 위해 아버지를 죽이고 어머니를 협박하기도 한다. 9번 자료에서는 '장군'이, 26번 자료에서는 임금이 보낸 군사들이, 28번 자료에서는 중국에서 온 이들이 장수 될 아이를 죽이러 그 어머니를 찾아온다. 15번 자료에서는 소금장수가 아이를 죽이기 위해 어머니와 한 집에서 살게 되며, 16번 자료에서는 아이의 지혜로 성 쌓기를 완성할 수 있었던 김정승이 범상치 않은 아이임을 알고 그를 죽이러 찾아온다. 30번 자료에서는 질서의 구심이 될 자리를 놓고 '웃돌이'와 경쟁을 벌이는 김도령이 장수될 아이와 대적하기도 한다.

어머니가 실수로 하나를 먹게 되는데 이 모자란 한 알 때문에 병사 하나, 무기 하나가 모자라 결국 패배하고 말았다는 것이다. 전자의 패배 요인도 사실상 비밀을 누설한 어머니에게 그 책임을 묻게 되지만 후자의 패배 요인은 좀더 직접적으로 어머니에게 책임을 추궁하는 해석 방식이 된다. 그러나 이 두 번째 패배 요인이 문맥으로 구체화되지 않은 작품도 일부 존재하므로, <우투리>에서 지속 지향이 강하게 드러나는 비극적 결함은 어머니의 비밀 누설인 셈이다.

어머니의 비밀 누설은 대체로 장수될 아이를 죽이러 온 병사들의 협박에 의해 강제적으로 이루어진다. 하지만 간혹 몇몇 작품에서 병사들의 겁박 없이 어머니가 스스로 비밀을 털어놓기도 한다. 일부 작품에서는 어머니가 무의식적으로 이웃 사람에게 비밀을 털어 놓거나, 의도하지 않았음에도 불구하고 이웃 사람에 의해 비밀이 탄로나는 형식을 띠기도 한다. 중요한 것은 어느 경우에나 아들이 제시한 금기-자신의 탄생과 미래에 대한 비밀을 지켜 달라는-가 먼저 설정되기 때문에 자의든 타의든, 의식적인 것이든 무의식적인 것이든 어머니에 의한 비밀 누설이 금기위반 행위로 해석된다는 사실이다.

<아기장수>에 비해 <우투리>는 상대적으로 여성 연행자의 비율이 높다. 연행자 가운데 '남성'은 약 50%에 불과한데, 이들의 특성 또한 <아기장수>와 다르다. 예를 들어 이름난 이야기꾼이라든가, 마을의 웃어른격에 해당하는 사람이라든가, 지역 공동체 내 네트워크의 구심에 있는 인물이라든가, 레퍼토리가 이른바 '전설' 류에 집중되어 있다든가 하는 등의 특징이 드러나지 않는다.

1번 자료의 '남성' 연행자는 '남성'들만으로 구성된 집단 내에서 연행을 했지만 이야기판을 주도하는 인물은 아니었으며, 지명이나 지형의 유래에 관한 이야기보다는 도깨비나 용에 관한 이야기를 주로 연행하였다. 3·5번 자료의 '남성' 연행자는 돌아다니다 우연히 들은 이야기라며 <우투리>만을 연행하고 다른 이야기는 알지 못한다고

하였다.[36] 7번 자료의 '남성' 연행자도 연행을 꺼리다가 손자가 이야기를 시작하자 비로소 연행을 시작했는데, 그는 다른 이야기는 알지 못하고 <우투리>와 박문수 일화만을 연행할 수 있다고 말하였다.[37]

<우투리>의 '여성' 연행자들은 대체로 입담이 좋고 노래보다는 이야기 연행에 능한 사람들이다. 또한 보통 '여성' 연행자들이 즐겨 연행하는 '구렁덩덩신선비'·'우렁각시'류의 이야기나 음담패설·우스갯소리 등도 잘 하지만 '남성' 연행자들이 즐겨 연행하는 효자 이야기나 지형·지명 관련 이야기도 어느 정도 알고 있는 이들이 많다. 이들이 이처럼 '남성'들이 즐겨 연행하는 레퍼토리를 공유하게 된 경로는 대부분 결혼하기 전 친정 아버지나 친정 할아버지, 혹은 결혼 후 남편을 통해서였다.

<우투리> 연행자들이 연행을 시작하는 동기는 지역의 이름난 명소를 소개하거나 지역 공동체의 유구한 역사를 자랑하거나 자신이 속해 있는 공동체에 대한 자부심을 드러내기 위해서가 아니다. 이들은 대체로 '아기장수' 이야기 연행을 원하는 조사자의 요청에 응답하는 과정에서, 혹은 '여자는 믿을 만한 존재가 아니다'는 내용의 대화를 이어가다 자연스레 <우투리>를 떠올리곤 연행을 시작하였다. 또한 이들은 전통과 가치 수호의 차원보다는 흥미로운 사건 전달과 연행의 즐거움 공유라는 차원에서 이야기 연행에 접근하고 있다. 그래서 이야기 속 몇몇 장면들은 다양한 모티프를 뒤섞어 아주 상세히

---

36) 다만 5번 자료의 연행자는 '전라도가 개땅이 된 이유'를 설명하겠다면서 <우투리>를 연행하였다.(『대계』 5-2, 349면.)

37) 20번 자료를 연행한 김재천(남, 49세)씨는 그나마 마을에서 이야기 잘 하기로 이름난 사람이었지만 나이가 적어서인지 전체 이야기판을 주도하지는 못했다. 마을 토박이로 외지를 나간 경험이 없고 초등학교를 졸업했으며 국문에 능통하고 기억력과 구변이 좋은 편이었는데 조사자가 '이런 이야기를 아십니까'라고 물으면 비로소 연행을 시작하는 성향이 강했다. 그는 <우투리> 외 '호랑이 잡은 신장', '술수 좋은 사내', '호랑이의 보은', '도깨비 이야기'를 연행하였는데 이것은 <아기장수>를 연행한 이름난 이야기꾼들의 레퍼토리와는 분명 다르다.

묘사되며, 목소리 변화와 동작 활용 등 다채로운 연행 기술을 동원하여 이야기 연행 역시 흥미롭게 진행된다.

<우투리>는 대체로 연행자들이 장수 될 아이의 시점에서 그의 목소리로 연행을 이어나가는 경우가 많다. 아래 5번 자료의 연행자는 시종일관 '웃도리'의 관점에서 상황을 설명하고 있는데 전체 사건 전개를 주도하는 이 역시 '웃도리'로, 연행의 대체적인 내용은 모두 '웃도리'가 직접 발화하는 내용으로 구성되고 있다.

〈5번 자료〉

"내가 이러이러해서 딸 열을 내놓구 난 뒤에 남편이 죽어서 낳구 보닝게 아래는 없구 우만 났다 이거여, 그래서 웃도린디, 쟈 말이 뭐라는고 하니 딱 삼 년 담에, '나는 이 세상 사람이 아닙니다.' 이 뒷산에 가므는 큰 바우가 있어. 그 문짝이 있는디 거기 풀잎을, 무슨 색다른 풀잎을 뜯어갖구 이렇게 그시므는 문이 열리닝게 나를 업구가서, 콩 한 말허구, 생쌀 한 말하구만 넣어주시므는 나는 먹구 살 테니까. 몇 년 후에 만납시다."[38]

또, <우투리>는 아래 7번 자료에서 볼 수 있듯이 부분부분 장면화 경향이 강하다. 왕이 되려는 사람이 처음 말을 타고 지나가다 아이를 만나 그와 대결하는 장면에서부터 장수 될 아이가 어머니에게 앞일을 예견하는 장면, 아이의 비밀이 드러나서 마지막으로 대결하는 장면에 이르기까지 매 장면이 상세한 묘사와 함께 주요 인물들의 대화로 길게 부연되어 있다.

〈7번 자료〉

"'이 머슴애야, 니는 보통 놈이 아녀. 나하고 꼭 적이 돼. 나하고 적이 되겠

38) 『대계』 5-2, 347~349면.

다.' 옛날에 그 전라남도에 가 장성(장승)이 비치면 전라남도에 가 그 왕이 하나 생겼다. 그것이고 경상도에서 장성이 나오면은 경상도에서 왕이 하나 나온다 인자 요런 말이 있거든. 그 말과 같이 아 인자 이런 분네도 왕띠를 띄었는디 상대방이 나오면은 그 사람을 죽여부려야 자기가 왕을 헌다 그거여. 그래서 왕을 잡아 죽일라고 인자 팔도를 당기 당기는 판여. 댕기다가 딱 만내놓고 봉게, '니허고는 적이다. 한번 만내서 싸우자.' 그거여. 세 살짜리허고 싸우자 그거여. 아 그 어떻게 되겠어? 그렁께, 나 담배 태워감성 이야기해야 겄네. 날짜를 정해. …중략… 니가 나를 죽이면 니가 왕이 되고 니가 니가 나를 죽이면 니가 왕이 된다.' 이런 식이여. 그랬는디 요놈이 시살백이가, 그놈은 태만허지, 즈그 엄마가 고민이여. 인자 저런 사람한테 인자 잉 죽어불면 세 살짜리 그거 똑 하난디 즈그 아버지도 없고 '요놈이 죽어불면 어쩌꼬' 걱정이지. 그런디 하 인자 날짜는 닥쳐온디 석달전에 세 살짜리가 허는 말이, '어머니 그렇게 고심허지 마쇼. 절대 나는 삽니다. 나는, 저 사람은 못 살아도 나는 삽니다. 나 시기는 대로만 해 주시오.' '오냐, 대처 참 세 살 묵은 아들 하나만 믿고, 나가 청춘 붙어서 사는디 아, 니 말 안 듣겄냐.' 허지. …중략… 아 이랬는디 대차 석달이다 돼간께 저짝편에도 아닌게 아니라 인재여. 아는 사람이여. 뚜렷허니 알아갖고 아는 사람이다. 죽어도 인도환생도 있어. 새로 살아나는 사람도 있다. 허기 땜에 송장까지 파서 없애불라고 왔어. …중략… 그렁께 담이 커야만 돼제. 담이 약허면 죽는 거여. 아 살려준다 해놓고 안 갈차 줄 수가 있어, 끌고도 갈 것인디. 막 아 가서 바구 밑에 가서, '여그다 파묻었소.' 그래놓게 어쩔거여. …중략… 인자 아들이 나와. 큰 아주 그 비호 쭉지 달리고 날아댕기는 말 비호를 딱 올라 앉아서 등자라고 있어. 말 탈라면 발 딛고 올라가는 등자가 있어. 등자 그놈을 한발 딛고 한발이 막 너머에 올라가서 저짝 등자에 못 닿았어. 내일이면 저짝 등자에 닿으며는 걍 뭣인가 참 좋게 그냥 천하장사가 될 것인디 말이여. 와 막 파놓고 본께 그래갖고 있드래여. 나머지기는 서속알 뭐 콩 뭐 콩은 또 그밑에 굵은 놈이고 서속은 자잘헌 놈 전부가 중지난 놈이 걍 개미떼 모양으로 와글와글 해갖고 있드랑만

아 이놈들이 걍 세상 바람이 들어간께 그냥 바그르 다 사그러져불드래."

때로는 장수 될 아이가 자신의 존재 가치와 가능성을 모르는 어머니와 대결하는 장면이 아래 자료들에서처럼 길게 부연되어 강조되기도 한다. 아래 8번 자료에서 어머니는 자신의 아들이 방 안에서 먹고 싸는 일만 반복하며 똥오줌도 제대로 가리지 못하자 매일같이 구박을 한다. 구박을 견디다 못한 아들이 어느날 장자의 집에 가서 곡물을 가져오라 말하고, 이것으로써 장수 될 아이의 도전과 대결이 시작된다. 이 각편에서 아이가 성급히 서두르는 이유는 자신이 장수 될 사람임을 몰라보는 어머니에게 자신의 존재 가치와 능력을 증명하기 위해서이다. 아래 14번 자료에서는 어머니가 '힘들게 키우느라 고생하는데 방구석에서 부모가 팔려고 준비해둔 엿이나 몰래 먹는다'며 아들을 도둑으로 몰아세운다. 아이는 어머니 때문에 결국 자신이 성공하지 못할 것이라며 죽음을 준비한다. 그리고 죽으면서 비밀을 지켜달라 요청하는데 결국 어머니는 그 비밀을 지키지 못하고, 이 때문에 아이는 장수가 되지 못한 채 패배하고 만다.

〈8번 자료〉

"똥개가 있드라우. 아적에면 즉어매가 베나 매서 밥 갖다주면 그 놈 딱 묵고 아랫목에서 놀다가 윗목에서 똥싸고 이 문턱에다 똥 딱 씻고 [조사자: 뭐가요?] 아들이, 똥개가. 즉어매가 또 인자 품 들어서 밥 갖다주면 그놈 묵고. [조사자: 사람 아들이 똥개에요?] 사람 아들인디, 노인 아들인디, 엄매하고 아들하고 둘이 산디, 또 밥 갖다주면 묵고는 아랫목에서 잠자고 윗목에서, 방우게 가서 똥싸고 이 문고리에다 똥 딱 씻쳐불고. 이거 놈은 밭을 파서 모도 빌어묵고 한디, '이 자석아 이 자석아 자빠져서 놀고 그래야?' 똥개보고 하는 소리가, '너는 아랫목에서 내가 밥 갖다주먼 먹고 윗목에 가서 똥싸고 돌쩌귀에 똥구넉이나 씻고 그라냐?' '엄마 그라만 나 쩌그 장자네 집 가서 서숙 한 말하고 퐅 한 말하고- 흩 닷 되 서숙 닷 되 한 말 곡석만 갖고 얻어갖고 와. 그람 나도 밭 파로 갈 것인께.'"[39]

〈14번 자료〉

"'야야, 화적 겉은 놈아, 역적 겉은 놈아, 나는 니를 길릴라고 오만 애를 다 씌는데 너는 방에 들어 앉아 그 짓을 하나?' 그래 나무라고 있으니까네, '내가 장차 뭐 참, 지가 부모한테 그런 소리를 들어서 지가 성공을 못하겠다.' 쿠는 기라요. 그래, '어머니, 어머니한테 내가 그런 소리를 들었은께네 성공을 못할 형편이 돼서 내가 그마 죽겄다.' 캐요. 그래서 좌우간 죽음서 몇 해라 쿠더나 몇 달이라 쿠더나, 지내도록 누가 어떠한 소리하고 엄마를 잡아죽인다 캐도 말로 하지 마라. 어디 날로, 질로 어디 묻었는지 말을 하지 마라 했는데, 하도 못 견디서 고마 부모네가 개르쳐 줬어요. 개르쳐 준께, 그 사람이 벼락같이 거이 가서 막 그기를 파거든요."[40]

<우투리>에서 장면화 경향이 가장 강하게 드러나는 대목은 장수 될 아이가 어머니에게 비밀 수호를 당부하고 어머니에 의해 비밀이 누설되는 데서부터 마침내 장수 될 아이가 패배하는 마지막 장면까지이다. 아래 2번 자료의 연행자는, 어머니가 비밀을 누설하는 장면에서부터 바위가 열려 아이가 사라지는 장면에 이르기까지 상세하게 구술한 후 '여자에게 비밀을 말해서는 안 된다'는 말로 연행을 마무리하고 있다. 특히 마지막 장면의 강조는 조금만 더 비밀이 지켜졌더라면 장수가 될 수 있었을 것이라는 아쉬움과 안타까움을 강하게 표현하는 동시에 장수될 아이의 죽음을 요구한 대결 주체와 비밀을 누설한 어머니에 대한 비판의 어조를 간접적으로 드러낸다.(아래 12번 자료) 더구나 아이가 준비해 달라고 한 곡물의 수를 정확하게 맞추

39) 『대계』 6-5, 161~164면.

40) 『대계』 8-4, 138~140면.

지 못하고 그 중 하나를 아무 생각 없이 먹어버린 어머니 때문에 아이가 장수가 되지 못한 채 패배하는 데까지 이르게 되면 어머니에 대한 비판의 어조는 더 강해질 수밖에 없다.(아래 26번 자료)

〈2번 자료〉

"'어머니, 누가 어머니 날 어딜 갔능가를 묻거들랑 어머니가 죽어두, 죽은 원수를 갚을 텡께. 죽드래두 가르켜 주지 말라.'구 했시오. 아, 가르켜 주지 말라고 했는데 고만 어머니가 원청 병정들이 와서 다구치니께루, '아무데 돌 속으루 들어갔다.'구 이럭 했거등. 게 돌 속으로 들어가믄 돌문이니 그 돌문을 열구 닫구 들어갔으니, '그 어떡해서 열구 들어갔느냐?'구 물었거등. 고 어머니가 뒤를 안 따라갔으믄 모르는데 뒤를 따라갔어. 따라가서 본께 거길 어디 데작데작하더니 무순 풀잎을 뜯어 돌을, '열어라'한께. 톡톡 뚜드리며 열어라 한께. 열렸단 말여. 아 그래 들어갔단 말여. 들어갔는데. 일주일을 안 가르쳐줘야 하는데 고만 들어간 삼일 만에 가르쳐줬어. 어머니가, '아, 여기 서서 무순 풀을 뜯어서 열리라 항께 열리고 톡톡 두둘기고 닫혀라 한께 닫히고 이렇게 해서 들어갔다.'구 했어. 아, 그 사람이 그 풀잎을 뜯어가지고 톡톡 뚜드링께 돌문이 열리거등. 공기가 확- 들어갔잖어? 막 그 사람이 들어가 보닝께루 아주까루 서 말, 들깨 서 말이 막 장수가 돼가지고 막 말을 탈라고 이케 [한 발을 들며] 발을 올리는 판에 한데 공기를 쐬서 싹 쓰러져 죽었잖어요. 그래서 그 부부도 여자 안 알궐 말은 안 알궈야 된다고 했어요. 그래 부부도 남이라고 했시오. 돌아누믄 남이라 그랬써요. 이전 거시기에."[41]

〈12번 자료〉

"딱 벌어지는데, 안에 장수가 하나 말을 타고, 선봉장이를 서고 군사가 수억 만이 말이제, 안에 들어서는 기라. 서는데, 그 열 달만 꽉 찼다고 그 십년만

41) 『대계』 3-4, 316~318면.

꽉 찼다고 보면 그 장군이 군사를 거느리고 나와서 국가를 보위할란가 우찌 할란가 그거는 뒷일을 모리지마는 큰 장군이 돼 가이고 나올 건데, 한 이삼 개월을 [말을 머뭇거리다가] 막 나올라고 꼬라고 있는, 이 차에 말이지, 방구를 벌어뜨리니 시(時)가 좀 멀었는 기라. 그래서 안에 불 사르고 말이지 없애는기라."[42]

〈26번 자료〉

"그 아가 며칠이 지나서 갑옷을 맨들어 달라고 콩을 갖고 왔는데 그 아 어머니가 한 알을 먹어 버렸어. 그러니 갑옷이 구멍이 나잖아. 그 아가 자기가 죽을 거를 알았어. …중략… 근데 그 아들이 어머니가 묻어준 콩하고 팥하고 좁싸하고 병사를 만들어 전쟁 준비를 하고 있었다고. 인제 하루만 있으면 되는데 다 글렀어. 그래 그 아들이 울면서 하늘로 올라갔어. 좁쌀이 삼 년이 지나면 인제 사람이 돼서 공부를 시켜 사람으로 되는 건데 그래서 큰 군사로 만드는 건데 삼 년에서 하루가 모자라서 그렇게 됐어."[43]

어머니에 의한 비밀 누설에서 장수 될 아이가 실패하는 장면으로 이어지는 후반부 서술의 강조는 결국 아이의 패배에 대한 책임을 어머니에게 묻는 서술 의도를 드러낸다. 이와 같은 맥락에서 연행은 때로 자연스럽게, 비밀을 누설한 어머니에게 책임을 묻는 의도를 중심으로 이어져나간다. 경우에 따라 어머니의 책임을 묻는 데서 한 걸음 더 나아가 어머니를 신뢰하지 않아야 성공할 수 있다는 사실을 강조하는 것이 연행 동기가 되기도 한다. 위 2번 자료나 아래 8 · 9 · 10 · 13 · 17 · 19 · 24 · 27번 자료에서 강조되는 것은 어머니가 비밀을 지키지 않아 아이가 장수가 되지 못했으며, 어머니를 신뢰하지 않았더라면 오히려 성공할 수 있었을 것이라는 해석적 논평이다. 특히 장수

42) 『대계』 8-1, 204～209면.

43) 『강원설화총람』 3, 앞의 책, 434면.

가 되지 못한 아이의 비극이 극적으로 형상화되는 마지막 장면에서, '어머니는 신뢰할 수 없는 존재'라는 연행 주체의 견해는 더욱 빛을 발한다.

〈8번 자료〉

"그래서 즈그 아들 크게 되도 못하고. 아들하고 엄매하고는 속엣말 안 한다우. 거그 두고 난 말이라우."[44]

〈9번 자료〉

"그래갖고 조선이 요러꼬 힘을 못 쓴다는 말이 있어. 우터리를 죽여부려서. 그런단 말을 내가 들은 적이 있어. …중략… 그래갖고 지 어미가 방정을 떨어서 죽어버렸단 말이 있어."[45]

〈10번 자료〉

"그래 안 갈체 주마, 마 어마이를 참 죽인다는 동 머, 인제 울림장을 놓는다 말다. 이 어마시가 안 갈체 이먼 될 낀데, 한 십 분만 있으만 돼. 갈체는 게라. 부득불 사정이 고마 딱해가주, 참 자기 죽을 때가 되이께네 갈체 주는 게래. 갈체 주이께네, 방구를, '그 방구 밑에 있다.' 카이. 이 사람이 방구 밑을 들시이께네, [강조하는 말로] 신하가 고마 그 좁쌀, 저 서숙이 신하가 돼가주 고만에 얼매가 되고, 그 재릅 한 줌은 화살이 되고 고마, 한 십 분만 됐이만 말이래, 그넘 원수로 개리는 겐데, 그래 그 참 어마시를 못 만내가 두 번이나 그래 됐부렀어. 재가 돼가 날아갔부러. 고래 됐어. [청중: 그 시(時)가, 때가 덜 돼가 안 그라?]"[46]

---

44) 『대계』 6-5, 164면.
45) 『대계』 6-11, 592～595면.
46) 『대계』 7-9, 1002～1004면.

〈13번 자료〉

"이놈의 해미가 여자 입 이기 참으로 요망하다 쿠몬 한없이 요망한 기이구만. 이런데 놓을 때에 말이지 딱 아아를 나 놓고 나 놓고 난께나, 고마 아아도 없어지고, 고마 그 인자 콩방아 찧은 것도 없어지고 없어졌다 쿠데. 없어져 갖고, 그래갖고, 그래 놓고 나 놓고들랑 집으로 돌아가거라 이러더라 쿠데. 그런께나 아아는 낳아서 안 놓은 겉이 물론 그런 사람이 나올 작에는 뭐 우리 여가 사람이 아가 놓드키 이러지는 안 했을 기거든. 뭐, 성한 사람 겉이 이리 됐는 모양이던 기라. …중략… 그러하던마는 제가 죽어도 말로, 입을 안 으몬 할낀데, 제가 줘이지 안 할낀께나 모리지, 옛날에는 줘이 뿔라캤는가 알 수가 없재. 입을 안 으몬 괜찮을낀데. 입을 열어 말을 해 삐 다 말이재. 사실이 이만큼 이만큼 해 가지고 말이지 그런 사건이 있이니 계 가 봐라. 이리 됐던갑데."[47)]

〈17번 자료〉

"아이구 여자라 카는 거는 방정시러바서 안 돼요. …중략… 그래 가고 나이께, 막 가고 난께 요놈의 할마이가 있다가 직일라칸께 방정시럽어 가지고, '아이고. 예, 가리치 드리겠십니더, 가리치 드리겠십니더.' '어데고?' '조, 조 방고 밑에 저 새를 비고 드간다.' 카거든. …중략… 고래 방정시럽기, 여자 이거 시염도 안 나고, 이거 몬씨요."[48)]

〈19번 자료〉

"그 저거 엄매가 맛 안 봤으머 고 다 받아가 살았을낀데. 그러이 참 옛날부터 큰 자석을 놓을라 커머 부모한테 불효하기 된다 커는 말이 있거등."[49)]

---

47) 『대계』 8-2, 354~357면.

48) 『대계』 8-9, 716~719면.

49) 『대계』 8-12, 481~482면.

〈24번 자료〉

"장군이 나타나서 칼을 뽑으며 아들의 머리를 내놓으라고 협박하므로 어머니는 겁이 나서 그만 사실대로 가르쳐 주고야 말았다. …중략… 여기에서 여자 때문에 나라가 망한다는 말이 나왔다는 전설의 한 토막이다."[50]

〈27번 자료〉

"어마이가 애를 낳아 가지고 이리 놓으면 어마이가 죽고 나오는기다. 어마이가 죽으면, 그 장수가 출세를 하고, 안 죽으면……. 지금은 태를 갖다가 갑자로 끊고 이리 안 하나? 칼로 갖다 끊고. 옛날에는 장수가 나며는 인자 왕세픽이. 산에 왕세픽이라고 있거든. 억새 엉이을 때 억새라카지. 그래가지고는 끊고나니께네 어마이가 살아가지고 있응께네. 낳아가지고 어디 가뿌리고 없는기다. …중략… 꿔다가 딱 그날 장수돼사 나올 날인데 고만 어마이가 말을 해뿌렸다. …중략… 조비쌀로는 군사 맨들고, 팥으로는 사람을 맨들어서 말 등에 딱 올라가려는데, 고만 사그라 들었단다. 장수 한 번 못돼보고 고만 고 자리에서 사라져 버린기다. 어마이가 고만 고 시간에만 안 가르쳐 주었으면 장수가 될 낀데 자꾸 산을 금을 캐고, 그러니께 큰 애기가 없는 기다. 큰 애기가 안 나니께."[51]

반면에 군사들이 아이의 행방을 알기 위해 어머니를 협박하는 대목을 강조함으로써 간접적으로 어머니의 행동이 자의에 의한 것이 아니었음을 보여주는 이야기들도 있다. 아래 20번 자료의 연행자[52]는 '어머니-아들' 사이보다 '중앙 권력-반쪼가리 장수' 사이의 대결 관계를 전체 서사를 이끄는 중심 갈등 축으로 설정하고 이를 부각시키

50) 유증선, 『영남의 전설』, 앞의 책, 294면.
51) 조희웅・노영근, 『영남구전설화자료집』 8, 앞의 책, 131면.
52) 이 연행자는 '혹시 아이를 낳았는데, 나자마자 힘이 세고 하여 관가에 잡혀 죽었다는 이야기를 아십니까?'라는 질문을 받고 바로 연행을 시작했다.

는 데 연행 능력을 집중하고 있다. 이에 따라 비밀을 누설한 어머니보다 '반쪼가리'를 용납하지 않으려는 중앙 권력자의 의지와 행동에 대한 비판의 어조가 더 강하게 드러난다. 오히려 협박에 못 이겨 자식의 비밀을 지켜주지 못한 어머니에 대한 동정과 연민의 감정이 은연 중에 암시되기도 한다.

〈20번 자료〉

"그걸 정부에서 어쨌든 간에 반쪼가리가 났다는 걸 수사계통에서 알았어, 요새 겉으믄. 알아가지고 딱 수사로 나섰는데 …중략… '나는 젊어서 어떻게 살았는데, 아이를 뭐 몽신이를 하나 낳아 보고 뭐, 뭐 또 외팔이도 하나 낳아 보고…….' 그 남자가 이런 이야기를 하거든요. 한께네, 하! 또 어마이 된 사람이, '나도 아들 하나 놓은 것이 반쪼가리다' 딱 그럴라쿠니까, '[감정을 넣어 큰 소리로]반…….'하다가 말아 어요. 그러니께, 무릎팍을 탁 치면서, '인자 알았다.' 쿠는기라. 그래가지고, '딱 바린대로 불어라.' 그래 인자 딱, 남자가 칼을 탁 내는기라. '어떻게 했던가? 사실 네가 어떻게 반쪼가리로 낳았는지 바른대로 안 하믄 니는 죽인다.' 이래 되니께네, 고마 반쪼가리 그기 저마 헌 형태로 갖다가, 그 뭐 팥 한 말허고 조 한 말허고 구해준 그것까지 싹 다 불어 는기라. 싹 불어가지고 그 저 '석달 열흘만 기다리라.' 캤는디, 석달 인자 다 된기라요. 그래 그거 바우 틈에 그 뭐 샛빗대, 어느 샛빗대를 끊어가지고 탁 때리준께 바우가 벌어져서, 그 바우 속에다 그 팥 한 말 조 한 말 옇어 놨다. 그것까지 다 불어주었는디, 그래 탁 갔어. '마, 안 오믄 당장 죽인다.' 쿠니께, 죽어도 고마 안 갤차 이믄 될낀디 직인다쿠니까 갤차 더라요. 그래 가서 그 바우로 탁 시긴대로 그 탁 뿌러뜨리께네, 그 팥 그거는 말이 되고, 조 그거는 쫄병이 되고 그래가지고, 물팍을 [감정을 넣어] 반닥 끓고 일어날라커고, 하여튼 그 장군, 나라가 그를 그 요새겉으믄 대통령 될 사람인디, 말하자믄 고마 시간을 몬 채우고, 그 어머이 된 사람이 불어뻬가지고, 그래가지고 고만 그 사람이 그 뭐 이슬 사라지듯이 싹 사라지뻬더랍니다."[53]

장수가 되지 못한 채 죽음을 맞이한 아이에 대한 안타까움과 회한의 감정 때문에 연행자들은 아이가 죽지 않고 살아남는 쪽으로 이야기를 변형시키기도 한다. 아래 11번 자료의 연행자는 아이가 죽은 후에 재생(再生)하여 다시 하늘로 올라갔다고 주장하였다. 그러나 살리긴 했으되 성공한 장수로 만들지는 못했다. 재생에는 성공하지만 결국 권력 질서의 중심이 되지는 못한 채 다시 하늘로 올라갈 수밖에 없었던 것이다.

〈11번 자료〉

"그래 아가 죽고, '날 죽거들랑 저 건네 서숙밭에 갖다 묻어도라.'카거든요. 그래 인제 참 서숙밭에 가 묻어놓이, 서숙이 그기 인제 수(壽)가 억조창생이라데요. 그래 인자 거 갖다 묻으이께네 그 아가 참 새로 득천해 하늘에 올라가고. 그래 다시 살았답니다."[54]

<우투리>에서는 <아기장수>에 비해 상대적으로 어머니의 과오가 더 크게 부각된다. 어머니는 비밀 누설의 혐의를 안고 있으며 이는 곧 '자식살해'의 의도가 조금 더 강하게 개입된 양상을 짐작케 한다. 또한 <아기장수>와 달리 아버지는 전혀 등장하지 않으며 '우투리'를 낳은 생물학적 아버지보다는 '우투리'의 존재를 두려워하는 '관장'이나 '이성계'의 역할이 더욱 두드러진다. <우투리>에서 '우투리'의 죽음을 직접적으로 요구하는 것은 추상적인 집단이나 '우투리'의 부모가 아니라 '우투리'가 새로운 세계의 중심이 될 것을 두려워하는 기존 권력 질서의 구심적 존재다. 이들은 곧 생물학적 아버지와는 다른, 또다른 상징적 아버지로서 '부친살해'의 대상, 혹은 '자식살해'의 주체로 이를 만하다.

---

53) 『대계』 8-14, 216~218면.

54) 『대계』 7-12, 150~151면.

이에 따라 <우투리>에서는 '부친살해'의 역방향 변주가 더욱 극적으로 구현된다. <아기장수>에서보다 '자식살해'의 의미지향이 더욱 강하게 드러나며 이로 인한 갈등과 대결 국면 또한 더욱 명확하게 가시화된다. 실수로 비밀을 폭로한 어머니의 존재를 강조하면서도 어머니 너머에 자리잡은 상징적 아버지의 존재를 초점화한다는 점에서 <우투리>는 <아기장수>보다 더 뚜렷한 사회의식과 정치적 인식을 보여준다. 그리고 '우투리'의 어머니를 비판하고 '우투리'의 죽음을 갈망한 '관장'이나 '이성계'를 비난하면서 '우투리'의 죽음을 안타까워하는 연행자들의 발화 속에는 '반(反) 부친살해'에 대한 비판과 반성의 의지가 개입되어 있다.

<아기장수>와 <우투리>는 이처럼 '자식살해'의 서사를 구현하되, 앞서 살펴본 효행 서사들보다 신화적 서사(특히 '기아' 모티프가 등장하는 서사)를 계승하는 성격이 강하다. 우선 '아기장수'와 '우투리'는 알에서 태어나는 '비동일성' 때문에 버려져야 했던 신화의 주인공들과 마찬가지로 남다름의 징표인 '날개'나 '예지 능력', '특별한 재생 능력' 때문에 공동체를 위험에 빠뜨릴 위기 징후로 인식된다. <아기장수>에서 집단이 그에 대한 살해를 결정하고 그의 부모로 하여금 이를 감행하게 하는 것이나, <우투리>에서 기존의 권력 집단과 질서가 그를 찾아 살해하는 데 혈안이 되어 나서는 것은 모두 이와 같은 이유 때문이다. 특히 <우투리>의 경우 신화적 주인공들과 마찬가지로 '아버지 부재'의 상황에서 사건이 시작되며 이것이 '자식살해'의 간접적인 요인이 되기도 한다. 신화에서처럼 어머니가 주인공을 지원하거나 안내하는 것은 아니지만 그에 대한 거부가 부모에 의해 주도되는 것이 아니라 사회적인 권력이나 기존 질서에 의해 주도되는 상황 역시 비슷한 양상으로 전개된다.

효행 서사와 달리 이들 이야기에서는 가족 내부의 관계보다 공동체 내의 정치적 역학 관계가 서사적으로 더욱 초점화된다. <손순매

아>와 <동자삼>에서 '자식살해'를 추동하는 이념적 동력-'효'라는 가치와 규범-은 가족 외부에 있지만 '자식살해'의 결정과 실행은 가족 내부의 영역에 국한된다. 반면에 <아기장수>와 <우투리>에서 '자식살해'를 결정하는 심급은 가족 외부에 있는 것으로 설정된다. '아기장수'의 부모나 '우투리'의 어머니는 '자식살해'를 실행하거나 이를 방조·지원하지만 '자식살해'를 주도하는 진정한 주체로 파악하기 어렵다. '아기장수'의 부모는 공동체의 결정을 대리한다는 점에서, 공동체의 명령에 따라 자기 자식을 스스로 죽여야 하는 운명에 처한다는 점에서 '아기장수'만큼이나 비극적인 주인공들이다. '우투리'의 어머니 역시 인간이라면 누구나 가질 수밖에 없는 본능과 한계 때문에 아들이 제시한 금기를 어기고 아들의 비밀을 폭로하게 되지만 이것을 그녀의 자발적 의지나 윤리적 판단의 결과로 보기 어렵다.

<아기장수>의 경우 그의 살해를 결정하는 것은 가문이나 지역 공동체다. 또한 이들이 아기장수를 죽여야 한다고 판단하는 이유는 그가 자라 '역적이 될지도 모르기 때문'이다. 아기장수의 존재가 기존 질서와 가치를 무너뜨리는 위험요소가 될 수 있다고 판단한다는 점에서 '아기장수'에 대한 공포와 불안은 가족의 것이기보다는 공동체의 것이며, '아기장수'를 죽이는 '자식살해'의 논리적 배후에는 공동체의 유지와 존속을 최우선의 가치로 두는 규범적 가치가 존재한다. 공동체의 질서와 가치 수호가 개인의 생명과 존엄보다 우선시되며, '자식살해'를 강제할 만큼 절대적인 힘을 지니고 있는 것이다.

<우투리>에서 '우투리'를 죽여야 한다고 생각하는 것은 이성계나 관장으로 표현되는 기존 권력 질서의 구심이다. '우투리'의 능력을 알아본 관장이나 지리산 산신 등을 통해 미래 권력 질서의 중심으로서 '우투리'의 운명을 알게 된 이성계가 자신의 권력 질서에 위협이 될 인물임을 감지하여 그를 죽이러 나서는 것이다. 이 과정에서 '우투리'의 어머니가 본인의 의지와는 상관없이 실수를 하고 비밀을 폭

로하여 '우투리'의 과업을 그르치지만-그리하여 결과적으로 '자식살해'에 동참하는 주체가 되지만-, 이것을 '우투리' 어머니의 자발적인 선택과 행동으로 보기는 어렵다. 기존 권력 질서에 동화되거나 포섭되어 있다는 점에서 그 역시 '자식살해'의 주체로서 '아버지'라는 표상의 일부분을 구성하지만 '자식살해'의 행동과 결단을 모두 그녀의 몫으로 돌릴 수는 없기 때문이다.

'우투리'는 앞선 이야기들에 비해 훨씬 더 서사적으로 초점화된 인물 형상을 지닌다. 그는 단순히 '자식살해'라는 사건의 대상으로만 등장하지 않고 자기 의지와 목표를 가지고 능동적으로 움직이는 인물로 그려진다. 그리하여 <우투리>에서는 '부친살해' 역방향의 서사적 운동성으로 인한 갈등이 앞선 서사들에 비해 훨씬 더 구체적으로 형상화된다. 자신이 중심이 된 새로운 세계를 건설하기 위해 행동에 나서는 '우투리'와, 자신도 모르게 이를 방해하게 되는 그의 어머니, 그리고 '우투리'를 찾아 그를 죽이기 위해 혈안이 된 이성계나 관장의 군사들 사이에 대립과 갈등이 구체적인 사건으로 그려지고 있다. 특히 마지막 장면에서 '우투리'는 자신을 죽이러온 군사들과 무력으로 대립하게 되는데 전쟁을 방불케 하는 이 싸움은 '우투리'로 표상되는 새로운 질서와 '이성계나 관장'으로 대표되는 낡은 질서 사이의 대립과 갈등을 가장 상징적으로 보여주는 장면이라 할 수 있다.

<아기장수>와 <우투리>에서도 '자식살해'에 동조하는 어머니의 모습을 발견할 수 있다. 그러나 이들 이야기에서 어머니는 자식에 대한 도리나 애정보다 공동체의 규범과 가치를 더 높이 평가하는 주체로 등장하지는 않는다. 다만 이들은 공동체의 권위와 권력에 굴복당한 모습으로 등장할 뿐이다. 이점에서는 '아기장수'의 아버지도 크게 다르지 않다. 아버지가 부재한 <우투리>의 경우에는 '자식살해'의 주체가 가족 관계로 표상되는 생물학적 부모가 아니라 공동체의 법과 권력 등으로 표상되는, 상징적 존재로서의 '아버지'로 그려진다.

특히 '아기장수'나 '우투리'의 죽음을 요구하는 권력과 질서가 가부장적 남성 주체의 그것이라는 점을 상기할 때 '아기장수'와 '우투리'의 어머니는 '자식살해'의 주체이기보다는 사건을 연결하는 한 고리에 지나지 않는다. 그녀는 새로운 질서의 등장을 용납하지 않는 가부장적 구질서의 의지를 대리하는 도구적인 존재에 불과한 것이다.

<손순매아>나 <동자삼>에서는 '자식살해'라는 사건이 가족 내 영역으로 축소되면서 개인의 윤리적 문제로 치환된 데 반해 <아기장수>와 <우투리>에서는 '자식살해'의 사건이 끊임없이 공동체의 정치적 맥락을 환기하면서 공동체 내 신·구 질서의 대립을 둘러싼 문제를 제기하고 있다. 효행 서사에서는 '자식살해'가 가족이나 개인의 문제로 치환되는 바람에 정작 '자식살해'의 배후 논리나 '자식살해'를 둘러싼 갈등의 핵심 지형도가 부분적으로 지워지거나 은폐되었던 것과는 달리, <아기장수>와 <우투리>에서는 '자식살해'가 공동체의 정치에 결부된 사안임을 적극적으로 드러낸다. 이와 같은 변화는 '자식살해'에 개입한 이념과 논리를 비판적으로 사유하는 틈새를 만들 수 있다. 개인의 문제로 국한될 때 '자식살해'는 윤리적인 상찬이나 도덕적인 비난의 대상이 될 뿐이지만 공동체의 문제로 환기될 때 '자식살해'는 '공동체적 규범과 가치로의 동화와 이에 대한 순응, 그리고 정반대 방향으로의 탈주적 움직임'이라는 정치적이고 윤리적인 쟁점을 부각시킬 수 있기 때문이다.

더구나 <아기장수>와 <우투리>에서는 '자식살해'를 도덕적 결단으로 미화했던 효행 서사들에서와 달리, 서사적으로 '자식살해'에 대한 반성과 회의(懷疑)의 징후가 드러난다. <아기장수>에서 '아기장수'의 죽음 이후에 등장하는 '용마(龍馬)'는 '아기장수'의 남다름이 신성한 것이었음을 드러내는 동시에 그가 현질서에 용납되었더라면 '아기장수'를 죽음으로 몰아넣은 이들을 구원할 수도 있는 장수였음을 보여주는 존재다. '용마'의 등장으로 '아기장수' 살해에 동참했거

나 이를 방관했던 이들은 자신들의 판단과 행동이 어리석은 것이었음을 깨닫게 된다. <우투리>의 경우에도 바위문을 열었을 때 수많은 군사들과 함께 일어서는 '우투리'의 모습은 그가 지닌 엄청난 재생능력과 그 능력의 신성성을 짐작케 한다. 한 명의 군사와 단 하나의 화살이 모자라 죽음을 맞이하는 '우투리'의 운명은 현질서의 도전과 어머니의 실수가 아니었다면 '우투리'가 세상을 바꾸는 인물이 될 수 있었음을 보여준다.

특히 이들 서사가 만들어내는 비극적 효과는 이와 같은 반성과 비판의 어조를 한층 강화한다. 어떠한 보상으로도 봉합되지 않고 오로지 극단의 비극으로 마지막을 장식함으로써 서사를 향유하는 이들에게 강렬한 슬픔과 연민의 파토스를 경험하게 하는 것이다. 이와 같은 파토스적 공감과 몰입은 '아기장수'나 '우투리'의 죽음을 요구한 질서나 가치를 회의하고 비판하게 만든다. 왜 그를 죽여야 하고, 그를 죽이는 것이 공동체를 위한 필연이었는지를 묻게 만드는 것이다. 비극적 서사의 비판적이고 성찰적인 효과는 연행자들의 개별 발화와 논평으로도 이어져, <아기장수>와 <우투리>의 연행자들은 종종 '아기장수'의 부모나 '우투리'의 어머니를 책망하거나 '아기장수'나 '우투리'를 용납하지 못하는 공동체의 한계를 비판하곤 한다.[55] 연행자들의 발화는 <아기장수>의 경우 더욱 적극적이어서, 태어나자마자 부모를 먼저 죽이고 뜻을 실행에 옮겼어야 한다고 말하거나 '아기장수'와 같은 존재를 살려두지 못했기 때문에 전쟁이나 식민지 경험을 할 수 밖에 없었다고 말하기도 한다.

이처럼 <아기장수>와 <우투리>는 신화적인 성격을 드러내면서도 본격적인 '자식살해'로 나아가는 '부친살해'의 역방향 변용 조짐을 드러낸다. <손순매아>나 <동자삼>에 비해 더욱 극적인 갈등과 더욱

---

55) 연행자들의 개별 발화 내용은 김영희의 앞의 논문 참조.

구체적인 '자식살해' 장면을 구현하지만 앞선 효행 서사가 '거짓 보상'을 통해 '자식살해'의 모순과 억압을 은폐하면서 공동체적 가치와 규범만을 전면에 내세운 데 반해 <아기장수>와 <우투리>는 이와 같은 '부친살해' 역방향의 움직임에 일정한 균열이 발생하고 있음을 보여준다. 이야기 속 주인공들의 뒤늦은 반성이 연행 주체의 존재론적 성찰로 이어져 공동체와 개별 주체 사이의 사회적이고 심리적인 갈등과 긴장, 그리고 양자 사이의 정치적 균형에 대한 비판적 사유를 끌어내는 것이다.

3. 비밀폭로자로서의 '어머니'

'부친살해'는 입사적 상징성을 띠기도 한다. 한 개인이 독립적인 인격체로 성장하기 위해서는 자기 세계의 중심이 되어야 하는데 세계의 중심이 된다는 점에서 누구나 자기 신화의 주인공이 되는 것으로 생각할 수 있다. 자기 세계의 중심이 되는 길에는 반드시 '부친살해'의 입사적 과정이 뒤따른다. 자기 세계의 중심이 되기 위해 '아버지'에 종속된 선을 끊고 '아버지'의 세계를 벗어나야 하는 것이다. '아버지'의 세계에 종속된 채로는 자기 세계의 중심이 될 수 없기 때문이다.

사회입문, 곧 입사(入社)는 통과의례의 과정이다. 통과의례는 필연적으로 전(前) 존재로부터의 분리와 단절을 전제로 한다. 새로운 존재로 거듭나기 위해서 과거의 존재는 죽어야 하는 것이다. 여러 인류학자들의 보고서를 통해 통과의례가 실제로 죽음의 과정을 그대로 본뜨고 있으며, 의례에 참여하는 사람들은 입문자들이 실제로 '죽었다가 살아난다고' 믿고 있음을 확인할 수 있다. 그리하여 사회입문을 위한 통과의례는 매우 혹독하게 치러진다. 캠벨은 의례의 목적이 의식적인 삶의 패턴은 물론 무의식적 삶의 패턴까지 변화를 요구하는 변형의 문턱을 넘게 하는 데 있다고 지적하고, 이로 인해 통과제의는 애착이나 생활 패턴으로부터의 심적인 단절을 위해 극히 가혹한 단절의 체험이 되는 경우가 보통이라고 하였다.56)

이와 같은 통과의례의 가혹함은 어머니로부터의 분리를 전제로 한다는 데 있다. 어머니로부터의 분리는 가장 강력한 불안을 야기하며 무의식의 심층에 각인될 만큼 강렬한 상실감을 유발한다. 어머니는 모든 평화와 안식의 근원이며 어머니와의 합일은 가장 원초적인 합일을 상징한다.57) 따라서 어머니로부터의 분리는 원초적 상태롤 탈피하여 사회적 존재로 거듭나는 첫걸음을 의미한다. 특히 인간은 어머니로부터 독립하기까지의 과정이 다른 동물에 비해 길기 때문에 어머니의 품을 벗어나는 데 상당한 고통이 따른다. 그러나 이 고통을 극복하고 어머니로부터의 분리 및 독립을 이루어내지 못하면 유아기적인 심리적 고착 상태를 면하기 어렵다.

'부친살해'가 역방향으로 변주하면서 '자식살해'로 나아가는 서사 속에서 '자식살해'를 주도하거나 방조하는 주체는 대부분 '어머니'로 그려진다. 아버지는 배제된 채 어머니에 의해 분리 작업이 주도된다는 점에서 이들 서사는 '부친살해' 서사와는 다른 주제를 구현한다. 더구나 이들 이야기에서 '자식살해'를 둘러싼 갈등의 중심축은 어머니와 딸, 혹은 아버지와 아들이 아니라 어머니와 아들 사이에 형성되며, 아들의 죽음을 요구하는 것은 어머니 배후의 아버지, 혹은 아버

56) 조셉 캠벨 저, 앞의 책, 22면 참조.

57) 프로이트는 어머니가 인간에게 최초의 사랑의 대상이라고 하면서 어머니와의 친밀한 관계가 인간에게는 일종의 낙원이라고 하였다.(프로이트 저, 프로이트 총서, 『정신분석강의(하)』, 열린책들, 1997 참조.) 신화학자인 조셉 캠벨 역시 어린 아이와 어머니의 관계를 개인이 우주와 완전한 조화와 일치를 이룬 상태로 설명하였다.(조셉 캠벨, 과학세대 역, 『신화의 세계』, 까치, 1999(2판) 참조.) 그러므로 어머니의 폭로와 배신에 의한 죽음은 곧 낙원으로부터의 분리, 우주와의 완전한 조화와 일치의 상태로부터의 일탈을 의미하는 것이 된다.

지들의 세계와 질서다.

이들 서사에서 아들의 죽음은 어머니의 발견과 공모, 혹은 어머니의 실수나 비밀 폭로에 기인한다. 이 때문에 많은 연행자들은 '아기장수'나 '우투리'의 어머니를 비난하는 논평을 연행 말미에 덧붙인다. '아기장수'나 '우투리'의 죽음을 안타깝게 여기는 정서가 강할 때 이들의 어머니에 대한 비난의 어조 또한 더욱 거세진다.

<아기장수>의 경우 어머니가 아기장수의 날개를 발견하고 그 날개를 위기 징후를 인식하여 이를 남편 등과 의논하는 행위는 특정한 의도에 의한 것이라기보다는 비극적 필연성에 이끌린 불가피한 상황으로 그려진다. 더구나 아기장수를 죽여야 하는 이유가 '가문의 안전'이나 '기존 권력에 대한 순종'에 있음을 확인하고 보면 그 어머니의 판단과 행동은 가부장적 논리를 거부하지 못한 채 순응한 데 따른 결과일 뿐, 자기 자식을 직접 죽여야 하는 그녀 역시 가부장적 질서의 또다른 희생자일 뿐이다.

이에 따라 일부 연행 주체들은 아기장수의 어머니에 대해 연민과 동정의 감정을 드러내기도 한다. 그러나 다른 한편 그녀를 '대리자'나 '희생양'으로 인식하기보다 아기장수의 죽음에 책임을 져야 하는 '죄인'으로 인식하는 연행 주체들도 종종 만날 수 있다. 기존 권력에 순응하고 가문의 안전을 개인의 안위보다 우선시하는 가부장적 논리가 자기 자식을 직접 죽여야 하는 고통스런 행위를 그녀에게 강제하고 있음에도 불구하고 연행 층위 발화에서 초점이 되는 것은 아기장수를 죽음으로 몰고간 가부장적 질서나 논리가 아니라 '어머니의 방정맞은 행동과 잘못된 판단'이다.

사실상 아기장수의 날개를 발견하고 남편이나 가족, 집안 어른, 이웃 등에게 그 사실을 발설한 어머니의 행동은, 일상적 동일성에서 벗어난 어떤 것을 발견한 데 대한 놀라움과 그것이 기존 권력 질서 내에서 금기시된 어떤 의미를 내포하고 있다는 점을 인식한 데 따른 두려움에서 비롯된 행동이라는 점에서 '비밀 폭로'라기보다는 '비밀 누설'에 가깝다. 더구나 '성(聖)'의 비밀을 함부로 누설해선 안 된다는 것은 암묵적인 금기일 뿐 실제로 그녀에게 직접적으로 금기가 제시되지도 않은 상황이기에 그녀의 발설은, '성(聖)'으로부터 분리되어 이제 더이상 성적 현현(顯現)을 일상적인 사건으로 받아들이거나 '성'의 영역이 일상 가까이에 공존한다고 인식할 수 없는 보통의 인간이라면 누구라도 쉽게 할 수 있는 행동이다.

그럼에도 불구하고 일부 연행자들은 이 이야기의 연행을 통해 '설사 어머니라 하더라도 여성을 믿고 중요한 비밀을 털어 놓아서는 안 된다'거나 '여자들은 성급하고 방정맞다'는 등의 언설을 유포한다. 때로는 연행 동기 자체가 여성이 왜 신뢰할 수 없는 존재인가를 설명하는 데 있기도 하다. 아래 연행 자료에서 최막희(여, 71세)씨는 60대 후반 이상인 너댓 명의 여성들이 모여 앉은 자리에서 친정에서 들은 이야기라며 <아기장수>를 연행하였다. 연행 현장의 여성들은 '여성의 입이 요물'이라거나 '여자들이 방정맞게 굴어서 큰 일을 그르친다'는 등의 이야기를 나누고 있었는데 그 와중에 최막희씨가 갑자기 생각난 듯 <아기장수> 이야기를 연행하였다.

> "표충사 그 매바우라는 카는 고 동네 장군이 □□ 해쌓고. 그래 그, 애기즈가버지가 절의 중이거든. 중인데, □□당이라고 그 중 자나, □□ 중은 모지리 무슨 당, □□당, □당, □□당, 당이 붙었어, 자가. 끝자가. 그래서 그래, 할마이가 애기를 뱄는 기라. 집은 아무도 없고 혼차 있이니께네 이부 사람은 해복□ 좀 해주고 가라 이리 돼가 해복□ 해주러 가이께네 참, 애기를 턱 놔노니께네 마, 아가 천장에 턱 붙었어. 턱 들어붙디니마는 말로 하는데 그래 '저, 어매요, 절대로 그렇지, 날 낫다 하지 마래이. 누가 물어도 날 낫다 카지 마라. 나가 죽어 다 카고 날로 낫다 카지 마라. 카지 말아야 내가 살지, 카믄 난 못 산다. 어매도 죽고 내 죽고.' 그 전엔 저, 저, 장군 노믄 이미

도 죽여 다 카대. (김수조 : 에미도 죽여 다. 그래 말이 안 났지.) 어. 쥐이 뿐다 하대. 그래 절대로 카지 마라꼬 그래 부탁을 해놓고 그래, 방에 이래 떡, 그럼 어디로 갔는지 흔적이 없어 가뿌고 (김수조 : 우얄끄나?) 그래 떡 있이니꺼네 인자 애기 터는 거 보고 정재 인자 해복□□ 사람하고 미역 빨고 뭐, (김수조 : 그래.) 밥 하는, 첫 밥 할, 아를 터는 □□ 오라 캤는데 밥을 채리는데, 밥을 해가 턱-드가보니 아 어마이만 있고 아는 인자 그래 없어가지고 그래 애기가 우 노? 알로 와 없노? 그캐싸. 그래 이바구를 해 어. (김수조 : 그렇다, 그거.) 즈거매□□□ 아는 어디로 갔는가 흔적도 없고 그래가 그 끝으로 뭐를 우얘 됐는 그거는 모르지. 그래 다, 그래 이바구는 그래 하대. (김영숙 : 뭐 할라고, 가만 있어보제.) 딴 데서 안 나고 염씨네 집 아 거 그서 났다. 염씨네. 매바우 그 동네 염씨네가 많이 살았거든. (김영숙 : 머시 되나 가만-있어보지.) 그거는 □□□□ (김영숙 : 그 □□ 여자 입이 요물이라 안 카나?)"58)

최막희씨의 연행 자료에는 같은 유형에 속한 다른 각편의 이야기에서는 등장하지 않는 금기 제시와 금기 위반의 단락이 덧붙여져 있다. 아기장수의 어머니를 금기 위반자, 비밀 폭로자로 설정해 놓고 아기장수의 죽음에 대한 책임을 그에게 묻고 있으며 한 걸음 더 나아가 아기장수가 먼저 그 어머니를 죽였어야 한다는 주장까지 제시하고 있다. 연행 주체들은 아기장수의 어머니를 '대리자'가 아닌 '죄인'으로 인식하고 있을 뿐 아니라 이런 인식에 바탕하여 서사 문맥을 일부분 변형시켜 그녀를 '위반'과 '폭로'의 주체로 형상화하고 있는 것이다.

이렇게 해서 여성은, 성적 존재인 동시에 미래의 희망과 대중의 열망을 한 몸에 안고 있는 아기장수를 죽음으로 몰고가는 부정적 현

---

58) 경남 밀양시 산내면 오치 김수조(여, 73세)씨, 김영숙(여, 68세)씨, 최막희(여, 71세)씨의 연행 자료(2002.1.6).

실을 정초한 '죄인'이 된다. <아기장수>의 연행은 이와 같은 인식을 공유하고 재확인하는 기능을 하게 되며, 이러한 과정을 거치면서 아기장수의 어머니는 점차 아기장수의 죽음에 전적으로 책임을 져야 하는 '죄인'으로 거듭나게 된다.

그러나 아기장수 어머니에게 물어야 할 책임은 아기장수를 죽음으로 내몬 '발설'과 '살해 행위'에 있는 것이 아니라, 아들의 죽음과 모자 관계의 훼손을 요구하는 가부장적 논리와 권력 질서에 반항하지 않고 순응한 데 있다. 하지만 이는, 자신의 아들을 죽음으로 내몰면서까지 묵수하고 순응할 정도로 가부장적 이데올로기가 그녀의 무의식 깊숙한 곳에 자리잡고 있음을 반증하기도 한다. 더구나 위의 연행 자료를 통해서도 확인할 수 있듯이, 이 남성 중심적 질서 관념과 이데올로기는 강고하고 그 역사가 오래되었을 뿐만 아니라 사회 구성원들 개개인에게 당위적이고 자연적인 가치로 내면화되어 있기에 여성 연행 주체들의 신체에도 깊이 각인되어 있다.

반면 <우투리>에 등장하는 어머니는 <아기장수>에서처럼 아기장수를 직접 '살해'하지 않는다. 그러나 그녀는 치명적인 실수로 아기장수를 위기에 빠뜨릴 뿐만 아니라 금기를 어기고 비밀을 발설하며 결정적인 순간에 아기장수가 들어간 바위 문을 여는 비밀을 알려줌으로써 결국 자신의 아들을 죽음으로 몰고가는 직접적인 원인을 제공하고 만다. 이 때문에 <우투리> 연행에서 연행 주체들은 더욱 직접적이고 노골적으로 어머니의 잘못을 비난한다.

<우투리>에서도 어머니의 비밀 발설은 폭로의 의도를 가진 것이 아니라 위협 앞에 굴복한 것에 지나지 않는다. 그럼에도 불구하고 어머니의 발설은 재생이 막 완성되려는 마지막 순간의 실패와 함께 다시 언급됨으로써 재생 실패의 직접적 원인으로 재확인되며, 이에 따라 어머니의 발설은 '폭로'의 혐의를 얻게 된다. 그리고 그 결과 여성은 다시 한 번 '못 믿을 존재', '큰 일을 그르치는 방정맞은 존재'로

재각인되는 것이다. 연행 과정에서 이러한 재각인은 때때로 아기장수와 어머니의 관계를 대립과 갈등 관계로 형상화하는 서사 변형으로 이어지기도 한다.

그러나 <우투리>의 연행자들이 우투리 어머니에 대한 동정과 연민의 시선을 완전히 거두어 버리는 것은 아니다. 위협 앞에 어쩔 수 없이 아들의 비밀을 털어 놓아야 하는 어머니의 비극적 상황에 대한 공감과 연민을 드러내는 연행자들을 간혹 만날 수 있다. 그러나 설사 어머니의 비밀 발설이 폭력적 위협에 의해 이루어진 것이라 하더라도, 그녀가 자신의 목숨을 내놓을지언정 아들의 재생을 도왔어야 한다는 판단이 더욱 지배적이다.

> "낳는디 웃도리만 낳더랴. (조사자 : 위에만 있어요?) 응. 윗도리만 낳더랴. 그 이름이 동네에서 웃돌래매라고 불르는데, 그런디 그 양반 말은 서식이라 그러대. 팥. 꿈에 나 낳걸랑 팥 두 되 허구 저 허구 갖다 어떤 무슨 산 밑이가 바우 밑이 구녁이 있응께 거기다 놔 달라고 그러더랴. 그랬는디 그러구서 아무에게도 암말을 하지 말라고 그러고. 낳아서 그냥 갖다놨댜. 아무 말도 말으라고 지 어매 보고 했는데 엄마는 아무 말도 안 했는디 근데 그걸 어뜨케, 그래도 역적들이 알아 갖구서는 그걸 찾으러 참, 서서 동네마다 댕기는 판인디, 이웃집 어매가, 이웃집 마누라 하나가, '웃돌래마, 웃돌래매, 저기 저 비 올라고 그러는데 장광 덮으소.' 그러드라네. 그 사람이 눈치를 챘어. 그러고 들어가서는 좇는거여. 웃도리 나서 어쯔케 했느냐고. 죽어도 안 해야 하는데 엄청 조자댕게 혔자녀. 데리고 갔자녀. 데리고 갔는디 장수가 됐더래. 장수 돼 가지고 팥이, 팥 서 되가 군사가 다 됐더랴. 그래서 **그때 웃돌래 어매가 자기가 죽어두 그 얘기를 안 해야 허는디 그랬다고. 그 실패 됐지.**"[59]

59) 충남 부여군 양화면 수원리 이두환(남, 87세)씨의 연행 자료(1998.2.11).

서사적인 층위에서 볼 때, <우투리>에서 드러나는 갈등은 어머니와 아들 사이가 아니라 우투리의 존재를 인정할 수 없는 기존의 권력 질서와 새로운 질서의 구심으로 거듭나려는 우투리 사이에 존재한다. 따라서 연행 주체들 역시 자연스럽게 이 갈등에 초점을 맞춰 상황을 평가하고 판단해야 할 것으로 보이나 연행 주체들은 우투리를 죽이려고 하는 '그들'보다 위협 앞에 비밀을 발설하고 만 '그녀'를 집중적으로 비난하고 있다.

'그녀'에게 잘못이 있다면 위협 앞에 자신의 목숨을 던져서라도 아들을 지켰어야 할 것이나 그러지 않았다는 것, 바로 이 잘못으로 인해 '그녀'는 부당하게 우투리를 죽이려고 하는 이들을 제치고 우투리의 죽음에 책임을 져야 할 첫 번째 죄인으로 언급된다. 연행 주체들 역시 기존의 권력에 도전해선 안 된다는, 그러한 도전이 안정된 삶의 기반을 위협할 수 있다는 가치를 내면화함으로써 우투리를 죽이려는 권력 주체를 도덕적 판단의 선상에서 지워버린 것이다. '그들'이 지워진 자리에 '그녀'가 올라옴으로써 '그녀'의 비밀 발설은, '비밀 폭로'의 혐의는 물론 우투리의 죽음에 대한 모든 책임까지 떠안게 된 것이다.

<아기장수>와 <우투리>에서 '그녀들'의 비밀 발설은 의도되지 않은 행동으로, 폭로보다는 누설에 가까우며 그들의 행위는 악의에 찬 행동이라기보다 인간이라면 누구나 저지를 수 있는 실수나 한계에 가깝다. 그러나 이들 이야기의 연행에서 연행 주체들은 비밀을 발설하는 행위가 의도된 것인가, 어떤 의도에서 비롯된 것인가, 동기는 무엇인가 등을 묻지 않고, 그들의 행위를 '비밀 폭로'로 단정한 후 이에 대해 도덕적인 재단을 가한다.

서사 층위에서 아기장수의 죽음이나 풍수의 재생 실패라는 파국은 비극적 필연성에 이끌린 결과로 드러나며, 이와 같은 결과를 요구하는 논리와 주체는 '그녀들'이 아닌 다른 곳에 있다. <아기장수>에서

아기장수의 죽음을 요구하는 것은 가문의 보전을 어린 생명의 가치보다 우선시하는 가부장적 논리이며 비동질적인 존재의 출현을 위기 징후로 인식하는 남성적 권력 질서이다. <우투리>에서도 정작 우투리의 존재를 부정하고 거부하는 것은 기존의 권력자로 대표되는 남성 중심의 권력 질서이며 이들이 두려워하는 것은 기득권을 위협하는 새로운 질서의 등장과 변화이다.

애초에 권력 질서와 기득권으로부터 소외되어 있던 여성 주체에게 아기장수나 우투리는 위협적인 존재가 아니다. '그녀'가 아기장수나 우투리의 '남다름'을 위기 징후로 인식하거나 아기장수나 우투리의 존재를 부인하고자 하는 권력 질서에 반항하지 못하는 것은 남성 중심적 가치를 깊숙이 내면화하고 있기 때문이며, 이는 곧 '남성 지배'의 산물이라고 할 수 있다. 아들의 죽음을 요구하는 가부장적 논리와 남성적 권력 질서의 핵심에는 남성 주체들이 존재하며, 여성 주체인 어머니는 이들의 대리자로 나섰을 뿐 아기장수나 우투리의 죽음을 가장 절실히 원하는 것도, 살해를 공모하고 주도하는 것도 사실상 남성 주체들이다. 그러나 연행 주체들은 연행 과정에서 아기장수나 우투리의 죽음을 요구하는 것이 누구인지, 무엇인지 묻지 않는다. 그저 그 죽음의 원인이 '그녀들의 비밀 폭로'에 있다는 사실만을 반복해서 내세울 뿐이다.

자식을 위해 모든 것을 헌신하고 자식의 성공을 위해 어떤 일도 할 수 있으며 자식의 생명을 위해 자신의 생명까지도 버릴 수 있는 것이 저 위대한 '모성 신화'가 들려주는 어머니의 역할과 도덕인데 반해, 오히려 우투리의 어머니는 자신의 생존과 안위를 위해 자식의 생명을 희생했던 것이다. 더구나 그 자식이 가문의 권력을 계승할 아들이라면 '모성 신화'의 관점에서 어머니의 희생은 너무나도 자연스럽고 당연한 일이 된다. 더욱이 아기장수의 어머니에게 모성을 외면한 채 아들 살해에 동참할 것을 요구한 것은 '남성 지배'의 논리였다.

그러나 연행 과정에서 '그녀'에게 모성 부정을 요구한 '남성 지배'의 논리는 어느덧 자취를 감추고 모성 부정의 혐의만이 덩그러니 남아 '그녀'를 단죄하는 근거로 활용되는 것이다.

<아기장수>와 <우투리>에 등장하는 비밀 폭로자로서의 여성 주체들에 대한 이와 같은 처벌은, 남성 중심 사회에서 여성이 가질 수 있고 가져야 하는 사회적 정체성과 기대 역할의 내용을 지시하는 '모성 신화'가 전제될 때 가능하다.[60] 다시 말해서 두 비극적 서사의 여성 주체들은 비밀 폭로의 행위 외에 어머니이자 아내로서 갖추어야 할 태도와 역할에 관한 규범을 준수하지 않았기 때문에 더욱 냉혹한 처벌을 받은 것이다.

여성은 남성 중심의 사회 질서 내에서 결혼을 통해 아내이자 어머니로서의 지위를 획득한 후에야 비로소 사회적 주체로 승인받게 된다. 여성은 '그녀 자신의 욕망의 독자성을 갖지 못한 채 그녀의 가족적 상황(아내, 어머니)의 보편성'[61]만을 가지게 되며, 여성의 영역과 장소는 가족과 가정으로 국한된다. 여성학자들은 남성 중심의 사회에서 여성이 획득할 수 있는 사회적 정체성에 대해, '어머니의 책임감이 사회의 질서를 유지시켜 준다는 관념 아래 결혼한 여성인 '그녀'에게 어머니의 역할, 즉 자녀 양육의 정체성 외에 다른 정체성은 허용되지 않는다'[62]고 말한다. 남성 지배의 사회가 여성을 주체로 호

60) 남성 중심의 사회가 승인하고 기대하는 내용과 방식으로 여성들이 사회적 정체성을 형성하고 역할을 수행하게 만들기 위해서는 불가피하게 이와 같은 '모성 신화'의 구축이 필요하다. 바로 이 지점에서 '모성 신화'는 '가족 이데올로기'와 결부되는데, '가족 이데올로기'는 여성들로 하여금 현재의 가족과 친족 구조를 가장 자연스럽고 정상적이며 바람직한 것으로 인식하게 만든다. '가족 이데올로기'는 이와 같은 작용을 통해 여성의 사회적 지위를 가정의 영역으로 합법화함으로써 여성들에게 공적 조직이 아닌 자신의 가족과 친족 집단에 성실할 것을 요구하며 다른 여성들과 갖는 공통된 이해에 대한 인식을 약화시킨다(캐롤린 라마자노글루, 김정선 옮김, 『페미니즘, 무엇이 문제인가』, 문예출판사, 1997, 235~236면 참조).

61) 쥬느비에브 프레스, 「성적 차이의 철학적 역사」, 『성적 차이와 페미니즘』, 뤼스 이리가레 외, 권현정 편역, 공감, 1997, 14면.

명하는 유일한 방식이 바로 '모성'인 것이다.[63]

'모성 신화에 의한 처벌'이 아닌, '모성 훼손'의 주제를 두 이야기에 내재한 가부장적 논리의 표출로 이해할 수도 있다. 비극적 결과를 초래한 비밀 폭로가 어머니에 의해 자행된다는 설정 자체가 모성의 본질을 왜곡하고 훼손한 것으로 인식될 수 있기 때문이다. '모성 훼손'의 관점에 기반하려면 '모성' 자체를 여성의 고유하고 본질적인 속성으로 인정해야 하는데, 이때 '모성'에 대한 신화가 바로 여성을 억압하고 처벌하는 기제로 작용한다는 사실을 간과해선 안 된다.

'모성 신화'는 모성을 고유하고 본질적인 여성의 속성으로 신비화, 절대화함으로써 여성의 정체성을 모성성에 가두고 여성의 활동 영역을 가정으로 국한하는 역할을 수행한다. 또한 여성의 존재 가치를 '모성'에 한정함으로써 '모성 신화'가 지시하는 내용만이 여성의 모든 역할과 가치를 평가하는 유일한 기준이 되어 버린다. 따라서 <아기장수>와 <우투리>의 연행에 개입된 남성 지배 이데올로기의 작용을 '모성 훼손'의 관점에서 비판할 경우, '남성 지배'를 비판하기 위해 시작된 논의가 오히려 '남성 지배' 담론의 논리를 벗어나지 못한 채 자가당착(自家撞着)에 빠지는 논리적 오류를 범할 수 있다.

이렇듯 <아기장수>와 <우투리>의 '자식살해' 서사에서는 아기장수나 우투리의 어머니에 대한 과도한 처벌과 비난의 징후가 포착된다. 이는 효행담의 경우와 마찬가지로 이들 이야기의 연행이 젠더화 전략에 기여하면서 '남성'과 '여성'이라는 젠더 주체 형성에 작용하는

---

62) 한국영미문학페미니즘학회, 『페미니즘: 어제와 오늘』, 민음사, 2000 참조.

63) 존 맥클라우드는 개인을 사회적 주체로 불러세우는 호명, 곧 이데올로기의 작용에 대해, "호명은 또한 개인들이 스스로를 우쭐하도록 만듦으로써 쾌락을 통해 작용하기도 한다. 어떤 사람이 여러분들이 바라는 대로 행동하게 만드는 더 쉬운 방법은 그가 뭔가 결여되어 있거나 경멸적이라기보다는 가치 있고 특별하다고 느끼게 만드는 것이다."라고 말하였다(존 맥클라우드, 박종성 외 편역, 『탈식민주의의 길잡이』, 한울, 2003, 64면 참조).

양상을 짐작케 한다. 비밀폭로자로 등장하는 어머니의 서사가 젠더 정체성의 시나리오에서 중요한 위치를 차지하게 되는 것이다. 앞에서 살펴본 대로, 여기에는 '남성' 주체의 불안과 결핍을 대리하기 위해 '죄 지은 여성'의 이미지를 동원하는 서사적 전략이 분명 존재한다. 그리고 연행 층위를 통해 여성의 죄를 묻는 이와 같은 전략은 한층 더 강화된다.

그러나 연행 층위에서 어머니의 과오를 질책하는 목소리 못지 않게 큰 소리로 들려오는 것은 아기장수나 우투리의 죽음을 안타깝게 여기고 이들의 죽음을 요구한 질서를 비판하는 목소리다. 이들의 죽음이 비극적일수록 이들의 죽음에 대한 원망과 회의, 비판과 반성의 어조 또한 강해진다. '반(反) 부친살해' 내부 균열의 징후가 한층 강해지는 것이다. 이는 '비밀폭로자로서의 어머니'라는 시나리오의 균열을 의미하는 것이기도 하다. '반(反) 부친살해'의 균열은 이처럼 '자식살해' 과정에 개입한 젠더화 전략의 균열을 암시한다.

4장

'부친살해'의 징후

1. '아지설화(兒智說話)'류 이야기의 '부친살해'[1)]

어른들이 해결하지 못한 문제를 아이가 뛰어난 지혜로 해결하는 내용의 이야기들이 있다. 이들 이야기는 일명 '아지설화(兒智說話)'로 불린다. 이 부류의 이야기에서 아이들의 지혜는 현실의 문제를 직접적으로 해결할 수 있는 역량을 지닌 것으로 설정되며, 어른들에게는 기대하지 않았던 뜻밖의 사태로 인식된다.

여기서 아이들의 지혜는 후천적으로 획득된 것이 아니라 선천적으로 타고난 것이며 이는 곧 해당 이야기의 신화적 성격을 반증한다. '지혜로운 아이'는 곧 '우주의 비밀을 알고 태어난 아이'를 의미하기 때문이다. 신화의 주인공이 수수께끼를 풀어 '인식한 자'의 징표를 드러내듯이 '아지설화(兒智說話)' 속 주인공들도 어른들이 쉽사리 해결하지 못하는 문제적 상황을 타개하는 지혜를 드러냄으로써 '우주의 비밀을 알고 태어난 자', 곧 '인식한 자'의 흔적을 보여준다.

'아지설화(兒智說話)'는 '어른에 대적하거나 어른의 한계를 고발하는 아이의 지혜'라는 주제를 중심으로 설정된 범주이기에 한두 유형이 아닌 다양한 유형의 이야기들이 이 범주 아래 묶일 수 있다. 『한국구비문학대계』에 수록된 설화들을 주제별로 분류하여 해제한 이인경의 작업[2)]과 『한국구비문학대계』 한국설화유형분류집의 성과[3)]를 참조하면, 여러 유형의 이야기가 '아지설화(兒智說話)'로 범주화될 수

---

1) '아지설화(兒智說話)'의 범주에 묶일 수 있는 작품의 유형은 다양하고 각편의 수도 많다. '아지설화(兒智說話)' 범주 내 다양한 유형의 작품들이 드러내는 의미 또한 폭넓고 다층적이다. 이 글에서 '아지설화(兒智說話)' 범주에 속하는 모든 작품을 다룰 수는 없다. 이것은 추후의 과제로 남겨두고 여기서는 '아지설화(兒智說話)' 범주에 속하는 작품들의 의미를 '부친살해'의 주제로 다룰 수 있을지 그 가능성을 탐색하는 데 목표를 두기로 한다.

2) 이인경, 앞의 책(2008), 16~18면.

3) 조동일 외, 『한국구비문학대계』 별책부록1 <한국설화유형분류집>, 한국정신문화연구원(현 한국학중앙연구원), 1989, 230~240면.

있음을 알 수 있다. 그 중 대표적인 몇 가지 유형의 서사 전개 양상을 확인하면 대략 다음과 같다.

어려운 송사를 해결한 어린 원님

1. 어느 고을에 어린 원님이 부임한다.
2. 육방관속의 아전들이 어린 원님을 얕잡아보고 원님을 곤란하게 하거나 원
3. 님이 풀기 어렵다고 생각하는 문제를 낸다.(각편에 따라서 어린 원님이 아
4. 전들에게 풀기 어려운 문제를 내기도 한다.)
5. 아전들이 풀지 못하는 문제를 어린 원님이 해결한다.
6. 아전들이 그 후로 어린 원님을 얕잡아보지 못한다.

중국에서 보낸 문제를 푼 어린 아이

1. 중국 사신이 어려운 문제를 가지고 조선에 들어온다.
2. 조선의 대신과 정승들 가운데 해당 문제를 풀 수 있는 사람이 없다.
3. 정승 가운데 한 사람이 집으로 돌아가서도 같은 문제를 고민하자 그의 어린 손자(아들)가 무슨 일이냐고 묻는다.
4. 정승이 중국에서 가져온 문제를 이야기하자 어린 손자(아들)가 문제를 해결한다.
5. 정승의 손자(아들)가 보상을 받는다.
6. 중국에서는 조선에 인재가 많다고 생각하여 다시는 어려운 문제를 들고와 조선을 괴롭히는 일을 하지 않는다.

어른이 풀지 못한 난제나 시비를 해결한 아이

1. 어른들 사이에 심각한 갈등이 발생한다.
2. 서로의 입장이 달라 쉽게 문제를 해결하지 못하고 갈등이 더욱 심해진다.
3. 아이가 우연히 갈등 상황을 전해 듣고 쉽게 문제를 해결한다.
4. 이후로 서로 반목하던 개인이나 집안이 사이좋게 지낸다.

어른이 풀지 못하는 어려운 문제를 쉽게 푼 아이

1. 박문수 등의 인물이 풀지 못하는 수수께끼나 어려운 송사에 직면한다.(각편에 따라서 박문수 등의 인물이 아이들의 원님놀이를 목격하는 과정에서 수수께끼나 어려운 송사를 접하게 되기도 한다.)
2. 박문수 등의 이름난 명사나 나이 많은 어른도 풀지 못한 문제를 아이가 쉽게 해결한다.

모순된 어른의 요구에 대항하여 그의 과오를 지적한 아이[4]

1. 원님 등의 관장(官長)이나 힘 있는 권력자가 자신의 권세를 믿고 일반 서민인 아이의 부모나 마을 사람들에게 불합리하고 부조리한 명령을 내린다.
2. 아이의 부모나 마을 사람들이 문제를 해결하지 못해 목숨을 내놓아야 하는 등의 위기 상황에 처한다.
3. 아이가 관장이나 권력자가 낸 문제와 똑같이 모순투성이인 문제를 그들 앞에 내놓는다.
4. 관장이나 권력자가 자기 모순에 빠져 더 이상 부당한 요구를 하지 못한다.
5. 아이의 부모나 마을 사람들이 위기에서 벗어나고, 모두들 아이의 남다른 지혜를 칭송한다.

부모의 문제를 대신 해결한 아이

1. 아이의 부모가 해결하기 어려운 문제에 봉착한다.(각편에 따라서 아버지가 절친한 친구나 가족, 친지들과 갈등 상황에 놓이거나 친자를 찾아야 하는 등의 어려운 상황에 처한다. 때로는 어머니가 소박을 맞기도 하고 부모 중 한 사람이 누명을 쓰기도 한다.)
2. 문제를 해결하지 못해 가족이 해체되거나 재산을 잃거나 부모 중 한 사람이 목숨을 잃을 위기에 처한다.

---

4) 이 유형의 이야기는 앞 장에서 살펴본 <우투리>의 서사단락에서 앞부분을 구성하는 에피소드의 내용과 일치한다.

3. 어린 아이가 우연히 문제를 전해 듣고 해결하여 가족을 위기에서 구한다.

위에 정리한 여섯 가지 유형 외에 다른 부류의 '아지설화' 이야기도 존재하며 위에 언급한 유형 안에서도 각편들 사이의 편차가 다양하다. 다만 어느 유형이나 어느 각편에서든지 어른들이 해결하지 못한 문제를 어린 아이가 타고난 지혜로 해결한다는 설정은 동일하게 반복된다. 또한 대부분의 작품에서 어린 아이는 권력을 갖고 있거나 명예를 가진 어른과 대결하거나 갈등한다.

임철호는 '구비설화에 내재한 민중의식과 민족의식'을 파헤치는 목적의 글에서 <아기장수>, <우투리> 이야기와 함께 '아지설화' 작품들을 분석하였다.[5] 그는 이 글에서 '아지설화'를 통해 드러나는 갈등의 국면에 주목했는데 그가 눈여겨본 것은 타고난 지혜로 지배집단이나 이민족 세력에 대항하여 승리를 거두는 어린 아이의 형상이었다.

지혜로운 아이는 어른들과 달리 승리를 통해 명예나 명분, 혹은 부와 권력을 얻는 것이 아니라 실질적인 문제를 해결하거나 자신의 존엄한 가치와 타고난 능력 등을 세상에 확인시킨다. 아이들이 해결하는 문제는 다양한데 대체로 현실적인 갈등과 목숨을 건 대결, 부당한 요구나 모순된 상황, 쉽게 판단하기 어려운 딜레마와 풀기 어려운 수수께끼 등이다. 문제 해결을 통해 아이는 아무도 예상하지 못했던 남다른 지혜를 드러내 자신의 가치를 증명하고, 아이 주변 사람들은 갈등과 위기 상황에서 벗어난다.

'아지설화'에서는 문제를 해결한 어린 아이가 '오성대감', '고창녕', '곽재우', '김시습', '채번암' 등 역사적으로 이름난 인물이거나 그들의 자손인 경우도 있다. 그러나 '아지설화'에서 더욱 초점화되는 것은

---

5) 임철호, 『설화와 민중』, 전주대학교출판부, 1996, 71～134면 참조.

아이가 대결하는 어른의 정체다. 이들은 고을 원님이기도 하고 권력을 가진 인근 지역 세도 가문의 주인이기도 하다. 대국으로 일컬어지던 중국이기도 하고 이름난 문인이나 아이를 깔보는 어른들이기도 하다. 또한 때때로 박문수나 숙종대왕처럼 구전이야기 전승의 전통 속에서 백성들과 친근한 존재로 이야기되곤 하는 역사적 인물들이 지혜로운 아이와 겨루거나 아이의 남다름을 목격하기도 한다.

임철호가 지적한 대로 아이가 대적하거나 항거하는 대상은 지배계층이나 중국처럼 힘이 있으면서 이 힘을 부당하게 사용하려 드는 존재들인 경우가 많다. 특히 <우투리> 유형에 속하는 이야기의 앞부분과 내용적으로 매우 흡사한 <모순된 어른의 요구에 대항하여 그의 과오를 지적한 아이> 유형에서는 부당한 관장의 요구를 한 방에 무너뜨리는 아이의 기지가 돋보인다.

힘 있는 관리는 아이의 부모나 마을 사람들에게 '지금까지 심은 모의 포기수가 얼마나 되냐'고 묻거나 '한겨울에 딸기를 구해오라'고 요구한다. 그리고 자신이 낸 문제에 답을 하지 못하거나 자신이 요구한 일을 수행하지 못했을 때 목숨을 내놓으라는 과도하고 부당한 명령을 내린다. 관리의 요구와 명령은 부조리하고 부당할 뿐 아니라 백성을 아껴야 하는 목민관의 도덕적 의무에도 맞지 않다. 그러나 관리의 권력을 두려워한 아이의 부모나 주변 어른들은 아무도 그의 요구에 맞서지 못한다. 오직 어린 아이만이 그에게 대적할 뿐이다.

아이는 관장의 요구와 명령에 맞서 '지금까지 당신이 걸어온 발자국수가 얼마나 되냐'고 묻거나 '한겨울에 딸기를 따던 아버지가 독사에 물려 오지 못한다'고 말한다. 관장이 낸 문제나 요구가 불합리하고 부당한 것임을 증명하기 위해 아이 역시 같은 논리적 모순을 드러내는 답변을 준비한 것이다. 자기 모순에 빠진 관장은 아이의 대답에 아무말도 하지 못한 채 자신의 요구와 명령을 철회한다. 관장에 맞선 어린 아이가 완벽한 승리를 거둔 셈이다.

아이가 맞선 대상이 부조리한 관장이나 부당한 요구를 하는 강성한 이민족 세력이 아닌 경우도 많다. 때때로 아이가 대결하는 대상은 어린 원님을 얕잡아보는 아전, 문인이나 정승으로 이름난 사람, 현명한 목민관으로 알려진 박문수 같은 이들, 숙종대왕과 같은 임금이거나 당대 최고의 정치권력자 등으로 설정된다. 이들은 아이와 아이 주변 사람들에게 부당한 요구를 하지 않는다. 다만 수수께끼나 송사, 난제 등을 통해 아이와 지혜를 겨루게 된다.

박문수나 숙종대왕 등이 등장하는 이야기에서 아이들이 이들과 직접 대결에 나서지 않거나 지혜를 겨루는 상황에 처하지 않는 경우도 많다. 이런 이야기에서 박문수나 숙종대왕은 아이가 자신의 지혜를 발휘하여 문제를 해결하는 과정을 목격하거나 이에 참여한다. 그런데 이때 아이가 해결하는 문제를 박문수나 숙종대왕은 해결할 수 없는 것처럼 그려지는데, 이를 통해 아이와 이들 사이의 대결과 겨룸이 간접적으로 설정된다.

힘 있는 어른, 일정한 자격과 지위를 가진 어른, 세상이 그의 권위를 인정한 어른, 이름난 어른, 명예로운 어른 등이 해결하지 못하는 문제를, 아무도 그 존재 자체를 알지 못하던 어린 아이가 해결할 때 어른들이 가진 힘, 자격, 지위, 권위, 이름, 명예는 아무런 의미가 없거나 허위의 것으로 간주된다. 또한 아이가 드러내는 지혜는 어른들의 세계에 존재하는 논리적 모순과 부조리, 치명적 결함과 한계, 도덕적 오류와 해이 등을 통렬하게 고발하는 기능을 한다.

이렇게 해서 '아지설화'류의 이야기는 직접적으로 대결하고 항거하든, 우회적이고 간접적으로 한계와 모순을 지적하든 간에 '아버지'로 표상될 만한 상징적 존재들에 대항하고 그들을 극복하는 '부친살해'의 일단을 보여준다. 어린 아이가 대적하거나 대결하는 대상은 모두 생물학적 아버지가 아닌 상징적 아버지들이다. 부와 명예와 권세를 가진 존재들, 법과 질서의 수호자들, 현존 질서의 중심에 속하는 존재들인 것이다. 따라서 이들에 대적하는 지혜로운 어린 아이는 '부친살해' 주체로서의 면모를 유감없이 보여준다.

'아버지'로 표상된 존재들의 한계와 모순, 부당함과 부조리함을 고발하고 이에 대항하여 승리한 어린 아이는 아버지의 질서와 가치를 극복하고 자기 세계의 중심이 된 아들의 형상을 상징한다. 어린 아이는 타고난 지혜를 드러냄으로써 아버지로 표상된 세계를 딛고 나아가 자기 세계의 주인이 될 자격과 자질을 갖춘 존재임을 증명한 것이다.

<토끼전>에서 용왕의 허위의식과 헛된 욕망에 도전한 토끼 역시 '아지설화'의 어린 아이와 마찬가지로 '부친살해'의 주역이라 할 만하다. 구전이야기와 고전소설을 아우르는, 폭넓은 고전서사의 세계에서 지배계층에 항거하거나 현존 질서에 도전하는 이들은 모두 '부친살해' 주인공의 흔적과 궤적을 보여주는 이들이다. 이들은 모두 새로운 세계의 주역들로서, '아버지의 세계'를 극복하고 미래로 나아가는 주체의 형상을 보여준다.

그러나 '부친살해'가 언제나 아버지에 항거하는 아들들만의 서사인 것은 아니다. '부친살해'의 아버지나 아들은 상징적 존재일 뿐 어머니나 딸들 역시 이와 같은 서사적 구도 안으로 충분히 들어올 수 있고 들어와야 한다. 물론 프로이트의 '부친살해' 서사는 주로 '남성' 주체의 형성 과정에 초점을 맞추고 있다. 이는 프로이트를 비판하는 논의에서 종종 언급되는 사실이다. 따라서 '부친살해'의 테마는 '딸들의 부친살해'나 '딸들의 모친살해' 등으로 확장되어나가야 한다.

이에 따라 다음 절에서는 한국 구전서사에 등장하는 '딸들의 부친살해'를 탐색해보고자 한다. 먼저 남성들의 세계에서 벗어나 자기 세계를 스스로 건설하고자 했던 '가출녀'의 계보를 추적해보고 그에 관한 논의를 토대로 아버지의 집을 벗어난 막내딸의 입사기(入社記)를 통해 본격적으로 '여성' 주체의 '부친살해'를 탐색하게 될 것이다.

2. '남성의 집을 벗어난 여성'의 계보[6)]

1) 선화공주와 '복진 며느리'

'아버지의 집'을 벗어난 여성이 신분 낮은 남성과 결혼한 후 숨겨진 그의 재능이나 보물을 발견하여 사회적으로 성공하는 이야기의 전통은, 저 멀리 『삼국사기(三國史記)』의 <온달>에 등장하는 평강공주와 『삼국유사(三國遺事)』의 <무왕>[7)]에 등장하는 선화공주의 이야기에서부터 시작된다.

알려진 대로 백제 무왕의 신화에서 무왕은 그 어머니가 못의 용과 교통하여 낳은 신화적 영웅으로 그려진다. 신화의 서사적 초점은 무왕이지만, 서동이 그 가치를 제대로 알아보지 못한 금덩어리를 발견하고 부를 일궈 궁극적으로 그로 하여금 왕위를 계승하게 하고 장인인 진평왕에게 인정받는 존재가 되도록 만든 것은 쫓겨난 선화 공주의 힘이었다. 이 점에서 선화 역시 뒤에서 살펴볼 <내 복에 산다>의 막내딸과 닮아 있다.

그러나 무왕의 이야기는 처음부터 끝까지, 신성한 존재일 뿐 아니라 왕이 될 자질을 타고난 '서동'의 입사(入社)에 초점을 맞추고 있다. 선화공주와의 결합 역시 서동의 의도와 계략에 따라 이루어지며, 선화공주는 서동이 아이들을 시켜 부른 '참요(讖謠)'의 내용대로 서동과 정을 통한 혐의를 벗어던지지 못한 채 귀양길에 올라 서동과 만나게 된다. 선화공주가 왕후에게 받은 금을 통해 자신이 마를 캐던 곳에 있던 것이 바로 금이라는 사실을 알게 된 서동은 선화공주의 제안대

---

6) 4장의 2절과 3절 내용은 김영희, 「'아버지의 딸'이기를 거부한 막내딸의 入社記」, 『온지논총』 18, 온지학회, 2008.1., 379~427쪽 참조. 해당 절은 위 논문의 내용을 부분적으로 수정하여 재수록한 것임을 밝혀둔다.

7) 『삼국유사(三國遺事)』 「기이(紀異)」 제2 <무왕(武王)>조 참조.

로 그 금을 모두 신라 궁중에 보내 결국 왕위에 오르게 된다.

신분 높은 여성과의 결혼과 사회적 지위의 획득이 서동의 입사 과제였다면 선화공주는 서동의 입사를 위해 요구된 존재에 지나지 않는다. 남편 서동을 통한 선화공주의 성취가 서사의 지향점이 되지 않고 오히려 선화공주의 신분과 배경을 이용한 서동의 성취가 궁극적인 서사적 귀결점이 되고 있기 때문이다. 선화공주의 아버지인 신라 진평왕과 서동 사이에 이루어진 선화공주의 '교환'이 진평왕에서 서동으로 이어지는 남성 권력의 계승에 필요한 결정적 매개 고리로 작동한 셈이다.

선화공주의 이야기와 마찬가지로 <내 복에 산다>계 이야기의 하위 유형으로 분류되기도 하는 <복진 며느리> 이야기 역시 남성적 권력에 봉사하는 '쫓겨난 여성'의 서사라고 할 수 있다. 구전이야기 <복진 며느리>는 '여성의 타고난 복'과 '금의 발견을 통한 부자 되기' 모티브 때문에 종종 <내 복에 산다> 이야기의 하위 유형으로 분류되곤 하지만, 상호 밀접한 연관을 추정할 수 있을 뿐 주제나 구성, 서사적 지향의 측면에서 볼 때 독립된 유형의 이야기라고 할 수 있다.[8] 이 이야기는 전국에서 약 30여 편 가량 채록되어 전해지고 있

---

8) <내 복에 산다> 이야기와 <복진 며느리> 이야기는 '여인발복설화' · '쫓겨난 여인발복설화'(최운식, 김대숙), '내 복에 산다系 설화'(현승환, 박명숙) 등으로 불리면서, 하나의 유형으로 묶여 연구되기도 한다. 일부 연구자는 전자를 초혼형, 후자를 재혼형으로 분류하기도 하고(현승환, 박명숙), 전자를 '내 복형'으로, 후자를 '복진1형'과 '복진2형'으로 분류하기도 한다(김대숙). (최운식, 「쫓겨난 여인 발복설화考」, 『한국민속학』 6, 민속학회, 1973; 김대숙, 「여인발복설화의 연구」, 이화여대 박사학위논문, 1988; 현승환, 내 복에 산다계 설화 연구」, 제주대 박사학위논문, 1993; 박명숙, 「한 · 중 <제 복에 산다>형 구비설화 비교연구」, 『구비문학연구』 24, 한국구비문학회, 2007.6. 참조.) 이외에도 '서동설화'의 하위 유형으로 묶거나, '무왕형설화'로 함께 묶어 연구하는 경우가 있다.

이 두 가지 서로 다른 유형의 이야기가 하나의 유형으로 묶이는 근거는 '복 있는 여자가 자신의 타고난 복을 실현하는 이야기'라는 점과 '금의 발견을 통한 부자 되기' 모티브 때문이다. 그러나 상호 유사한 모티브를 공유하고 있다 하더라도 해석적 맥락에서 각각의 모티브가 주제나 구조 면에서 지향하는 바가 다르다는 사실에

으며 <내 복에 산다>에 비해 남성 연행자의 비율이 높은 편이다.

번호	제목	연행자	조사지역	특이사항	수록현황
1	<숯구이 장자>	윤한성(남, 78세)	서울 도봉구 수유 3동	1. 진사의 아들과 하인의 딸. 2. 쌍분묘에서 자다가 묘의 주인들이 나누는 대화를 엿들음.	『대계』 1-1, 827~835면.
2	<진사 아들과 백정의 딸>	이금봉(여, 71세)	경기도 여주군 가남면 본두리	1. 진사 아들과 백정의 딸. 2. 귀신, 혹은 도깨비가 나누는 대화를 엿들음. 3. 전남편을 만난 백정의 딸이 '고생해도 싸다'고 말한 후 두고온 아들들에 대한 걱정과 시아버지에 대한 의리 때문에 전남편에게 돌아감.	『대계』 1-2, 352~362면.
3	<들어온 복을 내찬 사람>	김순례(여, 71세)	경기도 남양주군 진접면 장현리	1. 가난한 양반과 넉넉한 백정의 집에서 각각 아들과 딸이 태어남. 2. 양반 아들이 백정 처가 때문에 벼슬길에 나가지 못하자 아내를 구박하여 내쫓음.	『대계』 1-4, 905~915면.
4	<복덩어리 백정의 딸>	노학우(남, 56세)	충북 중원군 청주시 내덕동	1. 양반이 아들을 낳은 후 관상을 보고 복 없음을 간파함. 2. 우물가에서 백정의 딸을 만남. 3. 양반이 죽은 후 백정의 딸이 남편에게 자신의 신분을 밝히고 스스로 집을 나옴. 4. 부자를 속여 부유해짐. 5. 후반부 내용이 <내 복에 산다>와 유사함. 전남편과의 극적인 재회와 전남편의 반성.	『대계』 3-2, 75~85면.
5	<본남편 섬긴 백정 딸>	김명숙(여, 62세)	충남 당진군 송산면 삼거리	1. 복 없이 태어난 원님의 아들과 복 있는 백정의 딸. 2. 시아버지 돌아가신 후 백정의 딸임을 안 그 아들이 아내를 죽이려다 살려줌.	『대계』 4-1, 257~260면.
6	<백정 딸과 양반 자제>	소승규(남, 83세)	충남 부여군 부여읍 정동리	1. 홀어머니 모시고 가난하게 살던 광산 김씨 자손이 부유한 백정 딸과 만나 결혼하게 됨. 2. 김씨 집안에서 두 사람의 결합을 반대하다 땅을 소유한 백정을 이기지 못해 결국 두 사람 관계를 인정하게 됨.	『대계』 4-5, 138~144면.
7	<숯장수의 행운>	김광응(남, 67세)	충남 공주군	1. 고자 대감에게 팔려가다시피 결혼한 가난한 산골집의 딸.	『대계』 4-6,

주목할 필요가 있다. 또한 '복 있는 여자'가 자신의 '타고난 복'을 실현해가는 과정이 다르고 그 과정이 암시하거나 상징하는 의미가 다르다는 사실도 문제가 된다. 두 이야기 사이의 차이에 대해서는 본문에서 상론하기로 한다.

			이인면 신홍리	2. 패물을 들고 남편 집을 나와 숯장수를 만나 결혼. 보물을 팔아 부자로 살게 됨.	666~671면.
8	<복 많은 대감 며느리가 두 남편을 살리다>	김장옥(남, 77세)	전북 남원군 이백면 과립리	1. 빌어먹을 관상을 타고난 서울 정승집의 아들. 2. 복 많은 떡장수 할머니의 손녀딸을 며느리로 얻음. 3. 정승이 며느리에게 금독 세 개 묻은 곳을 알려주며 자신이 죽을 날과 시간까지 알려줌. 4. 정승이 죽자 남편이 아내를 때리며 쫓아냄. 5. 나중에 전남편에게 돌아온 아내가 시아버지가 가르쳐주었던 곳에서 금독을 캐내 집안을 일으킴.	『대계』 5-1, 162~173면.
9	<복 많은 며느리가 집을 나가 숯장사와 살다>	안윤모(남, 69세)	전북 남원군 이백면 과립리	1. 빌어먹을 관상을 타고난 정승의 아들이 체장사로 돌아다님. 2. 정승이 복 많은 백정의 딸을 며느리로 얻음.	『대계』 5-1, 176~180면.
10	<양반 집 며느리가 숯장사에게 시집가다>	임규임(여, 62세)	전북 남원군 금지면 옹정리	1. 가난한 양반집에서 관상을 보고 종의 딸을 며느리로 삼음. 2. 며느리가 종들에게 새 천 마리를 잡아오라 해서 그 가죽으로 두루마기를 만들어 놓고 집을 나옴. 3. 숯구이 총각을 임금으로 만듬. 현남편의 옥새를 빼앗아 전남편에게 주고 전남편을 임금 자리에 앉힘.	『대계』 5-1, 455~459면.
11	<복 많은 며느리>	오효임(여, 67세)	전북 남원군 금지면 옹정리	1. 소금장사 두 사람의 부인이 같은 시기에 임신. 2. 복 없는 아들과 복 많은 딸이 태어남. 3. 선몽한 노인의 뜻에 따라 사돈을 맺기로 비밀 약속을 함. 4. 결혼한 후 남편 집안의 살림이 늘어남. 5. 남편이 아내를 버리고 새장가를 들려 하자 아내가 마당에 있는 돌멩이 하나를 당나귀 등에 싣고 집을 나옴.	『대계』 5-1, 513~518면.
12	<복이 많은 여자>	김순엽(여, 74세)	전북 군산시 소룡동	1. 복 없는 아들 둔 사람이 복 있는 며느리를 구하러 다님. 2. 물 길러준 백정의 딸을 며느리로 받아들임.	『대계』 5-4, 325~328면.
13	<두 남편을 섬긴 여자>	김계화(여, 105세)	전북 옥구군 개정면 발산리	1. <나무꾼과 선녀> 이야기에 이어서 연행. 2. 떡장사 할머니의 손녀를 며느리로 받아들임. 3. 시아버지가 며느리에게 은행 세 개를 남기고 죽음. 4. 은행 세 개가 사실은 금덩어리여서, 나중에 전남편에게 되돌아갔을 때 그 금덩어리를 밑천 삼아 부유해짐.	『대계』 5-4, 497~502면.
14	<자라나는 금덩이>	조석준(남, 56세)	전북 옥구군 대야면 죽산리	1. 과부 아들이 허풍을 떨어 결혼을 함. 2. 가난한 시댁에 들어간 여인이 아궁이에서 금덩어리를 발견함. 시댁과 친정이 모두 부자가 됨. 3. 남자는 부자가 된 후 벼슬까지 하게 됨.	『대계』 5-4, 803~810면.

15	<삼신할머니가 준 복>	오판선(여, 69세)	전북 정읍군 태인면 낙양리	1. 아내가 내쫓겨 집을 나설 때 쌀 한 말을 챙겨 나옴. 2. 나무장사와 결혼한 후 빨래하러 나갔다가 우물가 돌무더기가 모두 금덩어리임을 발견하게 됨. 3. 집을 나올 때 챙겨나온 쌀자루가 요술 자루여서 쌀을 한 되 퍼내면 두 되 가득 도로 생김. 4. 체장사가 된 전남편을 만나 술장사를 시작. 전남편을 시험했으나 전남편이 금기를 어겨 다시 나무장사 남편에게 돌아감.	『대계』 5-6, 305~314면.
16	<발뒤꿈치까지 복이 흐른 여인>	방철수(남, 72세)	전북 정읍군 옹동면 칠석리	1. 서울 감사의 아들과 천민의 딸이 결혼. 2. 감사가 며느리감을 찾다 물 길러 나온 천민의 딸을 발견.	『대계』 5-7, 290~297면.
17	<처복에 거지 신세를 면한 정승 아들>	김병태(남, 60세)	전북 정읍군 산내면 능교리	1. 개 잡는 백정의 딸과 정승의 아들이 결혼. 2. 정승이 직접 복 많은 며느리감을 찾아나섰다가 물 긷는 자태를 보고 한 눈에 알아차림. 3. 시아버지 죽은 후 남편이 매일 폭행을 가하자 백정의 딸이 집을 나옴.	『대계』 5-7, 693~698면.
18	<양반 아들과 백정딸>	손판기(남, 61세)	전남 진도군 군내면 둔전리	1. 가난한 양반을 부유한 백정이 먹여 살림. 2. 양반이 자신의 아들을 백정의 딸과 맺어 주기 위해 계책을 꾸밈. 3. 친정을 얕보는 남편을 등지고 백정의 딸이 집을 나옴.	『대계』 6-1, 116~126면.
19	<양반 아들과 백정딸>	김정균(남, 88세)	전남 함평군 엄다면 엄다리	1. 복 없는 아들을 위해 복 있는 며느리를 구하러 다님. 2. 물 떠다준 백정의 딸을 며느리로 삼음.	『대계』 6-2, 221~224면.
20	<타고나는 복>	이답례(여, 49세)	전남 해남군 산이면 구성리	1. 아들이 복 없는 사주를 타고난 것을 알아차린 양반이 복 많은 백정의 딸을 며느리로 삼음.	『대계』 6-5, 551~554면.
21	<최창학이 부자된 내력>	김원중(남, 66세)	전남 장성군 황룡면 월평리	1. 최창업 대감 이야기로 시작됨. 2. 일제강점기 시대 상황에 맞게 재맥락화된 이야기. 3. 금의 발견이 금광 이야기로 변이됨.	『대계』 6-8, 587~590면.
22	<만석꾼이 된 어린 아내>	조국환(남, 71세)	전남 화순군 한천면 한계리	1. 마흔 살 넘은, 남의집살이하는 노총각이 17살 처녀에게 장가를 감. 2. 일제강점기 이야기. 3. 여자가 너무 많이 먹어 친정집에 되돌려 보내러 가다가 백발 노인이 '만석꾼될 상'이라고 말하는 것을 듣고 다시 데려옴. 4. 아내가 소변을 보다가 엽전 묻힌 구덩이를 발견.	『대계』 6-11, 206~212면.

23	<복진 며느리와 생금장>	이봉재(남, 61세)	경북 월성군 현곡면 가정 2리	1. 며느리 잘 본 이야기로 소개. 2. 정승의 지인지감을 칭송.	『대계』 7-1, 58~63면.
24	<숯구이 총각의 생금장>	이선재(여, 61세)	경북 월성군 현곡면 가정 2리	1. 소금장수가 느티나무 아래 자다가 나무의 신이 하는 말을 듣고 정승에게 복 없는 아들이 태어나리라는 것을 알려줌. 2. 백정의 딸이 자손들의 벼슬길이 가로막힐까 염려하여 곡식 종류별로 한 줌씩, 금붙이 몇 개 챙겨서 집을 나옴.	『대계』 7-1, 274~279면.
25	<생금 덩어리(1)>	조유란(여, 72세)	경북 영덕군 달산면 대지 1동	1. 1년씩 두 집을 번갈아 오고가면서 부자가 되게 하였음. 2. 아들 오형제가 모두 높은 벼슬에 오름.	『대계』 7-6, 559~564면.
26	<생금 덩어리(2)>	임기백(남, 72세)	경북 영덕군 달산면 대지 1동	1. 정진사네 딸이 남편 얼굴도 못 보고 과부가 되어 남복을 하고 팔도를 돌아다님. 자신을 여자로 알아본 한 남자와 결혼. 2. 여자가 결혼 준비하라고 준 돈을 모두 날린 남자에게 불 같이 화를 내고 그 집을 나와 봉사에게 점을 침. 3. 숯구이 부부가 자신들의 돌덩어리와 부자의 노적가리를 속임수로 맞교환하여 부자가 됨.	『대계』 7-6, 564~571면.
27	<생금 덩어리(3)>	신순경(여, 84세)	경북 영덕군 달산면 대지 1동	1. 늙은 정승네 부부의 만득자가 복 없이 태어남. 2. 빨래하는 백정 딸을 며느리로 삼음. 3. 남편이 처가에 대해 캐묻자 여자가 화를 내며 집을 나옴.	『대계』 7-6, 600~613면.
28	<석순 세 번 일군 백정의 딸>	김돌룡(여, 77세)	경북 상주군 낙동면 용포리	1. 소금장수가 서낭 부부가 나누는 대화를 엿들음. 2. 이웃집 여자에게 돌덩어리를 금인 것처럼 속여 팔아넘김.	『대계』 7-8, 168~174면.
29	<묘에 오줌 눈 과부와 생금장>	김분진(여, 58세)	경북 상주군 공검면 병암리	1. 자식 없이 일찍 과부 된 여자가 지나가던 중이 시키는 대로 남편 무덤에 올라가 오줌을 누고 남편감을 만남.	『대계』 7-8, 347~350면.
30	<복 타고난 백정 딸>	김봉례(여, 67세)	경북 상주군 사벌면 화달 1리	1. 백정의 딸이 아들 넷, 딸 둘을 낳고 살다가 남편이 '백정 냄새 난다'고 한 마디 하자 그 길로 짐을 싸서 집을 나옴.	『대계』 7-8, 535~550면.
31	<복 타고난	진능선(여, 97세)	경북	1. 이웃 사람이 백정의 딸을 탐내 중간에 이간질함. 정	『대계』7-13,

	백정의 딸(1)>		대구시 동구 불로 1동	승의 아들이 병신일 것이라고 모함. 정승 아들과 백정의 딸이 갈등을 딛고 결혼함.	171~181면.
32	<복 타고난 백정의 딸(2)>	신학균(남, 86세)	경북 대구시 수성구 범어 1동	1. 전남편을 만난 후 집 앞에 새집을 지어주고 처녀를 구해 결혼하여 살게 해 주었다.	『대계』 7-13, 611~618면.
33	<쫓겨난 며느리와 숯구이 총각>	정운창(남, 73세)	경북 예천군 예천읍 노상동	1. 청중 가운데 한 인물을 가리키며 그 사람의 이야기인 것처럼 연행 시작. 2. 숯구이 총각을 만나 부자가 된 후 서울로 옮겨 터 잡고 살면서 자손 낳아 출세시키는 데서 이야기가 끝남.	『대계』 7-17, 182~188면.
34	<제 복 차버린 대감 아들>	박종기(남, 61세)	경남 거창군 마리면 고학리		『대계』 8-6, 864~873면.
35	<복 많은 여자>	민영곤(남, 86세)	경남 밀양군 상동면 매화리	1. 전남편, 현남편 두 집 모두 부자가 되게 하고 자손을 잇게 해주었다는 것을 강조.	『대계』 8-8, 347~355면.
36	<복 많은 여자>	김채란(여, 63세)	경남 의령군 부림면 신반리		『대계』 8-10, 387~394면.
37	<타고난 복을 가진 종의 딸>	이억천(여, 72세)	경남 울주군 언양면 반곡리	1. 김정승이 묏등에서 자다가 묘의 주인들이 나누는 대화를 엿들음. 2. 손자가 살기 싫다 하고 살림도 불어난 터라 김정승이 백정 딸을 친정으로 보내버림. 3. 김정승네가 완전히 망한 데서 이야기가 끝남.	『대계』 8-12, 467~470면.
38	<복 있는 여자>	문영자(여, 38세)	경남 하동군 악양면 축지리	1. <내 복에 산다> 이야기를 들려준 후 연행 유도 2. 숯 굽는 집의 딸을 며느리로 맞아들이려 했으나 대종손이라 가문에서 모두 반대함. 3. 숯 굽는 집 딸이 '내가 언제 스스로 오겠다고 했냐'면서 제 발로 집을 나감.	『대계』 8-14, 487~490면.

구전이야기 <복진 며느리>는 '쫓겨난 딸'이 아니라 '쫓겨난 아내'의 서사다. 어느 양반과 비천한 신분의 사내에게서 동시에 아들과 딸이 태어났는데, '삼신'이 양반의 집에서는 허술한 대접을 받고 그 아

들에게 박복한 운명을 점지해 준 반면, 비천한 사내의 집에서는 정성어린 대접을 받고 그 딸에게 많은 복을 점지해 준다. 우연히 이 사실을 알게 된 양반이 복 많은 며느리를 얻기 위해 길을 떠났다가 비천한 신분의 사내(많은 이야기에서 백정으로 나옴.) 집에서 복 많은 며느리감을 발견하고 신분이 다른 결혼을 반대하는 아비를 설득하여 그 딸을 자신의 아들과 결혼시킨다.

비천한 신분의 아내를 얻었다는 이유로 주위의 멸시와 조롱을 받던 아들은 아버지가 죽은 후 절대 아내를 내치지 말라는 유언을 무시하고 아내를 내쫓는다.- 각편에 따라서는 갖은 구박을 견디지 못한 아내가 스스로 집을 나오기도 한다. 집을 나온 아내는 <내 복에 산다>의 막내딸과 마찬가지로 숯구이 총각을 만나 금을 얻어 부자가 되는데, 큰집을 짓거나 이름 부르는 소리가 들리는 대문을 달지는 않는다. 그보다 그녀는 숯구이였던 남편의 아들을 셋이나 낳아준 후 다시 전남편을 찾아간다.

<내 복에 산다>의 막내딸이 아버지와 재회한 후 아버지의 참회와 반성을 받아내는 반면, <복진 며느리>의 아내는 전남편을 만나 다시 그를 구원한다. 거지 잔치를 열어 전남편을 찾은 '복진 며느리'는 돌아가신 시아버지와의 의리를 다하기 위해 전남편을 따라가 그를 다시 부유하게 만들 뿐 아니라 전남편 집안의 가문 유지와 권력 승계를 위해 아들 셋을 낳아준다. 이야기의 결말은 그녀의 성취보다는 그녀의 구원과 헌신을 통한 두 남자의 성취와 두 집안의 성공에 초점을 두고 있다. 마지막 대목에서 강조되는 것은 그녀가 낳은 여섯 아들이 모두 자라 정승 판서가 되었다는 사실이다.

위에 정리한 38편의 이야기 가운데 20편의 이야기 연행자가 남성인데, 이는 50%가 넘는 비율로 <내 복에 산다> 이야기 연행 양상과는 사뭇 다른 경향이라고 할 수 있다. <복진 며느리> 이야기를 연행한 남성 연행자들은 비록 두 번 결혼하기는 했어도 두 남편을 모두

성공시킨 '복 많은 여인'을 '열부(烈婦)'라 칭송하기도 하는데, 이는 '복진 며느리'가 두 남편을 모두 부자로 성공시켰을 뿐만 아니라 아들들을 낳아 잘 키워냄으로써 각각의 집안에 후사를 돈독히 하고 가문의 번성을 이끌어냈기 때문이다. 무엇보다 이들 남성 연행자들이 감탄하는 것은 '복진 며느리'가 비록 쫓겨나기는 했어도 전남편과 첫 번째 결혼의 시댁, 그리고 전시아버지에 대한 의리를 지켰다는 사실이다. 일부 남성 연행자들은 '복진 며느리'를 선택했던 시아버지의 입장에서 이야기 연행 말미에 논평을 덧붙이기도 한다. 이야기 전개의 초점은 '복진 며느리'인데도 그들은 논평을 통해 '시아버지가 뛰어난 지인지감으로 가졌다'거나 '며느리를 잘 본 덕에 가문이 번성했다'는 사실을 강조한다.

반면 여성 연행자들은 가부장적 권력과 계급 관념 때문에 여성의 타고난 복을 제대로 알아보지 못하고 오히려 그녀를 내친 덕분에 벌을 받아야 했던 전남편의 아둔함을 질책하고, 그럼에도 불구하고 다시 전남편을 구원한 '복진 며느리'의 비범함을 강조한다. 일부 여성 연행자들은 애초에 여성 신격인 '삼신'을 제대로 모시지 않아 복 있는 아들을 얻지 못했음을 재차 지적하기도 한다. 또한 백정의 집에서는 딸이라도 서운하다 여기지 않고 삼신께 정성껏 제상을 마련했기 때문에 복을 받은 것이라는 사실을 강조하기도 한다. 전남편에게 돌아간 '복진 며느리'의 행동 역시 맹목적인 헌신으로 해석하기보다는, 전남편의 잘못을 새롭게 각인시키고 부부 관계를 그녀 위주로 재설정하기 위한 결단으로 이해하려는 경향이 강하다.

"'예 이놈아, 너는 소위 정승을 한다 쿠면서 이 머슴아 놓는 데 제양판(삼신상)에다가 얄궂은 뭐 쌀 쪼매 하고, 물하고 이래 떠 났지만, 저 건네 저 집에는 딸이라도 좋다고 말이지 제양판에다가 소대가리로 말이지 삶아가지고 만단지수로 놔았다.' 이기라. 놔 놓으니께네 삼신 제왕님이 말이지 한때 말미

쌀 서 말로 매기 놓은 기라. 그런께 얼매나 부잡니까? 그런께 이 사람은, 이 여자는 아무 데로 가도 부자로 사는 기라. 그만치 복이 많은꺼네. 그런께 이 여자가 그 남편을 만내갖고 다시는 그 남편이 그런 소리 안 하고, 질로 들이갖고 그 살림을 다시 되찾고 이래가 잘 살더랍니다." (자료 36번)

<내 복에 산다>에서 중요한 것은 어떻게 해서 복을 갖고 태어났느냐가 아니라 복을 타고난 자신을 있는 그대로 인정받느냐의 여부이며, 이 인정투쟁 과정에서 아버지와 불화하고 끝내 집을 나서게 된다. 그러나 <복진 며느리>에서는 어떻게 해서 한 쪽은 복을 갖고 태어나고 다른 쪽은 복을 갖지 못한 채 태어나게 되었는지 그 인과성을 주요하게 부각시킨다. 여성은 그 부모가 신에게 정성껏 제를 올렸기 때문에 복을 갖고 태어나고 남성은 그 부모가 정성껏 제를 올리지 않아 복을 갖지 못한 채 태어난다. 이 이야기에서 갈등은 남성과 여성, 부유함과 가난함, 양반과 천민의 관계가 서로 뒤엉켜 엇갈린 상태로 설정된 데서 시작된다. 사회적 권력망에서 상층부를 구성하는 남성과 부와 양반이 나란히 함께 가지 못하고 천민 여성이 부유하고 복을 가진 채로 태어났기 때문에 갈등이 폭발하는 것이다.

신분질서 상 우위에 있는 양반이 가난하기 때문에 부유한 천민에게 부분적으로 굴복하지 않을 수 없는 아이러니가 발생한다. 부유하고 복을 가진 여성은 천민 출신이기에 가난하고 복 없는 남편에 의해 쫓겨나게 된다. 사회적 권력을 더 많이 소유한 남성이 여성을 핍박하지만 그는 여성이 타고난 복을 갖지 못했기에 궁극에 가서 여성에게 패배하지 않을 수 없다. 신에 의한 천복(天福)의 여탈(與奪)이, 성별과 신분과 자본의 권력망을 멋대로 가로지르며 휘젓고 다닌 결과로 만들어진 중첩된 아이러니(irony)가 '복진 며느리'의 서사를 이끌어가는 중심축이 되는 셈이다.

이와 같은 아이러니는 기존의 권력 관계를 뒤틀린 상태로 재인

용·재맥락화함으로써, 역설적 재배치로 뒤흔들어 놓기 전의 질서를 비판적으로 성찰하게 한다는 점에서 전복적인 에너지를 지니고 있다. 특히 가난하고 신분 낮은 남성과 부유하고 신분 높은 여성의 결합을 그려낸 서동·선화의 이야기와 비교할 때 이러한 전복성이 더욱 두드러지게 드러난다. 서동과 선화의 이야기에서 선화는 공주 신분인 동시에 금을 가진 자였기에, 오히려 관계를 주도하지 못하고 도구적 존재로 전락하고 만다. 남성 주체의 사회적 성공에 초점을 둔 서사에서 사회적 지위와 금권을 가진 여성 배우자의 존재는 주인공 남성의 상승에 필요한 자원을 공급함으로써 그의 성취를 지원하는 역할에 머무르기 쉽다.

그러나 구전이야기 <내 복에 산다>가 주인공 여성 자신의 자존감 확립과 분리·독립 성취라는 입사 과정에 초점을 둔 데 반해 <복진 며느리>는 주인공 여성이 두 배우자의 성공과 아들들의 출세와 '그들' 가문의 번성에 헌신하는 결말을 제시함으로써, 마지막까지 내달려온 탈주의 에너지를 한순간에 '남성적 권력 질서의 재확립'에 쏟아붓는다. 그녀의 '타고난 복'이 자기 자신의 성취를 위해 쓰여진 것이 아니라 오로지 그녀의 남편들과 아들들과 그들의 가문을 위해 투여된 것이다.

서사의 마지막 단계에서 '남성지배'[9]의 상징적 질서가 지배하는 영토 내부로 재진입함에 따라 앞서 전개된 이야기의 각 과정은 모두

9) 부르디외는 폭력으로 인식되지 않을 정도로 보편화·자연화된, 항구적이고 불변적인 성별적 사고 표상 체계가 우리의 신체를 구성할 뿐 아니라 우리의 삶 깊숙한 곳에 뿌리박혀 있다고 보았다. 부르디외는 여성과 남성을 구분짓고 여성에 대한 남성의 우월을 자연적이고 보편적인 것으로 만드는 이와 같은 '상징적 폭력'이 '남성지배'의 가장 핵심적인 작동 매개임을 여러 자료를 통해 논증하였다. 남성 질서의 힘은 그것이 정당화를 필요로 하지 않는다는 사실에서 오히려 명백하게 드러나며, 사회적 질서는 그 토대가 되는 남성지배를 시인하려 드는 거대한 상징적 기계처럼 작동하고 있다는 것이 부르디외의 주장이다.(부르디외, 김용숙·주경미 옮김, 『남성지배』, 동문선, 2000, 18~21면 참조.)

새로운 의미를 부여받는다. 그녀는 '타고난 복'으로 시아버지의 선택을 받았고, 친정아버지와 시아버지 사이의 합의에 따라 결혼했으며, 미천한 신분인 탓으로 남편이 남성결사체, 혹은 남성 권력 질서 내부로 진입하는 것을 가로막았고[10], 끝내 내쫓겼으나 타고난 복을 짊어지고 가 한 남자를 성공시키고 그의 아들들을 낳았으며, 아내이자 며느리로서의 명분과 소임을 다하기 위해 전남편을 다시 찾아 되짊어지고 온 자신의 복으로 그를 성공시키고 아들을 낳는다. 이 끝도 없는 구원과 헌신의 여정은 자신이 낳은 아들들을 모두 출세시켜 가문의 번성을 이뤄냄으로써 일단락되는데, 이는 곧 그녀의 타고난 복에 부과된 사명이 완전한 부덕, 혹은 현모(賢母)와 양처(良妻)의 이념을 실현하는 데 있었음을 증명한다.

서동・선화의 이야기나 '복진 며느리'의 이야기에서 여성의 '복'은 교환적 가치를 지닌다. 선화공주의 신분과 금, '복진 며느리'가 타고난 복은 모두 교환대상으로서 물화되어 있다. 교환되는 것은 '그녀'들이 가진 것으로 대체된 '그녀'들 자신이지만, 교환을 주도하고 이익을 취하는 것은 아버지와 배우자인 남편, 그리고 시아버지라는 부권적 주체들이다. 그녀들이 타고난 것이 무엇이든, 그것은 오로지 가부장적 권력 승계 라인을 지원하고 보완하는 데 기여하도록 예정되어 있는 것이다.

결혼은 가부장적 사회 내에서 가장 핵심적인 여성 입사(入社) 과정이다. 선화공주, 특히 '복진 며느리'는 신적 속성을 지닌 존재로 해석되기도 하는데[11], 자신의 타고난 복을 실현하는 과정이 그녀의 입사

10) 구전이야기 <복진 며느리>에서 남편이 아내를 구박하거나 쫓아내게 되는 계기는 주로, 백정의 딸과 결혼했다고 서당에서 놀림을 당하거나 아내의 미천한 신분 때문에 출사의 길이 막힌 데서 비롯된다.(몇몇 각편에서 아내 스스로가 남편과 아들의 출세를 위해 스스로 집을 나오기도 한다.) 배우자인 남성이 사회적 지위를 획득하기 위해서는 남성 주체들만으로 구성된 집단, 남성결사체의 승인을 받아 그 권력 관계 내부로 진입해야 하는데 아내의 신분이 이를 가로막은 것이다.

(入社)를 상징한다면 결혼과 내조(內助), 출산의 전 과정에 점철된 구원과 헌신은 그녀에게 내재된 신성성(神聖性)의 실현인 동시에 입사 과업의 실천이라고 할 수 있다. 신성(神聖)의 실현이 가부장적 질서라는 속화(俗化)된 장(場) 안에서 아내·며느리·어머니의 역할로 탈성화(脫聖化)됨에 따라 새로운 우주적 질서의 창조·수립이라는 신화적 주제가 '부덕의 실현'이라는 가부장적 도덕으로 탈바꿈하기에 이른 것이다.12)

아버지와의 분리를 통해 자신의 존재 가치를 발견하고 혼자 힘으로 사회적 성공을 성취해나가는 독립적인 여성 주체의 입사 과정을 상징적으로 보여주는 딸의 서사와 달리, 아내의 서사는 자신의 타고난 복과 고유한 능력을 남편의 입사 지원과 남성 주체의 권력 질서 강화에 쏟아붓는 주인공의 여정을 통해 사회적 승인과 인정이라는 목표를 향해 다시 가부장적 영토 안으로 뛰어들 수밖에 없는 여성 주체의 운명을 보여준다. 쫓겨난(집 나온) 딸의 서사와 쫓겨난 아내의 서사는 비슷한 모티브를 공유하면서 전승 위계상 근거리에 위치해 있음에도 불구하고, 이처럼 서로 다른 방향으로 나아감으로써 상반된 담론 효과를 만들어낸다.

2) 평강왕의 딸과 '감은장아기'

<내 복에 산다> 이야기의 서사적 연원과 전통은 멀리 중국, 일본, 미얀마, 대만 등지에서도 확인된다. 중국에서는 여성 주인공이 부신

---

11) 가장 대표적으로는 '복진 며느리'가 금의 가치를 발견하는 데 착안하여 그녀를 야장신적 속성을 지닌 존재로 파악하는 관점을 예로 들 수 있다.

12) 신화적 서사의 분석에서 탈신성화(脫神聖化)·탈성화(脫聖化)의 맥락과 그로 인해 발생하는 해석적 간극을 고려하지 않으면 신화적 주제에 침윤된 이데올로기적 효과를 간과함으로써 의도하지 않게 특정 이념과 도덕을 자연화하는 결과를 초래할 수 있다.

(富神)으로서의 속성을 지니고 있을 뿐 아니라 조신(竈神, 부엌신) 신앙과도 연관 있는 것으로 연구되고 있다고 한다.[13] 일본에서도 유구 '察度王'의 유래를 설명하거나 거북이와 담배 등의 기원을 설명하는 이야기들이 이와 유사한 서사적 전통을 계승하고 있다.[14]

불전설화(佛典說話)나 보살 내력담 중에도 <내 복에 산다>와 유사한 내용의 이야기가 있다고 하는데[15], 아버지와의 문답 장면에서부터 가출, 가난한 남자와의 혼인, 보물의 발견과 궁궐 짓기까지의 핵심 과정이 거의 일치한다. 『잡보장경(雜寶藏經)』 2권에 선광(善光) 공주에 얽힌 이야기가 <파사닉왕여선광연(波斯匿王女善光緣)>라는 제목으로 실려 있는데, 아버지의 사랑을 독차지하던 공주가 '너는 내 힘으로 행복하게 살고 있는 것'이라는 아버지의 말에 '나는 내 업력(業力)에 따라 사는 것'이라고 대답하는 장면에서부터 <내 복에 산다> 이야기와 매우 흡사하다.[16] 다만 <내 복에 산다>의 막내딸이 주장한 '타고난 복'이 여기 불전설화에서는 전생의 업을 지시하는 '업력(業力)'으로 바뀌어 있을 뿐이다.

---

13) 박명숙, 「한・중 <제 복에 산다>형 구비설화 비교연구」, 『구비문학연구』 24, 한국구비문학회, 2007.6, 359~401면 참조.

14) 성기열, 「한일설화 비교연구의 一例」, 『고전문학연구』 1, 한국고전문학연구회, 1971; 현승환, 「내 복에 산다系 설화의 연구 성과와 과제」, 『설화문학연구(하)・각론』, 화경고전문학연구회, 단국대학교 출판부, 1998 참조.

15) 불경 소재 이야기답게 마지막 대목에서 공주의 전생담이 전개되긴 하지만, 아버지에 대한 반항과 출가, 신분 낮은 남자와의 결혼과 공주 주도하의 치부, 사회적 성취와 궁궐 짓기, 아버지와의 재회와 그의 반성 등의 과정이 막내딸의 여정과 그대로 일치한다.(황인덕, 「<내복에 먹고 산다>형 민담과 <삼공본풀이> 무가의 상관성」, 『어문연구』 18, 1988, 어문연구학회, 117~119면 참조.)

16) <내 복에 산다>의 막내딸과 마찬가지로 선광공주의 태도 역시 매우 단호한데, 아버지와 묻고 답하기를 세 번이나 반복하면서도 그녀는 한결같이 자신의 업력을 주장한다. 결국 화가 난 파사닉왕이 딸의 업력을 시험해 보겠다며 거지를 데려와 공주와 함께 궁중에서 내보내고, 공주는 거지 남편과 함께 궁을 나온 후 보물을 발견하여 큰 궁궐을 짓는다. 공주가 아버지를 자신의 궁궐로 초대하고 아버지가 자신의 과오를 뉘우치는 장면까지 <내 복에 산다>의 주요 장면과 별반 다르지 않다.

중국에서 전해 내려오는 관음보살의 내력담에도 <내 복에 산다>의 막내딸과 유사한, 묘장왕의 셋째딸 묘선의 이야기가 전한다.[17] 나중에 득도하여 관세음보살(觀世音菩薩)이 되는 묘선은 결혼하라는 아버지의 뜻을 따르지 않고 비구니가 되겠다고 하여 궁에서 쫓겨나는데 결국 나중에 중병에 걸린 아버지를 낫게 하고 자신이 처음 품었던 뜻 그대로 천수천안관세음보살(千手千眼觀世音菩薩)이 된다.

아버지의 질서로 구현된 '집'을 벗어나고자 했던 독립적인 딸들의 '출가(出嫁) 아닌 출가(出家)' 프로젝트는, 저 멀리 바다 건너에서뿐만 아니라 이 땅 안에서도 이미 오래 전에 시작된 것이었다. 자신의 의지대로 딸을 시집보내려하는 아버지의 뜻을 꺾고 집을 나와 '바보 온달'을 이름난 장수로 만든 평강왕의 딸이나, '내 덕에 산다'고 당당히 주장하며 집을 나와 자기만의 세계를 구축했던 제주도 무속 신화 <삼공본풀이>의 주인공 감은장아기 역시 '집 나온 딸'들의 계보를 잇고 있다.

고구려 평강왕은 어린 딸이 울 때마다 '자라면 바보 온달에게 시집보내겠다'고 희롱하였는데, 딸의 나이 16세가 되어 지체 높은 집안에 시집보내려 하자 그 딸이 아버지의 뜻을 따르지 않아 결국 딸을 내쫓고 만다.

> "대왕께서 늘 말씀하시기를, 너는 반드시 온달의 아내가 되리라 하시더니 이제 무슨 까닭으로 전에 하신 말씀을 바꾸십니까? 평범한 백성들도 식언을 하지 않으려 하거늘 하물며 지존의 임금께서 거짓을 말하려 하시다니요? 그래서 '임금은 장난말을 하지 않는다'는 말도 있습니다. 지금 대왕의 명은 잘못된 것이기에 저는 감히 그 뜻을 받들 수 없습니다."[18]

---

17) 조현설, 「동아시아 관음보살의 여신적 성격에 관한 시론」, 『동아시아 여성 신화』, 동아시아고대학회편, 집문당, 2003, 305~322면 참조.

18) "大王常語, 汝必爲溫達之婦, 今何故改前言乎? 匹夫猶不欲食言, 況至尊乎? 故曰,

명분과 논리를 갖춰 따지고 드는 딸의 항변에 맞대응할 수 없는 아버지 평강왕은 버럭 화를 내며 '내 말을 듣지 않는다면 내 딸이 아니니 같이 살 수 없다. 그러니 네 갈 데로 가거라'라는 말로 부녀 관계를 단절한다. 아버지의 말을 들은 딸은 금은보화를 챙겨 홀로 궁궐을 벗어난다. 곧장 온달의 집을 찾아간 딸은 늙은 그의 어머니에게 길을 물어 온달이 일하는 곳을 찾아간다. 가난하고 비천하여 저잣거리 사람들에게 어려서부터 '바보 온달'로 놀림을 받았던 온달과 그의 어머니는 신분이 다른 그녀의 존재를 부담스러워하며 그녀와 함께하기를 주저하지만, 평강왕의 딸은 화려한 언변으로 그들을 설득하여 결국 온달 모자와 함께 생활하기 시작한다.

평강왕의 딸은 챙겨온 금은보화를 팔아 살림을 장만하곤 온달로 하여금 말을 기르게 한다. 공주의 계책대로 말을 기른 온달은 삼짇날 열리는 국가적인 규모의 제의 및 사냥 대회에 참여하는데 자신이 키운 말이 다른 누구의 말보다 잘 달려 주목을 받게 된다. 곧이어 외적의 침입에 맞서 싸워 온달이 큰 공을 세우자 왕은 비로소 그를 자신의 사위로 인정하곤 벼슬을 내린다. 그 후 온달은 신라와의 싸움에서 죽음을 맞이하고 움직이지 않는 그의 관을 공주가 어루만지며 위로하여 장사를 지내게 된다.

평강왕의 딸은 <내 복에 산다>의 막내딸과 마찬가지로, 아버지의 의지와 명령, 혹은 사랑과 보호라는 이름으로 포장된 아버지의 지배를 거부하고 이에 순응하지 않음으로써 애초에 부권적 질서의 공간인 '아버지의 집'을 '자신의 집'으로 받아들이려 하지 않고 있다. 따라서 표면적으로는 아버지에게 버림받고 내쳐진 딸의 형상을 띠고 있지만 두 여성은 모두 '쫓겨난 딸'이기보다는 '스스로 집을 나온 딸'에 가깝다.

'王者無戲言', 今大王之命, 謬矣, 妾不敢祗承." 『삼국사기(三國史記)』 권45 「열전(列傳)」 제5 <온달(溫達)>.

이 딸들은 아마도 아버지의 뜻을 거역한다는 것은 곧 아버지와의 관계 단절을 의미한다는 것을, 그리고 이는 곧 '아버지의 집'을 나가야 하는 상황으로 이어지리라는 것을 알고 있었을 것이다. 더구나 그녀들은 화가 난 아버지 앞에서 자신의 잘못을 뉘우치거나 반항의 의지를 누그러뜨리는 등 관계 회복이나 타협을 위한 행동들을 취하지 않는다. 따라서 내쫓기는 것은 딸이지만 버림 받고 상처 입은 쪽은 오히려 아버지라고 할 수 있을 것이다. 아버지의 사랑이 딸들에게 거절당했고 아버지는 이 거절을 자신의 존재에 대한 부인으로 받아들였기 때문이다.

누군가의 딸에서 누군가의 아내로 소속이 바뀌는 방식으로 자신의 사회적 존재를 드러내기를 거부한 딸들은 누군가에게 종속된 존재로서가 아닌, 그 자신의 존재로 당당히 한 사회의 주체가 되기를 시도한다. 직접 배우자를 선택하여 결혼한 후 그의 성공과 출세를 도모하는 것은 양처(良妻), 혹은 부덕(婦德)의 이념을 실천하는 과정이 아니라, 부권적 소유물의 지위에서 벗어나 자신의 존재 가치를 능동적이고 독립적인 태도로 사회적인 장에서 실현해가는 과정이며, 이것은 곧 아버지로부터의 분리에 성공한 딸의 입사(入社) 과정이다. 다만 이들의 입사는 여전히 가부장제라는, 엄존하는 현실의 제약을 떨쳐버리지 못한 채 '결혼과 배우자의 성공'이라는 형식을 빌리고 있다.

제주도 무속 신화 <삼공본풀이>의 주인공 감은장아기는 <내 복에 산다>의 막내딸과 계보상 위치가 가장 가깝다.[19] 아버지의 집을 나오는 과정이나 자기 존재 가치에 대한 확신과 높은 자존감을 드러내는 태도, 집을 나온 후 자신만의 세계를 구축하고 다시 아버지를 만나 그를 뉘우치게 하고 구원하기에 이르기까지, 감은장아기는 <내 복에 산다>에 등장하는 막내딸과 거의 동일한 과정을 거쳐 신의 지

---

19) 현용준, 『제주도 무속자료사전』, 신구문화사, 1980, 192~204면 참조.
진성기, 『제주도 무가본풀이사전』, 민속원, 1991, 97~103면 참조.

위에 오른다.

가난한 거지였던 남녀가 결혼하여 딸을 셋 낳았는데 셋째 딸이 태어나면서부터 점점 집이 부유해진다. 어느 날 아버지가 세 딸을 불러놓고 누구 덕에 먹고 사는가를 물으니 위의 두 딸은 '부모 덕'이라고 대답한 데 반해 막내딸만은 '자기 배꼽 밑 선(腺) 덕분'이라고 대답한다. 화가 난 아버지는 막내딸을 쫓아내지만 곧 후회하며 두 딸을 보내 막내를 데려오게 한다. 그러나 언니들이 아버지의 뜻을 반대로 전하며 오히려 막내를 더 멀리 쫓아내려 하자 분노한 막내가 언니들을 지네와 버섯으로 변하게 만든다. 소식이 궁금해 문밖으로 나서던 아버지는 문지방을 걸려 넘어지는 바람에 눈이 멀게 된다.

집을 나온 막내딸은 산 속 오막살이집에서 가난한 노파와 마 캐는 그의 세 아들을 만나는데 그 중 가장 마음씨 착한 막내아들과 인연을 맺게 된다. 막내아들이 마를 캐던 구덩이에서 금을 발견하여 부자가 된 이들 부부는 백일 동안 장님 잔치를 열어 막내딸의 부모와 재회하는데, 딸이 아버지의 눈을 어루만져 눈을 뜨게 만든 후 평생 부모를 보살핀다.

<삼공본풀이>의 감은장아기는 <내 복에 산다>의 막내딸에 내재한 신적 속성을 짐작하게 한다. 오늘날까지 제주도에서 여전히 살아있는 신화로서 전승·연행되고 있는 감은장아기의 이야기는 몇몇 세부적인 모티브를 제외하고는 <내 복에 산다>의 내용과 별반 다르지 않다. 전승 역사에서 어느 쪽이 먼저이든, 집 나온 막내딸의 이야기는 분명 신화적 구조, 신화적 성격을 드러내는 서사인 것이다.

제의에서 감은장아기는 전상신, 곧 인간의 운명을 좌우하는 신으로 기능하는데 서사적인 맥락에 따라 부신(富神)으로 인식되기도 한다.[20] 신의 형상을 띠는 탓에, 감은장아기는 <내 복에 산다>의 막내

20) 이수자, 『제주도 무속을 통해서 본 큰굿 열두거리의 구조적 원형과 신화』, 집문당, 2004, 203~217면 참조.

딸에 비해 관계에서 상대를 압도하고 상황 전개를 주도하는 주관적(主管的) 성격이 더욱 강하다. 또한 <내 복에 산다>와 달리, 언니들을 다른 사물로 변하게 하거나 아버지의 눈을 멀게 했다가 다시 치유하는 등의 모티브들을 통해 신적 권능을 유감없이 드러내고 있다.

<내 복에 산다>의 막내딸이나 <삼공본풀이>의 감은장아기가 지닌 신적 속성은, 배우자를 비롯한 다른 사람들의 눈에는 평범한 돌멩이로 보이는 금을 발견하고 그 가치를 인식할 뿐 아니라, 금의 교환가치를 상품화하여 시장에 내다파는 일련의 과정을 주도하는 모습을 통해서도 드러나고 있다.[21] 일부 연구자들은 숯굽는 가마에서 이맛돌이 금덩어리임을 발견하여 이를 내다팔게 하는 모티브가 배우자인 남성의 신적 속성과 함께 막내딸이나 감은장아기의 야장신적 성격을 상징하는 것으로 분석하기도 한다.[22]

굿판에서 신의 내력을 읊어내는 '본풀이'로 연행되는 <삼공본풀이>는 명백하게 신화적 서사이며, 그 주인공인 감은장아기 역시 서사 전개를 통해 신적 속성을 뚜렷하게 드러내는 인물 캐릭터다. 이로 인해 감은장아기와 주변 인물 사이에는 수직적 관계가 명확하며, 갈등은 주인공의 신적 속성을 인간적 존재들이 미처 인식하지 못하거

현승환은 '전상'을 잘 모시면 부자로 살게 된다는 사실이 이야기 내용을 통해 암시되고 있다고 하면서, 이를 통해 감은장아기의 부신적 성격이 드러난다고 파악하기보다는 운명관장신으로서의 면모가 드러나는 것으로 이해해야 한다고 주장하였다.(현승환, 「삼공본풀이의 형성과정 연구」, 『국문학연구총서 12 민요・무가・탈춤연구』, 태학사, 1998, 397~398면 참조.)

21) 김석배는 금덩이 발견을 성무(成巫) 절차의 주구(呪具) 찾기와 유사한 모티브로 분석하였다. 또한 언니들을 다른 사물로 변하게 만드는 주술적 능력과 예언자적 성격 등을 아울러 지적하고 '가믄장아기'의 일생이 영웅의 일대기에 상응한다고 주장하면서, '가믄장아기'를 '무속적 영웅'이라 지칭하기도 하고 '무속적 신'인 동시에 '인간적인 신'이라고 명명하였다.(김석배, 「<내 복에 산다>형 민담 연구」, 『문학과 언어』 3, 문학과언어학회, 1982, 100~108면 참조.)

22) 숯을 굽는 일이나 금과 관련된 일이 모두 야장(冶匠)과 연관될 뿐 아니라, 주술과 예견 등을 통해 주인공의 신적 속성이 드러남을 근거로 <내 복에 산다> 이야기를 민담화한 문화신화의 일종으로 보기도 한다.(김대숙, 앞의 논문 참조.)

나 주인공의 신성(神聖) 실현 의지를 꺾으려 드는 데서 발생한다. 감은장아기가 설사 아버지에 의해 내쳐졌다 하더라도 감은장아기는 그의 생명을 되살릴 수 있는 권능을 가진 존재로 그려진다. 감은장아기와 주변 인물 사이에는 명백하게 '신과 인간'이라는 관계상의 본질적인 간극이 존재하는 것이다.

문제는 신화적 텍스트가 연행 주체에 의해 인간적인 관점에서 재해석되어 반복된 연행 속에 탈신성화(脫神聖化)의 길을 걸어갈 때, 신적 존재에 의한 인간의 구원이 '버림받은 딸의 아버지 구원'으로 새롭게 맥락화됨으로써 '지극한 효'라는 도덕적 주제를 드러내는 서사로 탈바꿈한다는 사실이다. 신화적 관점이 아닌, 탈성화(脫聖化)된 관점에서 서사의 의미를 재해석할 때 감은장아기는 거부당하고 내쫓겼음에도 불구하고 끝끝내 아버지에 대한 도리를 외면하지 않은, 희생적이고 헌신적인 여성 영웅인 동시에 지극한 효를 실천한 딸의 표본이 되는 것이다.

그러나 버림 받은 딸의 아버지 구원을 지극한 효의 실천을 드러내는 역설적 행위로 규정하고[23] 감은장아기의 서사를 효녀 이야기로 윤색한다 하더라도, 아버지로부터 분리·독립을 선언하고 아버지의 집을 나와 자신에게 고유한 힘과 능력에 의지하여 스스로 운명을 개척해나가는 감은장아기의 모습은 이러한 해석에 끈질기게 저항하며 새로운 해석의 가능성을 열어둔다.

해석적 균열을 비집고 나오는 이 탈주적 주제는 바로, 평강왕의 딸에서 감은장아기를 거쳐 내 복에 사는 막내딸의 이야기로 이어지는 '집 나간 딸'들의 서사적 전통에서 꾸준히 발견되는, '아버지로부

23) 황인덕은 '버림 받은 막내딸의 부모 효도'가 '至孝의 실천'이자 '역설적 자기 실현'이라고 하면서, 이로 인한 근원적인 자의식의 억압과 불안이 굿의 '풀이' 기능을 통해 해소된다고 분석한 바 있다.(황인덕, 「<내 복에 먹고 산다>형 민담과 <삼공본풀이> 무가의 상관성」, 『어문연구』 18, 어문연구학회, 1988, 125~126면 참조.)

터의 분리와 자기 세계의 구축'이다. 이러한 주제는 '분리' 및 '새로운 질서로의 통합과 스스로가 구심이 되는 우주적 질서의 창조'로 재해석될 수 있는데, 이는 곧 입사(入社)의 구조에 대응하는 주제에 다름 아니다. '그녀들의 가출'은 사회 입문을 위해 필연적으로 예정될 수밖에 없는 단계였던 셈이다. 문제는 사회 입문을 위한 분리가 '아버지로부터의 분리'로 설정되어 있다는 사실이다. 바로 이 대목에서 '집 나간 막내딸'의 서사에 내재한 새로운 의미화의 가능성이 발견된다.

3. 〈내 복에 산다〉 속 막내딸의 입사기(入社記)

저 멀리 아담을 유혹했던 이브의 이야기나 호기심을 참지 못했던 판도라의 이야기까지 가지 않더라도, 남성의 죄를 대신하여 '원죄'를 짊어져야 했던 여성의 이야기는 이 땅에서도 쉽게 만날 수 있다. 자신의 아들이 신적 존재임을 알아보지 못하고 그를 죽음으로 몰고간 아기장수의 어머니나, 금기를 어기는 바람에 호랑이로 변한 남편이 다시 인간으로 돌아올 수 없게 만든 호랑이 효자의 아내, 그리고 비밀을 폭로하여 우물에서 막 용이 되어 승천하려던 죽은 남편의 소망을 좌절시킨 풍수의 아내 등이 바로 그들이다.

사실상 이들 이야기의 주인공은 완전하고 초월적인 세계로 돌아가 불완전함을 극복하고자 한 인간의 욕망을 대리 실현하려다 좌절하는 반신반인적(半神半人的) 남성이다. 신화론적 관점에서 해석할 때 이들 남성은 초월 세계와 단절된 채 불완전한 존재로 살아가야 하는 인간 실존을 상징하는 존재며, 이들의 실패담은 완전한 조화와 통합의 세계인 신적·초월적 세계로부터 영원히 유리된 인간의 비극적 운명을 정초한 태초의 사건을 재현한 것으로 볼 수 있다.

문제는 서사적 문맥에서 이 비극적 사건이 '여성의 죄'에 기인하는 것으로 설정되어 있다는 사실이다. 이것은 이들 이야기의 주된 연행 주체가 남성들이며 이야기 연행의 사회・기능적 의미가 '사회 입문'에 있다는 사실과 무관하지 않다. 신적이고 초월적인 세계와 완전히 분리된 계기가 바로 인간인 자신들의 과오에서 비롯되었다는 사실을 심적으로 감당하기 어려운 나머지, 죄를 대신할 희생양으로 여성을 소환한 것으로 볼 수 있기 때문이다. 결국 비극적 사건의 재현이 환기시키는 실존적 결핍과 원죄에 동반하는 상실감과 죄의식을 회피하고 지연시키기 위해 '죄 지은 여성'의 이미지를 알리바이로 동원한 것이다.

비극적 구전이야기는 사회 입문 과정을 성공적으로 수행하지 못하면 어떤 부정적 결과가 초래되는지 위협적으로 보여줌으로써 사회적 규준의 내면화와, 집단적 동일성의 범주에 벗어나는 개별성에 대한 자기 거세라는 입문 과제를 효과적으로 각인시킨다. 사회 통합과 집단적 동질화로 대표되는 사회화 과정에서 불가피하게 경험하는 심리적 억압은 사회적 주체가 되려는 입문자들에게 순응과 반항이라는 양가적 감정을 유발한다. 그러나 '여성의 죄'라는 알리바이를 동원함으로써 거세 위협의 배후는 사라지고 부정적 현실을 초래한 여성의 과오만이 부각되면서 사회적 억압으로 인한 상실은 여성의 죄에 의한 상실로 대체되고, 이로써 사회 입문의 폭력성이 은폐되는 가운데 사회화 과정에 대한 남성 주체의 반발 또한 의식의 수면 아래로 사라지게 되는 것이다.

반면에, 모든 죄를 뒤집어쓴 여성에게 작동되는 사회 입문의 시나리오는 전혀 다르다. 모든 부정적 현실에 대해 여성은 기꺼이 '내 탓'임을 자인하고, 죄의식을 견뎌내는 동시에 속죄를 위해 자신을 기꺼이 내던질 수 있는 희생과 헌신의 자세를 지녀야 한다. 자신에게 폭력이 가해지는 순간에도 폭력을 유발한 원인이 자신에게 있는 것은 아닌지 자문하고, 자신과 연관된 사람들에게 닥치는 불행의 순간에 먼저 자신의 과오가 없는지 되돌아보는 여성들의 정체성에는 '원죄를 지은 여성'의 시나리오가 내재해 있다.

신화적인 성격이 강한 일부 비극적인 구전이야기에 등장하는 '죄 지은 여성'의 이미지는 우리 사회가 전통적으로 여성들에게 교육하고 훈육시켜온 정체성의 내용이 무엇인지, 구전이야기 연행과 전승을 매개로 이와 같은 여성 정체성의 시나리오가 어떤 방식으로 작동되어왔는지 짐작하게 한다. 서사적 맥락을 참고할 때, 이들 이야기가 여성들의 몸에 새겨 넣는 정체성의 시나리오는 결국 '원죄에 대한 자인(自認)과 반성', 그리고 '속죄를 향한 자기 희생적인 노력'으로 정리될 수 있다.

모든 부정적 현실에 대해 여성은 기꺼이 '내 탓'임을 자인하고, 죄의식을 견뎌내는 동시에 속죄를 위해 자신을 기꺼이 내던질 수 있는 희생과 헌신의 자세를 지녀야 한다. 자신에게 폭력이 가해지는 순간에도 폭력을 유발한 원인이 자신에게 있는 것은 아닌지 자문하고, 자신과 연관된 사람들에게 닥치는 불행의 순간에 먼저 자신의 과오가 없는지 되돌아보는 여성들의 정체성에는 '원죄를 지은 여성'의 시나리오가 내재해 있다.

'그녀들'은 입사(入社)를 위해 '속죄'의 관문을 통과해야 한다. 원초적으로 주어졌던 죄에서 벗어나 스스로를 구원하기 위해 '그녀들'은 끊임없이 누군가를 구원해야만 하는 것이다. 여러 구전이야기에서 구원의 화신으로 등장하는 여성 주인공들은 이와 같은 여성 정체성의 시나리오를 그대로 보여준다. 병든 남편을 구하기 위해 자기 살점을 도려내는 아내나 아버지의 눈을 뜨게 하기 위해 인당수에 몸을 던진 심청이, 자신을 버린 아버지를 위해 고행을 마다하지 않는 바리데기나 남동생의 미래를 위해 기꺼이 죽음을 받아들인 누이 장사 등이 모두 핍박과 고통 속에서도 구원을 통해 자신의 존재를 증명하는 이야기 속 여성 주인공들이다.

여성 정체성의 핵심에 자리한 근원적인 죄의식과 강박적인 구원의 사명은 모두 '관계'에 기반을 두고 있다. '그녀들'은 관계 안에서만 자신을 바라보며, 관계를 타고 흐르는 '죄'와 '속죄'의 역동 속에서 자신의 존재 가치를 확인한다. 열녀의 자아 정체성은 누군가의 아내, 혹은 며느리로서만 존재하며, 심청과 바리데기의 자아 정체성은 누군가의 딸, 혹은 아내로서만 존재하며, 누이 장사의 정체성은 누군가의 누이, 혹은 딸로서만 존재하며, 아기장수의 어머니나 풍수의 아내는 이름조차 없이 누군가의 어머니, 혹은 아내로서만 존재한다.

구전이야기에 등장하는 많은 여성 인물들은 자신과 관계 맺는 모든 타자와의 '합체'를 통해 정체성을 형성하는 것처럼 보인다. '그녀'의 아버지 · 어머니, 형제 · 자매, 친구 · 이웃, 연인 · 남편, 딸 · 아들, 손녀 · 손자 등이 모두 '그녀' 안에 들어와 '그녀' 자신이 되어 있다. 그러므로 '그녀들'이 여성 주체의 관점에서 자신들의 정체성을 새롭게 정립하고자 할 때 가장 중요하게 인식해야 할 것은 '분리'를 통한 '자존감의 회복'이다.

그런데 여기, 수많은 구전이야기 속 속죄와 구원의 여인들과 달리 당당하게 분리 · 독립을 선언하고 자신에게 주어진 제한된 세계를 박차고 나가, 드높은 자존감을 바탕으로 자기만의 세계를 구축한 여성의 이야기가 있다. '네 탓'이라고 추궁하기도 전에 스스로 '내 탓'이라 말하는 수많은 여성들 틈에서, '내 탓이 아니라 내 덕이고 내 복이다'라고 외치는 이 당돌한 여성은, 아버지의 총애를 한 몸에 받으며 어리광과 애교로 똘똘 뭉친 철없는 공주로 자랄 수도 있었던 부잣집 '막내딸'이었다. 그러나 그녀는 아버지에게 '나는 당신에게 종속된 존재가 아니라 나로서 존재할 뿐'이라고 당당히 선언하고, 그의 집을 나와 자신만의 집을 세움으로써 다른 구전이야기 속 여성 주인공들과는 다른 여정을 밟아간다.

그녀가 이처럼 죄인이나 구원자가 아닌 그녀 자신으로서 자기 존재를 세상에 당당히 드러낼 수 있었던 힘은 어디에서 나온 것일까? 그녀가 '아버지의 집'을 벗어나 '그녀만의 집'을 지은 까닭은 무엇이었을까? 이제 자존감 넘치는 한 막내딸의 '출가기(出家記)'를 통해 이 질문들에 대한 답을 찾아보도록 하자.

구전이야기 <내 복에 산다>는 전국 각지에서 현재까지 60여 편에 달하는 이야기가 조사・보고되었다. 현전하는 이야기 자료의 연행자 가운데 70% 정도가 여성이며, 그들 대부분이 레파토리가 풍부하고 연행 기술이 뛰어난 이야기꾼들이다. 오늘날 전승되고 있는 구전이야기 <내 복에 산다>의 서사단락과 연행 및 전승 현황을 정리해 보면 다음과 같다.

1. 부잣집에 딸만 셋이 태어나다.
2. 아버지가 세 딸을 불러 '누구 덕에 사냐'고 묻다.
3. 첫째・둘째 딸이 '아버지 덕에 산다'고 대답하다.
4. 막내딸만 '내 복에 산다'고 대답하다.
5. 아버지가 불같이 화를 내며 막내딸을 내쫓다.
6. 쫓겨난 막내딸이 산으로 가다.
7. 막내딸이 산속 초가집에서 한 할머니를 만나다.
8. 숯을 구워 내다파는 할머니의 아들이 돌아오다.
9. 한 방에서 세 사람이 잠들다.
10. 막내딸이 숯구이 총각에게 결혼을 제안하다.
11. 숯구이 총각과 그 어머니가 신분 차이를 걱정하며 제안을 거절하다.
12. 막내딸이 설득하여 함께 살기로 하다.
13. 막내딸이 숯구이 사내의 숯막으로 점심을 가져가다.
14. 막내딸이 숯막에서 이맛돌이 모두 금덩어리임을 발견하다.
15. 막내딸이 숯구이 사내에게 이맛돌을 들고 장터에 나가 물건을 사려는 사람을 기다리라 시키다.

16. 숯구이 사내가 납득하지 못했으나 시키는 대로 이맛돌을 팔러 장터로 나가다.
17. 해가 기울도록 아무도 찾아오지 않다가 지나가던 백발 노인이 이맛돌을 발견하고 좋은 값에 사가다.
18. 막내딸과 숯구이 사내가 순식간에 부자가 되다.
19. 막내딸이 사람들이 지나다니는 큰길에 큰 집을 짓자고 제안하다.
20. 집을 지은 후, 막내딸이 여닫을 때마다 자신의 이름 부르는 소리가 들리는 대문을 달다.
21. 막내딸이 거지 잔치를 제안하여 백일 동안 잔치를 치르다.
22. 잔치 마지막날 막내딸이 나간 후 순식간에 집안이 몰락한 막내딸의 부모가 어디선가 딸의 이름 소리를 듣고 발걸음을 멈추다.
23. 막내딸의 이름 소리가 들리는 대문으로 그 부모가 들어서다.
24. 소식을 들은 막내딸이 일꾼을 시켜 부모를 모시게 한 후 씻기고 음식을 대접하다.
25. 당황한 부모 앞에 성공한 막내딸이 나타나다.
26. 아버지가 막내딸을 만나 눈물을 흘리며 자신의 과오를 뉘우치다.
27. 막내딸이 자신의 집 근처에 집을 지어 친정 부모를 모시고 행복하게 살다.

번호	제목	연행자	조사지역	특이사항	수록현황
1	<숯장수 효자이야기>	용상중(남, 42세)	경기도 양평군 청운면 도원리 풍류산	1. 효자 이야기와 결합. 2. 고을원의 셋째딸. 3. 도승으로 변한 호랑이가 두 사람을 연결. 4. 숯구이 총각이 원래 뛰어난 인물이었으며, 효자였기에 복을 받았다는 내용에 초점을 둠.	『대계』 1-3, 201~215면.
2	<내 덕에 먹고 산다>	간음전(여, 59세)	경기도 양평군 단월면 산음리 수청	1. 거지잔치 모티브 없음. 2. 아이 둘 낳고 15년이 지나도록 친정에 가지 않음. 3. 큰딸과 둘째딸의 집에서 쫓겨난 아버지가 막내딸의 집에 찾아와 숨을 거둠.	『대계』 1-3, 294~298면.
3	<내 복에	이항훈(남, 71세)	경기도	1. 집을 나온 딸의 살림은 불어나고 아버지는 점차 가	『대계』

	산다>		의정부시 가능 3동	난해진 데서 이야기가 끝남. 2. 딸이 복을 가졌는데 그 딸을 내쫓아서 가난해졌다는 말을 덧붙임.	1-4, 96~97면.
4	<막내딸과 숯구이 총각>	윤선식(남, 66세)	경기도 남양주군 미금읍 지금 1리	1. 연행자는 마을에서 이름난 이야기꾼으로 여러 이야기를 엮어 하나의 이야기를 만드는 경향이 있음. 연행시 다수의 야담 자료 활용. 2. 딸들을 불러 글을 짓게 하는 데서 이야기가 시작됨. 세 딸이 각자 자기가 지은 글의 내용대로 살게 됨. 3. 돌노적으로 천석지기를 속여 부자가 됨. 4. 거지잔치 없이 딸의 집을 수소문해 찾아옴. 5. 숯구이 사내의 후손과 가문이 번성함.	『대계』 1-4, 416~426면.
5	<막내딸과 숯구이 총각>	이순희(여, 60세)	경기도 남양주군 진접면 장현리	1. 효성 지극한 막내딸. 2. 아버지가 숯구이 총각과 딸들을 맺어주려 함. 두 딸은 거부하나 막내딸만 승낙. 3. 두 언니가 시기하여 막내동생을 없애려 들었지만 실패. 막내딸이 부모에게 효도하며 잘 살았다는 결말. 4. 아버지와 막내딸의 갈등 부재. 자매들 끼리 갈등.	『대계』 1-4, 799~801면.
6	<누구 덕에 사나>	최유봉(남, 81세)	경기도 남양주군 진접면 장현리	1. 막내딸이 부자가 된 후 아버지를 불러 효도했다는 결말.	『대계』 1-4, 850~854면.
7	<누구 덕에 사나>	오수영(여, 68세)	경기도 용인군 이동면 서리	1. 누구 덕에 사냐는 질문 후 다시 좋아하는 꽃을 물음.	『대계』 1-9, 205~209면.
8	<숯구이 총각과 이맛돌>	김진태(남, 63세)	경기도 용인군 내사면 양지 1리	1. 까마귀가 도와준 효자 이야기가 앞 부분에 첨가됨. 효자 이야기와 내 복에 사는 막내딸 이야기가 결합된 형태. 2. 혼기가 지난 세 딸을 아버지가 숯구이 총각에게 시집 보내려 함. 셋째딸만 응낙. 3. 숯구이 총각이 효자라서 복을 받았다는 데 초점을 둠.	『대계』 1-9, 633~638면.
9	<숯장수 이야기>	최금철(여, 50세)	강원도 강릉시 홍제동	1. 막내딸이 집에서 쌀을 퍼가지고 나감. 복쌀이었음. 2. 여자와 노인의 눈에만 보이는 금덩어리. 3. '옥점아'라는 이름이 들리는 대문 제작.	『대계』 2-1, 309~312면.
10	<내 덕에	강춘이(여, 62세)	강원도	1. 뒤에 친정 재산 뺏은 딸 이야기를 연행.	『대계』

	먹고 사는 셋째 딸>		횡성군 공근면 학담 2리		2-6, 612~614면.
11	<'내 덕으로 산다'는 김좌수의 막내딸>	고근록(남, 71세)	강원도 영월군 영월읍 영흥 14리	1. 우스운 이야기라며 연행 시작.	『대계』 2-8, 465~468면.
12	<사람은 제 복으로 먹고 산다>	오영석(남, 72세)	충남 대덕군 신탄진읍 석봉리	1. 대문 여닫을 때마다 '매월이'라고 부르는 소리가 들리게 함. 2. 막내딸이 친정 부모를 모셔다 잘 살고, 후에 제사를 받들었다고 함.	『대계』 4-2, 201~204면.
13	<돌무더기 위의 금덩이>	고정숙(여, 60세)	충남 보령군 웅천면 성동리	1. 재상의 딸이 일찍 남편을 여의자 그 아버지가 딸이 죽은 것으로 초상을 치른 후 딸을 몰래 내보냄. 2. 노적거리 속임수로 지나가던 부자와 거래. 3. 부자는 망한 후 회개하여 새 삶을 살게 됨. 4. 숯구이 사내와 그 아내는 행복하게 살았다는 결말.	『대계』 4-4, 359~362면.
14	<내 복으로 먹고 산다>	박용애(여, 66세)	충남 부여군 부여읍 정동리	1. 연행 집단 내에서 누군가 숯장사 이야기를 노래처럼 흥얼거리며 연행을 권유. 2. 연행자들 여럿이 참여하여 함께 연행. 3. 친정 부모가 막내딸에게 오는 길에 개를 한 마리 삶아 옴.	『대계』 4-5, 188~190면.
15	<내 복으로 먹고 산다>	전세권(남, 71세)	충남 공주군 의당면 월곡리		『대계』 4-6, 134~139면.
16	<내 복으로 먹고 산다>	김복순(여, 72세)	충남 공주군 유구면 입석리	1. 딸이 다섯. 2. 무슨 꽃, 무슨 새가 좋냐고 물음. 3. 숯구이 총각이 금덩이를 내다 팔아 부자가 된 후 막내딸과 결혼하여 칠남매를 낳고 삼.	『대계』 4-6, 532~537면.
17	<자기 복으로 산다>	서보익(남, 76세)	전북 정읍군 태인면 태성리	1. 딸을 내쫓은 부모가 거지가 된 후 병에 걸렸는데 금으로 된 그릇에 밥을 먹어야 낫는다는 소리를 들음. 소문 듣고 막내딸의 집을 찾아가 병을 고침.	『대계』 5-6, 218~222면.
18	<자기 복에 사는 딸>	곽서례(여, 76세)	전남 진도군 군내면 둔전리	1. 딸이 다섯. 2. 아버지가 딸을 산 속으로 귀양 보냄.	『대계』 6-1, 96~99면.
19	<숯 굽는	이난자(여, 71세)	전남	1. 숯구이 총각이 여자를 만나 금덩이를 팔아 부자가	『대계』

	사람의 행운>		해남군 삼산면 구림리	된 사연만 간단하게 연행. 2. 앞부분 연행 내용이 선명하지 않음.	6-5, 153~154면.
20	<내 복으로 살지요>	조석분(여, 76세)	전남 화순군 화순읍 교리	1. 어려서 연행자가 아버지에게 들은 이야기. 2. 딸이 여섯. 셋째 딸이 '내 덕'이라 대답. 3. 부자가 된 후 큰 집을 짓고 대문 위에 '만당춘'이라 는 이름표를 붙임. 아버지가 동냥 다니다가 이름표를 보고 찾아옴. 아버지에게 재산의 반을 갈라줌.	『대계』 6-9, 155~158면.
21	<내 덕으로 먹고 산다>	조일남(남, 76세)	전남 화순군 북면 수리	1. 술 먹고 들어온 아버지가 딸들에게 물음. 2. 중간 연행 내용이 뒤섞임. 3. 막내딸이 낳은 아들에게 글을 가르쳤는데 하루는 아들이 외가에 대해 물음. 막내딸이 편지를 써서 아들편에 친정 부모에게 보냄. 똑똑하게 자란 외손주를 자랑스러워 함.	『대계』 6-9, 716~717면.
22	<내 복으로 먹고 산다>	양진남(여, 56세)	전남 보성군 조성면 귀산리	1. 부자가 된 후 삼형제 낳고 살다가 친정 집에 가서 자랑을 했다고 함.	『대계』 6-12, 1000~1002면.
23	<숯구이 총각과 생금장>	김미분(여, 61세)	경북 상주군 상주읍 신봉 2리	1. 딸이 다섯. 2. 아버지가 숯구이 총각에게 시집 보내려 하니 아무도 나서지 않음. 막내딸이 자진하여 결혼하겠다 함. 3. 숯구이 총각이 부자가 된 후 과거 급제하여 암행어사가 됨. 4. 친정에 복수했다고 하는 후일담이 전함.	『대계』 7-8, 91~93면.
24	<제 복으로 먹고 사는 딸>	이금분(여, 65세)	경북 상주군 공검면 병암리	1. 며느리들은 모두 아버님 덕이라고 대답. 외동딸만 내 덕에 먹고 산다고 대답. 2. 딸이 부자가 된 후 새집을 지으면서, 문을 여닫을 때마다 이름이 들리도록 대문을 제작. 나중에 딸을 만난 아버지가 그 소리를 듣기 싫어함. 아버지를 봉양하는 대목이 없음.	『대계』 7-8, 339~341면.
25	<숯구이 총각과 생금장>	황동춘(여, 60세)	경북 상주군 은척면 우기 1리	1. 뛰어난 아내가 지인지감으로 남편을 선택하여 성공시키는 유형의 이야기. 2. 이웃에서 천대받던 숯구이 총각이 복 있는 여인과 결혼하여 칠팔 남매 낳고 살다가 10년 만에 아내가 시킨 대로 하여 금을 내다팔아 부자가 됨.	『대계』 7-8, 1201~ 1205면.
26	<막내딸 복에 사는 정승>	박봉금(여, 51세)	경북 안동군 임하면 금소 1동	1. 부자가 된 막내딸이 빨래를 하다가 고래 눈을 주움. 2. 임금이 막내딸의 아버지인 정승을 불러 고래 눈을 구해 오라 시킴. 3. 막내딸 덕분에 위기를 모면한 정승.	『대계』 7-9, 1085~ 1092면.
27	<선녀와 결혼한	김말임(여, 64세)	경북 안동군	1. <선녀와 나무꾼> 이야기와 결합된 형태. 2. 선녀가 내려와 숯구이 총각과 결혼.	『대계』 7-9,

	숯구이의 하늘 여행>		일직면 조탑동	3. 선녀가 떠난 후 하늘 나라로 올라간 총각이 아내와 아들, 죽은 어머니를 만나고 다시 인간 세상으로 돌아옴.	1182~ 1188면.
28	<제 복으로 산다고 한 셋째딸>	백향화(여, 62세)	경북 봉화군 소천면 석포 4리	1. 연행 솜씨가 뛰어난 연행자.	『대계』 7-10, 617~622면.
29	<나락꽃이 크다고 한 셋째 딸>	신을출(여, 78세)	경북 군위군 소보면 대홍 2동	1. 무슨 꽃이 제일 크냐는 질문에 막내딸이 나락꽃이라고 대답해 아버지의 미움을 삼. 2. 서기가 비치는 밭에서 동삼을 캐다 팔아 부자가 됨. 3. 몇 해 후 동냥 온 거지가 친정 아버지임을 알아 보고 봉양함. 4. 다른 답을 한 두 언니는 모두 망함.	『대계』 7-12, 135~140면.
30	<숯구이 총각과 생금장>	전계한(여, 74세)	경북 대구시 서구 중리동	1. 시집 가기 싫어하던 정승의 딸이 산 속으로 도망쳐 숯구이 총각을 만남. 2. 막내딸이 남편을 공부시켜 과거 급제케 함. 3. 아들 하나 놓고 살다가 친정을 찾아가 부모를 만남.	『대계』 7-13, 385~388면.
31	<숯장수 이마덕과 정승 딸>	정수달(남, 57세)	경북 달성군 하빈면 묘동	1. <서동 이야기>와 유사한 유형의 이야기가 결합됨. 2. 김정승 딸 김주해가 천하일색이라는 소문을 듣고 찾아가 아이들에게 노래를 가르친 후 부르게 함. 3. 부자가 된 후 '주해'라는 소리가 들리는 대문을 만들어 담.	『대계』 7-14, 654~658면.
32	<제 복으로 사는 막내딸>	김분이(여, 82세)	경북 선산군 고아면 오로동	1. 아버지와 딸의 갈등이 극적으로 그려짐. 2. 며느리와 딸에게 물었는데 '내 덕에 산다'는 딸의 대답이 마땅치 않아 아버지가 어린 딸을 첩첩산중에 시집 보냄. 3. 집 나올 때 어머니가 보석 반지 하나를 주고 아버지는 아무것도 주지 않았음. 4. 시집간 딸이 보석 반지를 팔아 농기구를 산 후 산의 밭을 일궈 부자가 됨. 5. 아버지가 돈을 싣고 찾아가 도와주려 하자 이를 거절함. 6. 괘씸하게 여긴 아버지가 소송을 제기했으나 딸에게 짐.	『대계』 7-16, 25~26면.
33	<제 복으로 사는 막내딸>	김영애(여, 75세)	경북 선산군	1. 막내딸이 부자가 된 후 기와집 여러 채 짓고 대문 여닫을 때마다 큰 소리가 나도록 만들어 놓음.	『대계』 7-16,

			고아면 오로동	2. 거지가 된 아버지를 딸이 편지를 보내 초대함. 아버지가 재물을 얻어 돌아가면서 과연 제 복으로 산다고 말함.	57~59면.
34	<내 덕에 먹고 산다는 딸의 성취>	김끝녀(여, 72세)	경북 예천군 보문면 산성동	1. 남복을 한 막내딸이 집을 나와 오입을 갔다가 숯구이 총각을 만남. 2. 여자임을 밝히고 결혼. 3. 남편으로 하여금 매일 새끼 서 발을 꼬고 돌을 들어다 날러 탑을 쌓게 함. 4. 온 식구가 탑을 쌓은 후 그 위에 금덩어리를 올려 둠. 5. 속임수로 부자 영감과 맞바꾸어 부자가 됨. 6. 아버지의 인정과 뉘우침.	『대계』 7-17, 348~355면.
35	<부자가 된 숯쟁이>	강남이(여, 72세)	경남 진양군 수곡면 사곡리	1. <노적가리 이야기>와 결합. 2. 부자는 망하고 숯구이 사내는 부자가 됨.	『대계』 8-3, 195면.
36	<제 복에 사는 딸>	성경선(여, 61세)	경남 진양군 대곡면 단목리	1. 고을 원님의 딸이 다섯. 무슨 꽃을 좋아하냐 물음. 2. 누구 덕에 사냐는 질문에 막내딸만 '내 덕'이라고 대답. 3. 쫓겨날 때 어머니가 패물을 챙겨 줌. 4. 이름 부르는 소리가 들리는 문. 아버지와의 상봉.	『대계』 8-4, 53~59면.
37	<제 복으로 먹고 사는 이야기>	이민호(남, 56세)	경남 거창군 남상면 무촌리	1. 딸 다섯 가운데 시집 가지 않은 딸 셋만 불러 '누구 덕에 사냐' 물음.	『대계』 8-5, 921~925면.
38	<제 복에 사는 딸>	김두리(여, 71세)	경남 밀양군 산내면 양송정	1. 금덩어리 모티브가 없음. 2. '누구 덕에 사냐' 묻고 답하는 장면이 강조됨. 3. 가난한 사람에게 시집 보냈으나 타고난 복으로 부자가 됨. 4. 열두 대문을 만들어 달고 아버지를 초대함. 5. 아버지가 응하지 않자 쌍가마를 보내 모셔옴. 6. 들어서는 열두 대문마다 문 열 때 '제 복으로'라는 소리가 들림. 이야기의 끝. 다른 내용 없음.	『대계』 8-8, 595~597면.
39	<셋째딸과 숯장수>	김명희(여, 50세)	경남 김해군 진영읍 내룡리	1. 욕심 많은 이웃 대감의 살림과 맞교환하여 부자가 됨. 2. 금덩어리가 이웃 대감의 집에 가서는 평범한 돌이 됨.	『대계』 8-9, 259~ 262면.
40	<쫓겨난	김종만(남, 70세)	경남	1. <내 복에 산다> 이야기의 기본 골격 구조와 모티	『대계』

	딸과 숯 굽는 총각(1)		김해군 녹산면 송정리	브를 거의 대부분 공유하고 있으나 연행 자체는 매우 소략함.	8-9, 477~478면.
41	<쫓겨난 딸과 숯 굽는 총각(2)>	정준탁(남, 66세)	경남 김해군 녹산면 송정리	1. 앞 자료와 함께 같은 이야기판에서 연행. 2. 앞 자료의 연행을 듣고 너무 간략하여 부연 설명하기 위해 다시 연행한 듯함.	『대계』 8-9, 478~483면.
42	<숯 굽는 총각과 결혼한 처녀>	정점례(여, 63세)	경남 의령군 봉수면 서암리	1. <손 없는 색시> 이야기와 결합됨. 2. 계모의 계략으로 손이 잘린 채 아버지에게 쫓겨난 딸의 이야기. 계모가 낳은 아들이 도와줌. 3. 나중에 결혼한 여자가 부자가 된 후 아이를 잘못하다 옹달샘에 빠뜨림. 아이가 되살아나고 손도 다시 회복됨. 4. 남편은 과거 급제. 5. 석달 열흘 거지 잔치 하니 아버지와 동생이 동냥을 하러 옴. 계모를 죽인 후 아버지 모시고 잘 살았다는 후일담.	『대계』 8-11, 714~720면.
43	<바보 온달>	김개봉(남, 70세)	경남 하동군 화개면 용강리	1. 간단하고 소략한 연행. 2. 금덩어리를 못 알아본 여자가 남편을 '바보'라 부름. 그래서 '바보 온달'이 되었다는 이야기.	『대계』 8-14, 186~187면.
44	<숯굽는 총각 부자 되기>	김숙임(여, 53세)	경남 하동군 진교면 월운리	1. 예쁜 딸을 둔 사람이 사위를 고르기 위해 동네 사람을 모아 놓고 노래를 부르게 함. 2. 숯구이 총각의 노래를 듣고 사위로 삼음. 3. 금을 발견하여 부자가 됨.	『대계』 8-14, 303~306면.
45	<셋째딸과 숯쟁이>	문병수(여, 55세)	경남 하동군 진교면 월운리		『대계』 8-14, 357~361면.
46	<금덩이 파낸 숯장수>	양형회(남, 56세)	제주시 노형동 광평	1. 어느 고을 대감이 아들 셋, 딸 하나를 불러 놓고 죽고 나면 어떻게 먹고 살겠냐고 물음. 딸만 내 복력대로 살게 될 것이라고 대답. 2. 대감이 딸을 내쫓자 딸이 눈물도 흘리지 않고 나감. 아버지가 이를 더욱 원망함.	『대계』 9-2, 285~288면.
47	<내 복에 산다>	계창옥	평북 선천군 군산면 장공동	1. 산 속 집에서 막내딸이 여우로 오인됨. 2. 부자와 금돌을 바꾸어 부자의 집을 얻음.	『한국구전설화』 1, 111~112면.
48	<내 복에	김병준	평북	1. 막내딸을 쫓아낼 때 나무로 만든 큰 곽에 담아 강	『한국구전

	산다>		초산군 풍면 용곡동	에 띄움.	설화』 1, 112~113면.
49	<제 복에 산다>	강현직	평북 창성군 창성면 평로동		『한국구전설화』 2, 130~131면.
50	<내 복으로 잘 산다>	장보패	황해도 평산군 안성면 지암리	1. 아들은 없고 딸만 다섯.	『한국구전설화』 3, 265~267면.
51	<내 복에 산다>	홍덕유(남, 46세)	강원도 강릉시 교동		『한국구전설화』 4, 193~194면.
52	<제 복에 산다>	이성도	경기도 양주군 화도면 마석우리	1. 아들 삼형제와 딸 하나. 2. 아들들과 딸의 대립이 드러남.	『한국구전설화』 5, 171~172면.
53	<내 복에 산다>	구재회	충남 부여군 남면 금천리	1. 딸만 다섯.	『한국구전설화』 6, 339~340면.
54	<내 복에 산다>	김연단(여, 56세)	전북 진안군 상전면 월평리	1. 막내딸의 이름 부르는 소리가 들리는 열두 대문 달린 집. 2. 아버지의 두려움과 후회가 극적으로 표현됨.	『한국구전설화』 7, 231~232면.
55	<내 복에 산다>	강기남(여, 48세)	전북 무주군 무풍면 현내리	1. 막내딸의 이름 부르는 소리가 들리는 열두 대문 달린 집.	『한국구전설화』 7, 232~233면.
56	<내 복에 산다>	이씨	전북 정읍군 소성면 두암리	1. 부자가 된 막내딸과 상봉한 아버지가 막내딸의 복을 얻어올 요량으로 그 집 개를 잡아 끓여달라 함. 2. 막내딸이 국을 끓이다 둥둥 뜬 것을 주워 먹음. 3. 결국 막내딸의 복은 아버지에게 오지 않음. 개에게 붙은 복도 결국 막내딸의 것이었음을 확인하고 뉘우침.	『한국구전설화』 7, 233~235면.
57	<내 복으로 산다>	김내보(여, 74세) 강승옥(여, 65세) 양금생(여, 69세)	남제주군 안덕면 / 남제주군	1. 아들 셋, 딸 하나.	『한국구전설화』 9, 289~290면.

			중문면 / 북제주군 성산면		
58	<내 복으로 산다>	김성녀	경남 하동읍		『한국구전설화』 10, 131~132면.
59	<내 복으로 산다>	박종순(여, 14세)	경남 김해군 대저면	1. 막내딸인 '복남'을 부르는 소리가 들리는 열두 대문이 달린 집.	『한국구전설화』 10, 132~133면.
60	<제 복에 산다>	황씨(여, 31세)	경북 안동군 일직면 조탑동	1. 막내딸인 '복남'을 부르는 소리가 들리는 열두 대문이 달린 집.	『한국구전설화』 12, 93~94면.

앞에 열거한 연행 자료 가운데 7번 자료에 해당하는 <누구 덕에 사나>를 연행한 오수영(여, 조사 당시 68세)씨는 같은 연행 현장에서 이 이야기 외에 <구렁덩덩 신선비>, <해와 달이 된 오누이>, <여우 누이 동생>, <문둥이(1)>, <문둥이(2)>, <도깨비 방망이>, <효부와 호랑이>, <고려장>, <아침에 심어 저녁에 따먹는 오이>, <결말 잘 쓰는 며느리>, <방귀쟁이 며느리>, <벙어리 시집살이>, <지렁이 곰국>, <혼령들의 제사 음식 품평>, <부자 된 쥐지랄군>, <손 없는 색시>, <콩쥐팥쥐>, <새끼 서발> 등의 이야기를 연행하였다.

13번 자료 <돌무더기 위의 금덩이>를 연행한 고정숙(여, 조사 당시 60세)씨 역시 이 이야기 외에도 <해와 달이 된 남매>, <소금장수 이야기(1)>, <소금장수 이야기(2)>, <소금장수 이야기(3)>, <가난한 효자>, <고려장의 유래>, <송도말년에 불가사리>, <도깨비 방망이>, <아내 버릇 고치기>, <명당 얻어 부자된 숯장수> 등의 이야기를 연행하였다.

14번 자료 <내 복으로 먹고 산다>를 연행한 박용애(여, 조사 당시 66세)씨도 이 이야기와 함께 <간부 징치한 어린 신랑>, <구렁덩덩 소선비>, <은혜 갚은 개구리>, <물에 빠진 사람 구해주고 복 받은

사람>, <하늘로 올라간 남매>, <할미꽃의 유래>, <고려장 없앤 이유>, <며느리 흉보려다 망신 당한 시아버지>, <아이 낳아주고 복 받은 여자> 등의 이야기를 연행하였다.

32번 자료와 33번 자료를 연행한 김분이(여, 조사 당시 82세)씨와 김영애(여, 조사 당시 75세)씨는 같은 이야기판에서 서로 이야기를 주고 받으며 <제 복으로 사는 막내딸> 이야기를 연행하였는데 두 사람은 마을에서 이야기 선생으로 불릴 만큼 연행 능력이 뛰어난 이야기꾼들이었다. 김분이씨는 이 이야기 외에도 <배반한 종과 쫓겨난 상전>, <뿌리없는 꽃 피운 봉새기>, <행례 지내다 불 낸 홀영감과 과부>, <바보 사위>, <지하도적 잡고 용왕국에서 얻은 연적>, <딸 지고 간 소금장수>, <장례 치러주고 장가든 소금장수>, <칠형제 둘 팔자>, <조리장수와 홀시어머니>, <탑과 나락 바꾸기>, <계모의 간계를 막은 색시>, <서낭 덕으로 부자 된 노총각> 등의 이야기를 연행하였다.

몇몇 예를 통해서 알 수 있듯이 <내 복에 산다>를 연행하는 여성 연행자들은 대부분 이름난 이야기꾼들로, 레퍼토리가 풍부하고 연행 능력이 뛰어나다.[24)] 그들의 레퍼토리에 포함된 이야기들은 이야기꾼으로 이름난 이들이라면 자신의 연행 목록에 꼭 넣어 두는, 한국에서 전승되는 구전이야기 가운데 대표적인 유형의 작품으로 알려진 것들이다.[25)]

---

24) <내 복에 산다>를 연행한 남자 연행자들의 경우에도 마찬가지인데, 예를 들어 <막내딸과 숯구이 총각>을 연행한 경기도 남양주군 미금읍 지금 1리의 윤선식(남, 조사 당시 66세)씨는 마을의 이름난 이야기꾼으로 여러 이야기를 엮어 하나의 이야기를 연행할 정도로 이야기를 엮어내는 데 남다른 재주를 지닌 인물이었다고 한다. 그는 다수의 구전이야기를 알고 있을 뿐만 아니라 많은 야담 자료를 이야기 연행 자료로 활용하였다.(자료 4번 참조.)

25) 앞에 예를 든 연행자들의 연행 이야기 목록 가운데 밑줄 친 자료를 참조하면, 대부분 전국에서 전승되는 대표적인 한국 구전이야기 유형들이 상당수 포함되어 있음을 알 수 있다.

김분이씨와 김영애씨가 함께 <제 복으로 사는 막내딸>을 연행한 것과 마찬가지로, <내 복에 산다>는 여성들이 모인 이야기판에서 연행집단 성원 대부분이 잘 아는 이야기로 모두가 참여한 가운데 연행되는 경우가 많다. 14번 자료를 연행한 박용애(여, 조사 당시 66세)씨가 참여한 이야기판에는 서너 명 이상의 여성들이 모여 있었는데, 좌중에 있던 '보령댁'이라는 여성 연행자가 숯장사 이야기를 한 번 해보라고 권하면서 이야기 첫 대목을 노래처럼 흥얼거리기 시작하자 '북실댁'이라는 여성이 받아서 연행을 시작했으며, 연행이 진행되는 와중에도 '가중리댁'이라는 여성이 연행에 더불어 참여하여 이야기 내용을 보완하였다. 28번 자료의 연행자인 백향화(여, 조사 당시 62세)씨의 경우에도 목소리를 바꿔가며 실감나게 이야기 연행을 이어가는 도중에 여러 청중들이 연행에 참여했다고 한다.

구전이야기 <내 복에 산다>는 연행 주체의 젠더에 따라 연행시 이야기의 변이 양상이 다르게 나타난다. 앞선 자료들을 통해서도 알 수 있듯이, 남성 연행 주체의 경우 집을 나간 막내딸이 아닌 숯구이 총각에 초점을 두고 이야기를 전개하기도 한다. 예를 들어 이야기 앞부분에 <효자 이야기>의 주요 모티브들을 삽입하여 숯구이 총각을 효자로 설정함으로써 '집을 나간 막내딸이 타고난 복을 실현시키는 이야기'가 아닌, '효자인 숯구이 총각이 하늘로부터 복을 받는 이야기'로 서사 전개 방향을 바꾸는 것이다(자료 1번, 자료 8번 외). 혹은, 숯구이 총각을 하늘이 내린 숨은 인재로 묘사하여 집을 나간 막내딸에 의해 발굴된 후 타고난 천복을 실현시켜가는 과정에 초점을 두기도 한다.[26]

26) 아래 김진태(남, 조사 당시 63세)씨가 연행한 자료는 남성 주인공인 숯구이 총각의 이야기로 서사가 전개된다. 효자로 살던 숯구이 총각이 까마귀의 도움을 받게 되고 그 과정에서 숯구이 총각의 사람됨을 알아본 부자가 자신의 딸들에게 숯구이 총각과의 결혼을 제안하는데 이때 막내딸만 응낙하여 두 사람이 맺어지게 된다는 내용으로 구성되어 있다.

이야기의 몇몇 장면들이 남성 중심의 문화나 남성적인 의식의 영향으로 변이되기도 하는데, 예를 들어 딸들과 아버지의 문답 장면이 딸들의 문장 짓기 내기로 바뀌기도 하고(자료 4번), 숯구이 총각과 집 나간 막내딸의 만남이 참요(讖謠)를 통한 남성 주도의 결합에 가까운 <서동 이야기>의 모티브로 탈바꿈하기도 한다(자료 31번). 이야기 결말 부분에서 막내딸이 아들들을 낳아 잘 길러 출세시킴으로써 결국 남성 배우자의 후손과 가문을 번성시키는 데 기여한 인물로 그려지기도 하고 남편이나 아들을 공부시켜 과거에 급제케 함으로써 결국 남편과 아들의 출세를 도운 '양처(良妻)'나 '현모(賢母)'의 이미지가 두드러지게 강조되기도 한다(자료 21번, 23번, 25번, 30번 외). 각 편 중에는 집 나간 막내딸이 아들을 훌륭한 선비로 키워낸 후 바로 그 아들을 통해 아버지의 인정을 받아내는 내용의 이야기도 있다(자료 21번).

남성 연행자들은 <내 복에 산다> 이야기를 효자, 혹은 효녀의 이야기로 탈바꿈시키기도 하는데, 일부 여성 연행자들 역시 이와 같은 경향을 드러낸다. 숯구이 총각의 숨겨진 가능성을 지인지감으로 발견한 아버지가 그를 사위로 삼고자 하지만 막내딸만 응낙함으로써 막내딸만이 아버지의 의도를 이해하는 진정한 효녀임을 강조하기도

"지금으로부터 한 이백 년 전이지. 한 농촌에 아주 빈한한 가정이 있다 이말이야. 근데 아버지가 일찍 돌아가구 어머니 하구 아들 하구 두 식구가 살아요. 두 식구가 사는데 뭐를 하느냐 하며는 숯 장사, 산에 가서 낭구를 지어서 숯을 구워 가지구 숯을 한 뭉치씩 장에 내다 판다 이 말이요. 그래 가지구 쌀을 쪼금 팔구, 좁쌀 좀 팔구 이래서 조밥은 해서 자기가 먹구 쌀밥은 해서 어머닐 드리는데, 언제든지 반찬을 해 드리는데, 그 부모 봉양하느라구 고기를, 그 때는 십전 어치두 팔구 오전 어치두 팔았어. 옛날 얘기야. …중략… 근데 딸 셋인데 그 부잣집 어머니- 아버지가 딸 셋을 죽 모아 놓구서는 물었거든. "너 그 아무 데 골짜구니 그 아무개한테루 다 시집을 가거라." 그래 큰 딸두 안 간다, 두째 딸두 안 간다, 세째 딸이, "아버지나 글루 시집 가겠읍니다." 그 말이여. "그래 너 그렇게 어려워두 괜찮으냐?" "사람이 복 있으면 살것지요." …중략… 그 사람은 평생에 그 효자를 했기 때문에 이 하늘과 땅이 다 도와주는 거예요."(자료 8번 참조.)

하고(자료 1번, 8번, 25번 외), 아버지와의 갈등을 강조하기보다는 성공 후 아버지에게 보은하고 효를 다하는 데 초점을 두기도 한다(자료 5번, 6번, 26번 외). 때로는 아버지의 사랑과 인정을 얻기 위해 자매들끼리 효도 경쟁을 벌이는 장면을 삽입・부각시키기도 하고(자료 6번) 아버지와의 갈등보다는 계모와의 갈등을 부각시키기 위해 <손 없는 색시> 이야기의 모티브가 결합되기도 한다(자료 42번).

가부장적 영토로의 진입을 위해 분투하는 이들 이야기의 변이 양상과는 달리 여성 연행자들이 구연하는 대부분의 <내 복에 산다> 이야기는, 여성 주인공인 집 나간 막내딸의 비범함을 강조하고 그녀의 주도 하에 전개되는 분리・독립과 성공에 초점을 두며 막내딸의 승리로 귀결되는 아버지와의 갈등을 부각시키는 데 주력한다. <내 복에 산다> 이야기의 연행과 전승에서 가장 강한 지속 지향성을 드러내는 대목은 아버지와 딸들의 문답 장면이다.[27]

옛날에 딸 셋이 있었는데, 그랬는데 이제 그 아버지가 귀여워서 하루는 큰딸을 불러서 앉혀 놓고,

"얘 아무개야 너는 누구 덕에 먹고 사느냐?"

"어머니 아버지 덕에 입고 먹고 삽니다."

둘째딸에게도 물어보니까 둘째딸도 역시 그러더래요. 근데 그 셋째딸을 불러가지고 그러니까는,

"아, 어머니 아버지 그게 제 덕에 먹고 살지, 뭐 어머님 아버지 덕에 먹고 사느냐?"고 그러거든.

"네 요년! 괘씸한 년 같으니! 다 낳아 놓고 키워 노니깐 제 덕에 먹는대니 고게 이상하다."구.

고만 하인을 불러가지구는,

---

27) '누구 덕에 사냐'고 묻고 '내 복에 산다'고 답하는 문답 장면이 글을 짓는 장면으로 대체되거나 '제일 좋은 꽃이 뭐냐' 등의 질문으로 바뀌어 등장하기도 한다.

"얘 아무개야." "네?" "저기 저 년을 그냥 데려다가 어따가 보이지 않는데다가 내던지구 오라."구.

"아이구 무슨 말씀을 그렇게 하십니까?" 나리지, 그 집에 주인이니까, 그러지. 그러니까는,

"무슨 말씀을 그렇게 하십니까?:"

"아냐! 괘씸해. 괘씸한 년. 아 그년을 열대여섯 살 길러 줬는데 이제가선 저렇게 말을 쌀쌀하니 갖다 내버리구 오너라."구. (자료 2번)

두 언니와 달리 막내딸만 자신이 살아가는 것이 '아버지의 덕'이 아니라 '자신의 덕'이라고 당당히 내세움으로써 자기 자신이 아버지에게 종속된 존재가 아닌, 독립된 존재임을 선언하는데 바로 이 장면이 막내딸의 내쫓김, 혹은 가출의 직접적인 원인이 된다. 막내딸은 이 문답에서 아버지의 기대에 어긋나는 대답을 하는 바람에 아버지의 미움을 사서 집에서 내쫓기게 되지만, 실상 그녀가 집을 나가는 장면은 '내쫓김'이기보다는 '가출(家出)'에 가깝다. '집을 나가라'는 단 한 마디 말에, 자신의 잘못을 뉘우치거나 아버지에게 매달리지 않고 당당한 자태로 집을 나간 막내딸은 대문을 나서자마자 어디로 나아가야 할지 분명하게 알고 있다는 확신에 찬 태도로 자신의 길을 걸어간다.[28)]

집을 나가라는 아버지의 말에 막내딸은 "가라면 가지요"라는 단 한 마디 말을 남긴 채 먼저 자신의 배우자가 될 남자를 찾아 나서기도 하고(자료 4번), 아버지의 말이 떨어지자마자 새 비단옷으로 갈아입고 곳간으로 가서 쌀 서 되 서 홉을 퍼 가지고 숯장사를 따라가며 '내 복 내가 가지가 간다'라는 말을 남기기도 한다(자료 9번). 또 "아버지, 개 덕에도 묵고 살고 개 덕에도 묵고 산다고, 아버지가 우리

28) 각편 중에는, 막내딸을 외면하는 아버지와 달리, 막내딸에게 살아갈 최소한의 단초를 마련해주기 위해 자신이 가진 보물을 건네는 어머니가 등장하는 이야기도 있다.

덕에 묵고 사는지, 우리가 아부이 덕에 묵고 사는지 우째 알겠습니꺼?"라는 말로 일침을 놓기도 하고(자료 39번), 아버지에게 '나는 내 덕에 산다'고 선포한 후 남복을 한 채 집을 나가 오입을 갔다가 숯구이 총각을 만나기도 한다(자료 34번).

단호하게 돌아서서 집을 나선 막내딸의 서사는 '가출'과 함께 새로운 국면을 맞게 되는데, 아버지와의 갈등이 고조되기도 하고[29] 그녀 자신의 존재 속성에 고유하게 보존되어 있던 신성함이 드러나기도 한다. 막내딸의 복을 뺏으려는 아버지의 의도가 좌절되거나, 막내딸이 집을 나서며 쌀이나 보물을 들고 나가거나, 성공한 후 자신의 친정집에 복수하려 들거나, 막내딸이 친정 아버지와 송사를 벌이는 등의 내용은 막내딸과 아버지의 갈등에 초점을 둔 서사 전개의 한 예로 읽힌다. 빨래하다가 고래 눈을 줍거나, 선녀로 등장하거나, 노적 속임수로 부자를 속이거나, 큰 곽에 실려 강으로 내버려졌다가 누군가에 의해 발견되는 막내딸의 형상은 그녀가 지닌 신적인 속성을 드러내는 모티브에 다름 아니다.

<내 복에 산다> 이야기에서 전승의 지속 지향성이 가장 강하게 드러나는 장면은 막내딸이 숯막에서 이맛돌이 금덩어리임을 발견하고 남편으로 하여금 이를 내다팔게 하여 부자가 되는 대목이다. 대부분의 이야기에서 이 모든 과정은 막내딸의 주도 하에 이루어지며 금의 발견이나 금을 파는 과정이 모두 앞일을 내다보는 막내딸의 예견력과 결단력에서 비롯되는 것으로 그려진다. 부자가 된 막내딸은 격리된 산속을 벗어나 사람들이 모여 사는 대처로 나가기를 원하며 어디서나 볼 수 있는 장소에 큰 집을 지으려 한다. 그리고 그 집에 여닫을 때마다 자신의 이름을 부르는 소리가 들리는 대문을 만들어 다는데, 일부 각편에서는 이 대문을 12개 만들어 다는 것으로 그려지

---

29) 각편 중에는, 아버지와의 갈등이 아들과 딸 사이의 갈등이나 며느리와 딸 사이의 갈등으로 대리되는 양상을 띠는 이야기도 있다.

기도 한다.[30)]

막내딸의 아버지는 딸을 쫓아낸 후 거지가 되어 돌아다니다가 자신의 딸 이름 부르는 소리를 듣고 딸의 집을 찾게 된다. 각편에 따라서는 막내딸이 아버지를 만나기 위해 거지 잔치를 벌이기도 하는데, 잔치 마지막날에 이르러 대문에서 들리는 이름 부르는 소리 덕분에 아버지가 비로소 막내딸의 집을 찾게 된다. 막내딸과 재회한 아버지는 자신의 잘못을 뉘우치며 통한의 눈물을 쏟아낸다.[31)] 이것은 막내딸의 완전한 승리로 그려진다. 연행자들은 이야기의 말미에 막내딸의 행동이 정당한 것이었음을 긍정하고 막내딸의 승리를 재확인하는 평어를 덧붙인다.

> "괘씸해서 내쫓았는데 가 보니깐 두루 참 잘 살거든. 지가 제 복에 먹고 산다는 것이 괜찮다. 그 효도하드라 그거야." (자료 6번)

> "그래서 어머니 아버지는 참 그 집에서 딸의 덕을 먹구 살았대요, 생전을. 그러니 사람의 집에는 복덩어리 하나는 있대요. 여러 사람 덕에 다 먹는 거 아니래유." (자료 7번)

> "그니깐 제 복에 산다는 건 잘 살고 아버지 덕에 산다는 사람은 못 살아서 그저   어 먹고 그저 제우 살드래요. 그래 남자나 여자나 배짱으로 사는 모양예요. 그때, 그때 안 내쫓았으믄 그 여자도 못 산다고. 그때 내쫓았기 때

30) 각편 중 일부 이야기에서는 대문을 만들어 다는 장면이 생략된 경우도 있다.

31) 재회한 아버지 앞에서 아버지의 잘못을 다시 각인시키는 막내딸의 형상이 그려지기도 한다. "(큰 소리로) 아부지가 아버지 복으로 막카 먹는다고 언니들 둘은 그카제요? 난 내 복으로 먹는다 카고 나갔는데 아버진 '예이 요년!' 대설대를 가주고 후벼 때리조, 내가 여기 맞고 그 질로 내가, 불황 천지로 내가 걸음아 날 살려라 그고, 낮을 밤으로 삼고 갔어요. 그래 가다 보니 어디 가이께네 참 연분이 있었던가. 내가 그래가주고 그런데 가 살았다고."(자료 28번)

문에 그 남자를 가지고 잘 산다고, 또 그때 그 남자도 그 여자 아니면 또 평생 숯만 구워 먹고 살텐데 그 이맛돌 그기 금이잖아요. 금덩이를 모르고 자꾸 숯만 구워 먹으니 우턱하는 거예요? 그래 사람이 사는 기 그렇드래요." (자료 11번)

"지복으로 먹고 지복 있어야 먹고 산단 말이 그 말이 맞어." (자료 17번)

"'아부지, 아부지, 내가 아부지 복으로 안 묵고 산다고. 저, 내 복으로 묵고 산단께 쫓아냈죠. 우리는 나대로 나가서 스스로 지금은 요만큼 부자가 되야서 왔습니다.' 그랬다여." (자료 22번)

이 순간 연행자들은 막내딸의 입장이 되어 그녀의 승리에 정당성을 부여한다. 물론 연행자들의 입장 역시 천차만별이다. 막내딸이 원래 복덩어리였는데 그 아버지가 이를 알아보지 못한 것을 책망하기도 하고, 아버지의 잘못을 재확인하는 막내딸의 발언을 자기 목소리로 되뇌기도 한다. 어느 쪽이나 '내 복에 산다'던 막내딸의 선언과 그녀의 '가출'이 필연적인 과정이었음을 확인해 준다. 자존감에 찬 선언으로 시작된 막내딸의 여정은 연행자들의 발언을 통해 완전한 '분리·독립'의 과정으로 완성되는 셈이다.

전승 맥락을 통해 확인된 신화적 연원과 인물 속성 및 세부 모티브에 내재한 신화적 상징성을 논외로 하더라도, <내 복에 산다>는 '입사담'의 구조를 띤 신화적 서사라고 할 수 있다. '아버지에 대한 반항과 출가', '신분 낮은 배우자의 선택과 결혼', '금 발견을 통한 치부와 집짓기', '가족의 구원과 아버지의 반성'으로 이어지는 서사는 주인공 여성 인물이 입문 의례를 통해 사회적 주체가 되는 과정을 상징적으로 재현하고 있다.[32]

'아버지에 대한 반항과 출가'로 표상된 입사의 첫 번째 단계는 한국 신화 텍스트에서 가장 광범위하게 발견되는 '기아(棄兒)' 모티브에 대응한다. '기아' 모티브는 입사를 위한 첫 번째 조건인 '부모로부터의 분리'를 상징하는데, 일반적으로 '내쫓김'이나 '버려짐'의 형상을 띰으로써 '사회적・심리적 분리'의 선을 명징하게 드러낼 뿐 아니라 분리로 인한 상실과 결핍을 가장 극적으로 형상화한다.

그런데 <내 복에 산다>에 등장하는 막내딸은, 표면적으로 '내쫓기는' 형상을 띠기는 하지만 사실상 아버지에 대한 반항을 통해 '쫓아냄'을 유도했다는 점에서 부모에 의한 분리가 아닌, '자발적 분리'-심리적으로는 분리 주체가 의도하고 준비한, 그러나 형식적으로는 부모에 의해 인도되는- 를 상징하는 주체라고 할 수 있다.

'부모로부터의 분리'를 상징하는 '출가(出家)'는 아버지의 기대를 저버리는 반항과 배신으로 시작되고 있는데, 분리를 향한 적극적이고 주체적인 이 행위는 자기 존재에 대한 긍정적 인식과 자존감에 근거하고 있으며, 타자인 아버지를 향해 자기 존재 가치를 주장하고 설득하는 발언으로 시작되고 있다. '내'가 사는 것은 아버지의 복이나 덕이 아닌, 타고난 내 복, 혹은 내 덕에 의한 것이라는 막내딸의 발화는, 자신의 삶이 오직 자기 자신에게 속한 문제일 뿐, 보호자를 자처하는 아버지에게 종속된 문제가 아니라는 선언에 다름 아니다.[33] 특히 자신이 사는 것은 '배꼽 밑의 선(腺) 덕분'이라는 <삼공본

---

32) 김석배는 <내 복에 산다> 이야기에 등장하는 막내딸을 통과제의에 참여하는 '용감한 탐색의 주인공'으로 분석한 바 있다. 아버지에게 내쫓김을 당하는 장면은 통과제의의 '격리절차'에 대응하고, 쫓겨난 딸이 숯구이 총각을 만나는 것과 금덩이를 발견하는 것은 각각 통과제의의 '시련절차'와 '탐색결과'에 대응한다는 것이 그의 주장이다.(김석배, 앞의 논문, 3～6면 참조.)

33) 김석배는 집을 나서는 막내딸에게서 '머뭇거림'을 찾아볼 수 없다고 하면서, '누구 복에 사냐'는 아버지의 물음은 딸의 주체적인 삶의 양식을 부정하고 부권을 확인하려는 아버지의 횡포에 다름 아니라고 하였다.(김석배, 앞의 논문, 11면 참조.) 조은희는 아버지와 막내딸의 문답 장면을 '딸에 대한 맹목적인 사랑과 일방적인 기대를 지닌 아버지와 자신의 주체적인 삶을 주장하는 딸 사이의 갈등'으로 해석하면서, 가부장적 사고에 젖은 아버지가 딸을 자신에게 종속된 대상으로 여기려 한

풀이> 감은장아기의 발언은 자신의 섹슈얼리티에 대한 긍정과 자존을 드러내고 있다는 점에서 더욱 눈에 띈다.

아버지로부터 분리·독립된 개체로서 자기 존재를 선언한 막내딸은 집을 나가라는 아버지의 말에 단호한 걸음으로 집을 나선다. 세상에 홀로 서기 위해, 자기 존재의 집을 짓기 위해 딸은 '아버지의 집'을 나서야 한다. 아버지가 그어 놓은 규제와 제한의 금, 그녀를 둘러싸던 보호막과 울타리를 박차고 나와야 하는 것이다.

'아버지의 집'은 가부장인 아버지의 권력과 질서가 영향을 미치는 공간이자 아버지의 소유물들이 보호와 감시 속에 갇혀 있는 일종의 금고다. '아버지의 집'은 부권에 대한 순응이라는 단 하나의 태도만이 승인되는 곳이며, '아버지의 무엇'이라는 정체성만이 이름을 부여받을 수 있는 곳이다. 아버지의 사랑은, 곧 사랑의 대상인 딸을 소유하고 지키고 좌지우지할 수 있는 아버지의 권한이자 힘이며[34], 이것이 하나의 영역, 혹은 시스템으로 물질화된 공간이 바로 아버지의 집인 것이다. 따라서 독립적인 주체로서 사회에 들어서기를 원하는 딸은 반드시 '아버지의 집'을 나와야 한다.

입사담에서 '내쫓김'은 언제나 '결혼'으로 이어진다. '결혼'은 실제

데서부터 갈등이 시작되고 있다고 분석하였다. 또한 여성들의 여행이나 가출이 자아발견을 위한 분리의 전제조건이라고 하면서, 막내딸의 가출이 단순한 공간 이동이 아니라 '아버지에게 억압되었던 정신적인 공간으로부터의 해방'이기도 하다는 점을 강조하였다. 조은희는 이 이야기에서 여주인공이 아버지에게 반기를 든 것뿐만 아니라 배우자를 스스로 선택하고 앞일을 예견하며 아버지로 하여금 잘못을 인정하게 한 점 등을 여성의식의 측면에서 높이 평가하였다.(조은희, 「"내 복에 산다"와 "복진 며느리"의 여성의식 변모양상」, 『우리말글』 24, 우리말글학회, 2002, 129～136면 참조.)

34) "**그이**는 보호하고 먹여 살리는 것으로 만족하지 않는다. 그는 판단을 내리고 여성은 어떠해야 한다는 자신의 생각을 강요한다. 그는 바로 자신의 딸을 여자로 만들어 나가는 아버지이며, 자기 여자를 자신의 이해와 환상대로 만들고자 하는 남편과 애인이다. 더 포괄적으로 말하면 그는 여성의 전유를 정당화하기 위해 대대로 '여성'이라는 개념-그는 이것을 영원한 것으로 만든다-을 만들어내는 창조자이다."(엠마뉴엘 레이노, 김희정 옮김, 『강요된 침묵』, 책갈피, 2001, 120면.)

공동체에서 가장 보편화된 여성의 입사의례이기도 하다. 가부장제 사회에서 여성이 사회적 존재로 승인받는 유일한 방법은 남성 주체와의 관계 맺기를 통해서이다. 누군가의 딸이었다가 누군가의 아내가 되고 누군가의 어머니가 되는 방식으로 여성은 '합법적'인 지위를 부여받는다. 남성 주체에 소속된 존재로서 그의 이름을 자신의 배경으로 삼을 때 비로소 사회적 존재로 인식될 수 있는 여성은, '결혼'이라는 관문을 통과하지 않고서는 결코 사회에 발을 들여 놓을 수 없다. 따라서 아무리 자존감 높은 막내딸이라 할지라도 사회적으로 자신의 존재를 드러내기 위해 '결혼'의 관문을 피할 수는 없다.

바로 여기서 '신분 낮은 배우자의 선택과 결혼'이라는 두 번째 관문이 빛을 발한다. 피할 수 없는 결혼이라는 통로로 들어서기는 하되, 아버지가 아닌 자신이 배우자를 선택할 뿐 아니라 자신보다 신분이 낮은 배우자를 택함으로써 결혼 후 부부 관계를 주도할 수 있는 권력을 획득한다. 아버지와 딸의 관계, 곧 그녀의 미래를 설계하고 그녀의 행복을 보장할 수 있는 권력을 지닌 아버지와 보호 받는 딸의 관계에서 다시 아버지의 자리를 대신하는 남편, 즉 보호자 남편과 보호 받는 아내의 관계로 옮겨가는 것이 일반적인 여성의 입사 과정이다. 반면 자존감 높은 막내딸은 '보호자 아버지'를 부인함으로써 일반적인 부녀 관계를 역전시킬 뿐 아니라 어리숙하고 신분 낮은 남편을 선택하여 그의 미래를 설계하고 그의 행복을 보장하는 '보호자 아내'의 지위에 오름으로써 기존의 여성 입사에서 보여준 일반적인 부부 관계 또한 뒤집어 놓는다.

어리석고 가난하며 미천하기만 했던 남편의 성공이 드러내는 의미는 아내가 지닌 욕망의 대리 성취에 머무르지 않는다. 이야기에서 초점이 되는 것은 남편의 성공이 아니라 남편을 성공시킬 수 있는 아내의 능력이다. 가장 낮은 곳에서 가장 높은 곳으로의 성취는 아내가 지닌 능력을 가장 극적으로 보여주는 구도라고 할 수 있다. 이렇게 해서 '신분 낮은 배우자의 선택과 결혼'이라는 입사의 두 번째 단계가 자연스럽게 '금 발견을 통한 치부와 집짓기'의 세 번째 단계로 이동하는 것이다. 이 단계에서, 숯구이 사내의 아내인 여성의 입사가 본격화된다.

부의 축적은 처음부터 아내인 막내딸의 능력과 운 덕분에 가능한 일이었으며, 이 과정을 전체적으로 주도하고 계획한 것은 숯구이 사내가 아니라 그의 아내였다. 그녀는 물건과 사람의 가치를 제대로 볼 줄 알고 앞일을 예견하는 능력을 가졌을 뿐만 아니라 처음부터 복을 타고난 인물이었다. 숯구이 사내는 그녀가 지시하는 바가 무엇을 의미하는지, 그가 그녀의 지시에 따라 행한 일이 어떤 결과를 초래할지 알지 못한 채 그녀의 말을 따른다. 그는 전적으로 아내에게 매인 존재이며, 아내의 사회적 성취를 표시하는 대리자에 지나지 않는다. 서사적으로도, 그는 구체적으로 형상화되지 않은 채 그저 서사 전개상의 일정한 기능으로만 드러날 뿐이다. 그는 막내딸의 행위가 사회적으로 가시화될 수 있도록 그녀에게 붙여진 표지판이자 그녀의 입사를 위한 도구에 불과한 존재다.

일반적으로 남성의 입사를 위해 여성이 도구화되는 것과는 정반대 방향으로 달려가는 막내딸의 입사 과정은 '집짓기'를 통해 최고 정점의 단계에 오른다. 그녀의 출가, 혹은 가출에 내포된 의미가 '아버지의 집'을 나오는 것이었다면, 아버지의 경계를 넘어 문밖 세상에서 그녀가 하고자 한 일은 그녀 자신의 집을 짓는 것이었다. 금을 팔아 돈을 벌자마자 그녀는 남편에게 대처에 나가 큰 집을 짓자고 한다. 그리고 여닫을 때마다 자신의 이름이 들리는 대문을 만들어 단다. 그녀의 이름을 부르는 소리가 들리는 대문은 나중에 부모를 만나는 단서가 되기도 하지만, 그 자체로도 중요한 상징적 의미를 지닌다.

집을 짓는 것이 아버지의 세계를 벗어나 자기만의 세계를 구축하는 과정이라면, 대문을 여닫을 때마다 들리는 그녀의 '이름'은 남성의 지위나 이름을 배경 삼지 않고 그녀 자체로 당당히 세상에 그 존재를 드러냈음을 의미한다. 누구라도 볼 수 있는 그녀의 집(세계)과 누구라도 들을 수 있는 그녀의 이름(존재)이 이제 이 세상에 드러나게 된 것이다.

그녀가 만든 '대문'은 그녀가 구축한 세계로 들어가는 입구이자 그녀의 세계와 그 세계 바깥이 만나는 접점, 혹은 통과와 경계의 문지방이다. 여닫을 때마다 그녀의 '이름'을 부르는 소리가 들리는 대문은 그 자체로 저 바깥 세계 속에 그녀의 존재와 위치를 알리는 선언 · 공표 행위이며, 사회적 공간과 그 공간을 넘어선 상징적 질서의 영역 안에 그녀만의 '문패'를 내다 거는 행위에 다름 아니다.[35] 그리고 바로 이 문패를 통해 그녀는 아버지가 자신에게 역전적 관계로 '귀환'하게 만든다.

여느 입사담처럼 <내 복에 산다> 역시 '귀환'으로 입사의 여정을 마무리한다. 하지만 입사의 주체였던 그녀가 '아버지의 집'으로 돌아가는 형태가 아니라, 아버지가 '그녀의 집'으로 찾아오는 형태의 귀환이다. '아버지의 집'을 박차고 나갔던 막내딸은 아버지와의 재회를 통해 '자신의 집'으로 귀환한다. 딸을 만난 아버지는 그녀의 선택과 행동이 옳은 것이었고 자신의 판단이 그른 것이었음을 확인하고 공표함으로써 딸에 대한 자신의 패배를 인정하고, 딸을 보호하는 아버지의 자리를 내놓는 대신 딸의 보호를 받는 아버지의 자리를 선택한다.

이 마지막 장면은 아버지와 딸의 문답으로 구성된 이야기의 첫 장면과 대비되면서 그 '문답'의 의미를 새롭게 되새기게 만든다. '누구 덕에 사냐'고 묻고 '아버지 덕에 산다'고 답하는 부녀간의 문답은 분

---

35) 상징적 질서로의 진입을 위해 자신의 전 존재를 던지는 여성 주체의 예를, 우리는 서양의 '안티고네'와 우리 서사 전통상 여러 이야기에 등장하는 '원귀'들을 통해서 확인할 수 있다.

명 아버지의 사랑을 획득하기 위한 딸들의 '인정 투쟁'이 드러나는 대목으로 읽힐 수 있지만, 이 마지막 장면을 통해 처음의 문답을 되살려 보면 '누구 덕에 사냐'고 묻는 아버지의 질문 속에 딸들의 사랑과 인정을 갈구하는 아버지의 욕망을 짐작할 수 있다.[36)]

적어도 '내 덕에 산다'고 말했던 막내딸과 아버지의 관계 속에서, 사랑과 인정을 갈구한 것은 시종일관 딸이 아니라 아버지였다. 이야기의 첫 대목에서 딸의 인정과 사랑을 갈구했던 아버지는 막내딸에 의해 자신의 욕망이 거부당하자 가부장적 권력을 내세워 딸을 내쫓지만 가부장의 이러한 폭력은 욕망의 좌절과 상실을 포장하기 위한 알리바이에 지나지 않는다. 마지막 장면에서 아버지는 자신의 과오를 인정하고 딸을 독립적인 존재로 인정함으로써 갈등을 빚었던 우여곡적의 과정이 딸의 문제에서 시작된 것이 아니라 자신의 문제에서 비롯된 것임을 자인(自認)하는 셈이다.

그녀의 입사를 정당화하고 완성시키는 이 '긍정'의 발화는 아버지의 발언에서 그치지 않는다. 그녀의 말은 연행을 거치면서 연행 현장에서 다시 한 번 공명한다. 자기 확신에 찬 그녀의 말은 메아리처럼 울려 퍼져 연행자들 역시 그녀의 입사에 긍정하게 된다. 연행을 통해 서사의 경계를 벗어나 현실의 이야기판으로 흘러들어온 그녀의 말은 연행자들로 하여금 그녀의 아버지처럼 그녀의 말에 긍정하게 만드는 실질적인 힘을 발휘하는 것이다.

그녀의 입사를 완성하는 마지막 단계인 '가족의 구원과 아버지의 반성'은 일반적인 여성 입사담에 나타나는 '구원'의 양상과는 다른 의미를 드러낸다. '효'의 표지를 쓰기는 했지만, 자신을 찾아온 부모

---

36) 인정을 향한 욕망을 철학적으로 논증한 것은 헤겔이다. 헤겔은 『정신현상학』에서 인정을 향한 욕망을 '타자 안에서 자신의 반영물을 찾으려는 욕망', '타자의 타자성을 부정하려는 욕망', '자신이 타자를 필요로 하는 관계 속에 있다는 것을 아는 욕망'으로 설명하였다.(헤겔, 임석진 옮김, 『정신현상학』 1, 한길사, 2005, 220~263면 참조.)

를 보살피는 그녀의 행위는 자신을 외면했지만 끝끝내 부모를 저버리지 않는 효성스러운 딸의 헌신과 희생으로 읽히지 않는다. 그보다는 보살피고 보호하는 아버지와 보살핌과 보호를 받는 딸의 관계가 완전히 뒤바뀌었음을 의미한다. 딸의 도움 없이는 삶을 지탱할 수 없을 정도로 전락한 아버지는 딸에게 완전한 패배와 항복을 선언하고 그녀에게 의지하고 그녀에게 종속된 존재로 살아가게 된다. 입사가 분리와 통합의 과정을 보여준다면, 이 막내딸의 입사 과정에서 드러난 분리 후 통합의 결과는 지배-종속 양상이 뒤바뀐 '관계의 역전'이라고 할 수 있다.

프로이트의 '부친살해' 서사는 법과 질서의 경계선 안으로 진입한 남성 주체들의 결사(結社)가 구성되는 방식과 근간을 보여주는 한편 남성 주체 개개인이 심리적으로 경험하는 사회화의 과정, 사회 입문을 통한 주체 되기의 과정을 상징적으로 재현한다. 남성들은 마음 속의 상징적인 아버지, 원초적인 아버지를 죽이고서야 비로소 사회적 주체로 거듭날 수 있다. 아들들은 '부친살해'를 통해 비로소 어른이 되는 것이다.

'부친살해'가 부모와의 분리를 통해 자존감을 획득하고 사회화를 거쳐 사회적으로 승인된 주체로 거듭나는 아들들의 입사 과정을 설명하는 상징적인 모델이라면, 딸들은 도대체 어떤 입사의례를 통과하는 것일까? 남아들의 심리적 성장 과정을 일반적인 모델로 설명한 프로이트의 논의에서, 여아들의 정체성 획득 과정, 혹은 사회 입문의 과정을 통과하는 여아들의 심리적인 궤적을 추적하는 일은 쉽지 않다.[37] 여성들의 사회 입문 과정을 추적하는 '부친살해', 혹은 '모친살

---

37) 프로이트는 이미 거세된 존재로서, 외디푸스 단계를 거치지 못하는 여아의 경우 초자아의 형성이 어렵다고 보았다. 또한 남성에 비해 여성이 죄의식을 훨씬 강하게 느끼기 때문에 수동적이고 매저키즘적인 성향이 강하다고 주장하기도 했는데 몇몇 페미니스트들은 여성 정체성에 대한 프로이트의 이와 같은 상반된 주장이 모순이라고 지적하고 있다. 이는 프로이트가 오직 페니스를 판단 척도로 삼아 '차이'를

해'의 모델 또한 존재해야 하는 것이 아닐까? 그렇다면, '아버지의 집'을 박차고 나와 자기 자신만의 집을 새로이 지었던 이 막내딸의 여정을 '부친살해'의 한 모델로 이해하는 것은 어떨까?

'원초적 아버지의 살해'는 주체 탄생의 필연적인 과정을 설명하는 것으로 해석되곤 한다.[38] 하지만 이는 분명 '남성 주체'의 탄생 과정을 설명하는 모델이다. 따라서 '부친 살해'를 여성 주체의 탄생 과정과 연계시켜 설명하기 위해서는 비판적이고 맥락적인 전유가 요구된다. 그렇지 않을 경우 딸들의 '부친살해'는 남성 주체의 사회 입문 모델에 여성을 기계적으로 대입시키거나 남성적 정체성을 가장(假裝)한 여성 주체의 입사(入社)를 허구적으로 가정하는 결과를 초래하기 쉬우며, 무엇보다 프로이트의 '부친 살해' 모델에 내재한 가부장적 기획의 한계와 모순을 그대로 답습할 가능성이 높아진다.[39]

구전이야기 <내 복에 산다>에서 '아버지의 집'을 나와 '자신만의 집'을 짓는 막내딸의 여정을 여성 주체의 입사(入社)로 해석하면서 프로이트의 '부친살해' 장면을 부분적으로 전유할 때 가장 눈에 띄는

'동일성의 경제'로 환원시켰기 때문에 발생하는 문제라는 것이다.(여성문화이론연구소 정신분석세미나팀, 『페미니즘과 정신분석』, 도서출판 여이연, 2003, 22~24면 참조.) 여성의 섹슈얼리티나 정체성 형성 과정에 관심을 둔 이들은 전외디푸스 단계에서 형성되는 어머니와의 배타적인 애착 관계에 주목한다. 전외디푸스 단계에서 여아가 경험하는 심리적 상황에 대해서는 여러 가지 상이한 해석이 존재하므로, 다음 기회에 별도로 논의하기로 한다.

38) 근대 혁명기의 대부분의 기획들에서 '아비 부정', 혹은 상징적인 '부친 살해'의 모티브가 반복되는 것을 근대적인 주체의 탄생을 예고하는 조짐으로 해석하는 문화분석도 있다.(권명아, 『가족이야기는 어떻게 만들어지는가』, 책세상, 2000, 24~25면 참조.)

39) 가장 먼저 문제가 되는 것은, 뤼스 이리가라이를 비롯한 여러 페미니스트들의 지적대로 '부친 살해' 모델을 그대로 따라가다 보면 사회 입문 과정에서 주요한 역할을 담당하는 어머니와의 유대 관계 및 상호 작용 등을 축소・왜곡하거나 배제하기 쉽다는 사실이다. 또한 남성적 정체성의 형성 과정과 여성적 정체성의 형성 과정을-성적 차이를 본질화하는 맥락에서 성별화된 정체성의 차이를 논하는 것은 아니다-페니스를 중심으로 한 환원적 모델로 동질화할 우려가 있다.

지점은, '분리'를 통한 사회 입문과 상징적 질서로의 진입이다. 아들들은 원초적 아버지와의 분리를 통해 비로소 자신들이 주인이 되는 사회적 결사체를 만들고 자신들만의 새로운 질서를 확립해간다.[40)]물론 이 '결사'와 '질서'의 구심이 되는 것은 원초적 아버지를 대신하는 상징적 아버지의 대체물, 혹은 표상들이다.

막내딸은 '네가 사는 것은 너의 보호자이자 주관자인 내 덕이며, 너는 나에게 종속된 존재이자 내 영역 안에 머물러야 하는 존재'라는 아버지의 뜻, 혹은 그의 욕망을 부정하고 거부함으로써 아버지의 영토를 벗어난다. 이것은 곧 아버지로부터의 분리를 뜻하는 동시에 아버지에 대한 상징적 살해의 시작을 표상한다.

'아버지의 집'을 벗어난 막내딸은 그녀의 영역, 곧 그녀만의 집을 세우는 데 집중한다. 남편을 매개로 한 진입이긴 하지만 금의 발견과 치부를 통해 그녀는 사회적 영역 안에 자신의 위치를 만들며, 집을 짓고 이름을 내거는 일련의 행동을 통해 상징적 질서로의 진입을 시도한다. 그리고 마지막으로 아버지와 재회한 막내딸은 패배를 자인하는 아버지의 말을 듣고 그를 보살피기 시작함으로써 애초의 아버지의 욕망과는 정반대되는 설정-보호자 딸과 피보호자 아버지-으로 기존의 부녀 관계-보호자 아버지와 피보호자 딸-를 역전시킨다. 이렇게 해서 막내딸의 '부친살해', 곧 아버지로부터의 분리 작업이 마무리된다.

줄리아 크리스테바는 정신분석학적으로 분리와 거부가 '결핍'으로 해석되기보다는 일종의 '쾌감', 혹은 '쇄신을 위한 선결조건'으로 해석되는 것이 타당하다고 하였다. 그녀는 항문에서의 쾌감을 예로 들

---

40) 아들 집단(남성 결사체)이 집단적으로 원초적 아버지를 살해한 후 그 육신을 나누어 먹은 것은 원초적 아버지에 대한 공포를 해소하고 이를, 아버지를 대신하는 상징적 대상들-금기와 터부, 법과 규범, 문명과 질서-에 대한 숭배와 경외로 승화시키기 위한 일련의 행동들로 해석된다.

면서 분리의 쾌감이 '비록 박탈적이긴 해도 쾌락을 불러일으키는 방출'을 의미할 수 있으며, 상징계로의 진입을 위해서는 이와 같은 분리가 필수적이라고 지적하였다.[41]

'분리' 작업을 성공적으로 수행하지 못한 여성의 경우, 개인으로서 자기 존재를 독립된 개체로 인식하지 못한 채 가족을 곧 자기 자신과 동일한 가치로 인지할 뿐 아니라 가족을 위한 행동을 자기에의 배려로 착각하고 가족의 유지와 지속을 위한 행동들을 통해 자기 자신을 인식하는 '가족 자아'를 내면에 형성하게 된다.[42] 이들 여성에게는 개인 이전에 가족이 존재하며, 이들의 가족 관념은 공동체 전체나 국가로까지 확대되기 쉽다. 이들은 자신의 욕구나 욕망이 무엇인지도 알지 못한 채 오직 타인에의 배려를 통해서만 자신의 존재 가치를 인식하고 헌신적이고 희생적인 행동을 통해 타인과의 관계를 맺어가는 경향이 강하다. 강렬한 죄의식과 자책감, 낮은 자존감과 수동적인 태도 등이 이들 정체성의 핵심부를 구성한다.

특히 아버지로부터 분리되지 못한 딸들은 어른이 되어서도 여전히 아버지의 시선으로 자신을 보고 언제나 아버지의 판단으로 자신을 채찍질한다. 아버지의 마음에 들기 위해 노력했던 어린 시절 모습 그대로 다른 남성, 혹은 타인의 눈에 들기 위해, 그들의 인정을 얻어내기 위해 분투하는 것이다. 자신이 원하는 것 이전에 아버지가 원하는 것을 찾아나서고 아버지가 원하는 것을 곧 자신이 원하는 것으로 만들었던 어린 딸의 모습 그대로 자신의 감정을 부인한 채 타인의 감정에만 매달리는 여성이 되고 만다. 아버지를 원망하거나 탓할 수 없는 딸들은 '나쁜 것은 자신'이라고 쉽게 단정짓고, 두려움과 불안 속에 아버지가 지어주었고 자신이 여전히 지켜가고 있는 자신만의 집/

---

41) 줄리아 크리스테바, 김인환 옮김, 『검은 태양』, 동문선, 2004 참조; 여성문화이론연구소 정신분석세미나팀, 앞의 책, 210~211면 참조.

42) 조주현, 『여성 정체성의 정치학』, 또하나의문화, 2000, 140면 참조.

감옥에 갇힌 채 평생 살아가게 되는 것이다.[43] 따라서 딸들에게 '아버지로부터의 분리'는 독립된 주체로 살아가기 위한 입사(入社)의 여정에서 필수적인 단계라고 할 수 있다.

'내 복에 산다'며 경계를 박차고 나간 막내딸의 이야기는 비장하고 숭고한 여성 영웅-남성을 능가하는-의 서사도 아니고, 시련 극복과 성공에만 초점을 둔 단순하고 전형적인 입사담도 아니다. 집 나온 막내딸의 서사가 가장 초점에 두고 있는 것은 바로 이렇듯 '정체성'의 문제다. '정체성'의 문제는 오늘날 소위 '여성'으로 살아가는 이들에게-'남성'으로 살아가는 이들에게도- 여전히 유효하고 지속적이며 근원적인 화두이자 정치적인 사안이다. 여성 억압적인 현실의 핵심부에 '정체성'의 정치적 역동이 자리하고 있으며, 여성 스스로가 자신을 불행으로 몰아가는 비극적인 현실 역시 왜곡된 '정체성'의 시나리오에서부터 시작되고 있다.

이 시나리오가 다른 방식으로 구성되지 않는 한, '정체성'이 작동하는 정치적인 장과 구조적인 틀이 변화하지 않는 한, 죄의식 속에 끊임없이 타인을 구원해야 하는 여성들의 우울한 사명을 은근히 재

---

43) 지그리트 슈타인브레허, 이승은 옮김, 『아버지의 덫』, 들녘, 2006 참조.
"딸은 아버지의 시선으로 자신을 보고 있으며, 아버지가 갖고 있는 자신의 이미지를 그대로 받아들인다. 자기 자신을 보고 인식해야 할 그곳에서 그녀는 아버지의 시선과 말, 즉 아버지의 판단과 마주치게 된다. 딸은 아버지의 사랑 속에 투영된 자신의 모습을 보길 원하며, 그 속에서 자신의 정체성을 발견하고 싶어한다."(위의 책, 10~11면.)
"여성들의 '나는 할 수 없다는 태도'는 어린 시절의 두려움과 이를 회피하기 위해 그들이 택한 전략이 걸러지지 않고 표현된 것이다. -중략- 그녀는 자신이 입을 다물고 있음으로써 어린 시절의 집을 평생토록 감옥으로 확장시켜놓았음을 깨닫게 되었다. 그녀는 감히 자신의 의존적인 감정을 파악할 수 없었다. 그건 아버지를 배신하는 것이었기 때문이다."(위의 책, 195면.)
"마음 속에서 나쁜 모습의 아버지를 좋은 모습의 아버지로 변신시키고 있기 때문에 그녀는 죄의식 콤플렉스에 사로잡혀 꼼짝도 못한다. 여성의 죄책감은 바로 이런 방식으로 생겨나 어른이 된 후에도 계속 인생에 영향을 미친다. 그 죄책감 때문에 딸은 아버지의 잘못까지 기꺼이 떠맡는다."(위의 책, 208~209면.)

촉하고 강제하는 목소리 역시 사라지지 않을 것이다. 이 목소리에 포획당한 채로 살아가는 우리들에게, "내가 사는 것은 내 복이요, 네가 사는 것도 내 덕이다"라고 외치는 이 자존감 높은 여성의 선언은 새로운 정체성 모색을 가능케 하는 탈주적인 시도가 될 수 있지 않을까.

결장

'부친살해' 탐색의 의의

'아버지 부재'와 '기아'로 시작된 '부친살해'의 변주와 역방향('자식살해')으로의 움직임은 <손순매아>나 <동자삼>과 같은 효행 서사에서 가장 극단적인 '자식살해'로 나아갔다. 이들 서사에서 주목할 두 가지는 '자식살해'를 결행하는 주체들에게서 감정적인 동요나 내적 갈등을 발견하기 어렵다는 것과 이들의 '자식살해'가 '거짓 보상'으로 귀결되어 문제제기 자체가 봉쇄되었다는 점이다. 부모의 병을 낫게 하기 위해 주저없이 자식을 죽음으로 몰아넣는 아들과 며느리의 행동은 '부모'로서의 자의식은 없고 '자식'으로서의 자의식만 있는 것처럼 그려진다. 이들의 결단과 행동은 거의 맹목적인 것에 가까워서 그들은 '살해'에 앞서 주저함이 없을 뿐만 아니라 사후에도 죄의식을 경험하지 않는 것처럼 그려진다.

메말라 있는 인물들의 정서는 일차적으로 이들의 내면이 서사적으로 초점화되지 않은 데 기인하지만 이들의 내면이 초점화되지 않은 것은 오로지 '자식살해'의 과정과 결과가 중요할 뿐 그들의 동기는 문제가 되지 않기 때문이다. 이것은 '자식살해'에 나서는 주체들이 공동체적 가치와 규범을 기계적으로 실행하는 도구적 존재에 지나지 않음을 반증한다. 이들은 감정과 생각 없이 행동하도록, 공동체의 명령을 수행하기에 적합한 몸-기계적이고 도구적인-으로 조형된 존재들이다. 결국 '자식살해'의 주체는 공동체의 정치가 매개되고 작동하는 데 가장 적합한 형태로 최적화된 몸과 마음을 소유한 이들이라고 할 수 있다. 심지어 이들은 감정마저도 공동체적 가치를 실현하는 데 적합하도록 규율화된 상태에 있는 것이다.

주체적 사고와 공감 능력의 박탈은 도구적 존재에게는 필수적인 것이다. 그러나 다른 한편 '자식살해'가 전혀 명분이 될 수 없고 설득력이 없는 결정인데도 한 치의 주저함 없이 결행하는 주인공들의 태도는 공동체적 가치 규범으로서 '효'의 덕목이 가진 권위와 힘을 짐작케 한다. 효는 그만큼 개별 주체를 억압하는 가치인 것이다. 내적 갈등이든 외적 갈등이든 서사적으로 갈등이 외재화되지 않는 것은 갈등이 은폐되거나 미봉된 수준을 넘어 억압된 상태임을 암시한다. 맹목적 묵수와 순응 외 다른 태도와 감정은 가질 수 없는 것이다. 이처럼 엄격하게 통제되고 규율화된 심리 상태는 연행 주체의 발화를 통해서도 그대로 확인된다. 이야기를 해석하고 재맥락화하는 연행 주체들은 대부분 자식을 죽이고 부모를 구하려 한 주인공 부부의 행동이 옳았다고 평가한다.1)

연행자들이 이처럼 '자식살해'라는 극단의 폭력 앞에서 '아름다운 효행'에만 주목하는 것은 서사 말미에 결부된 '거짓 보상' 때문이기도 하다. 임금이나 관리(<손순매아>), 한 걸음 더 나아가 산신이나 천신과 같은 신성하고 초월적인 존재(<동자삼>)의 개입으로 이루어진 보상은 아들을 죽음으로 몰아넣은 부부의 행동이 윤리적으로 타당하고 올바른 것이었음을 재론의 여지없이 확증한다. 의문이나 회의의 여지를 남겨두지 않고 봉쇄하는 것이다.

어떤 종류의 문제제기도 차단된 채 '효'라는 공동체적 가치가 전면화될 때, 특히 '자식살해'와 같은 극단적 사건 앞에서도 흔들림없이 이와 같은 가치가 실행될 때 해당 이야기의 연행과 전승은 공동체적 결속과 기존 질서 체제로의 동화와 순응만을 강제하는 억압적 효과를 양산할 수 있다. 이 이야기의 연행이 만들어내는 효과는 아들 세대는 부모 세대에게 전적으로 순종하고 부모 세대의 안녕을 최우선의 과제로 삼아야 한다는 것, 공동체의 가치 규범을 지키고 기존 질서의 존속을 위해서라면 개인의 생명이나 존엄이 무너지는 것 또한 감수해야 한다는 것, 공동체의 가치 앞에서 개별 가치는 얼마든지 무

1) 앞서 2장에서 제시한 <동자삼> 8번 작품의 연행자는 여성이고 해당 이야기의 연행은 여성들만으로 구성된 집단에 의해 주도되었는데, 이때 연행에 참여한 이들은 모두 자식을 죽이려는 아들 내외의 행동을 비판하였다. 이들은 시어머니의 태도를 지나친 것으로 비난하기도 하였다. <동자삼>의 경우 여성 연행자의 비율이 상대적으로 높은 편인데 이들의 연행은 남성들의 것과는 다른 차이를 드러내기도 한다.

화될 수 있다는 것, 공동체를 위한 개인의 무아적(無我的) 헌신에는 별도의 명분이 필요치 않다는 것을 내면화하는 것이다. 보상이 말문을 막아 반항의 작은 기미조차 막아버린 이와 같은 이야기야말로 '아들' 세대에게는 가장 강력한 신경증을 유발하는 텍스트가 될 것이다.

공동체적 가치를 실현하기에 적합하도록 규율화된 신체를 보여주는 가장 극단적인 예는 효행 서사에 등장하는 '며느리'나 <아기장수>·<우투리>에 등장하는 '어머니'와 같은 여성 인물들이다. 이들 여성으로 하여금 '자식살해'에 나서게 하는 공동체의 명령은 가부장적 사회 질서로부터 나온 것이며 그녀 아들의 죽음을 요구하는 가치와 규범은 남성 주체의 공동체와 가부장적 지배 이념에서 비롯된 것이다. 그녀가 아들을 죽여 지켜야 하는 가치와 질서는 그녀 자신의 사회·정치적 지위와는 아무 상관이 없는 것이다. 그녀는 자신의 이해와는 아무 상관이 없는 질서를 유지하기 위해 아들의 생명을 앗아야 한다. 이것만이 그녀가 공동체 내에서 자신의 존재를 드러낼 수 있는 유일한 방식, 혹은 그녀가 공동체 내 주체로 호명(interpellation) 받을 수 있는 유일한 방식이기 때문이다.

공동체적 가치의 기계적 실천을 위해 극도로 규율화된 그녀의 감정은 아들의 죽음에 동요하지 않는 메마른 감성을, 모성(母性)이라는 또다른 가부장적 이데올로기마저 허용하지 않을 만큼 완벽히 통제된 상태를 보여준다. 그만큼 '자식살해'는 공동체의 명령 가운데서도 가장 강력한 효과를 발휘하는 과업인 것이다. 특히 <동자삼>에서 이와 같은 여성 주체의 면모가 두드러지게 드러나는데 이 작품에 등장하는 며느리와 유사한 캐릭터를 보여주는 이야기는 그밖에도 여러 곳에서 발견할 수 있다.

우선 호랑이에게 잡아먹힐 위기에 처한 시아버지를 대신해 자신의 아기를 호랑이에게 던져준 며느리의 이야기가 있다. 해당 서사에서 시아버지를 구한 며느리는 남편에게 감사의 인사를 받고 아기는 다음날 무사히 집으로 돌아온다. 또, 노망이 든 시어머니가 손자를 닭으로 착각해 솥에 넣어 삶았는데 이를 이해하고 오히려 닭을 삶아 시어머니를 봉양한 며느리와 아들의 이야기도 있다. 술에 취해 실수로 어린 손자를 깔아뭉갠 시아버지를 용서한 며느리나 큰물에 휩쓸릴 위기에서 자식을 살리는 대신 시아버지를 살린 며느리도 <동자삼>의 며느리와 별반 다르지 않은 캐릭터다.[2)]

이들 이야기에서 여성 인물은 모두 '며느리'의 이름으로만 불리며 '며느리'로서의 역할에만 집중한다. 이들은 모두 '자식살해'에 적극 나서는데 어린 아이에게 어머니가 세상의 안전과 평화, 보호와 친밀감 그 자체라는 점을 상기할 때 이와 같은 설정은 '아들들'에게는 충격일 수밖에 없다. 바로 이 대목에서 '아버지'와 '아들'로 표상되는 두 세계의 갈등과 긴장이 '어머니'와 '아들'의 대결로 치환되어버리고 만다. 가부장적 권력 승계 라인의 계승자나 가부장적 사회의 주체로 승인받지도 못하는 '여성'들이 '남성' 주체의 공동체, 가부장적 이념을 구현하는 공동체를 위해 스스로를 기꺼이 땔감으로 내던지는 순간 '아들' 세대와의 대결은 이미 숙명으로 예고된 것이었다.

'자식살해' 서사에서 '여성' 인물의 활약이 이처럼 두드러진 것은 '자식살해'가 유발하는 죄의식과 불안을 대리 표출할 대상, 곧 '남성'의 '죄'를 대신할 알리바이로서의 '여성'이 필요하기 때문이다. 이야기가 정체성의 시나리오를 제공하며 특정 정체성을 자신의 것으로 기입한 주체의 생산에 기여한다면 '자식살해'가 만들어내는 정체성,

---

2) 『한국구비문학대계』 분류표 가운데 '4. 바르고 그르기' 항목 아래 '43. 그를 만한데 바르기'의 하위 항목인 '433. 그릇된 방법으로 바른 행실 지키기' 아래 '433-1. 자식 죽여서 부모 받들기' 항목이 있는데, 앞서 살펴본 <손순매아>나 <동자삼> 이야기도 모두 이 항목에 포함되어 있다.(『한국구비문학대계』 별책부록 1, 한국학중앙연구원, 1989, 412~415면.) 이 가운데 '부친살해' 역방향 서사를 구현하는 효행담이면서 <동자삼>과 조금씩 다른 내용을 보여주는 몇몇 서사의 줄거리를 소개한 것이다.(이인경, 앞의 책, 445~446면.)

혹은 '자식살해'의 서사를 통해 형성되는 주체는 과연 어떤 내용으로 구성되어 있을까? 앞선 분석대로라면 '자식살해'가 구성하는 주체는 결국 젠더화된 주체가 아닐까?

'자식살해'의 서사는 집단 동일성에 대한 순응과 기존 질서 및 관념의 존중, 다시 말해 '아버지'로 표상되는 법・권위・질서・가치에 대한 순종과 헌신을 지시한다. '자식살해'의 서사가 암시하는 정체성을 내면화한 주체는, 만약 이와 같은 정체성의 내용에 어긋나는 수행을 보여준다면 개별 주체는 언제든지 경계 바깥으로 내쳐질 수 있으며, 공동체 내에서 스스로가 존재하면서도 그 존재를 가시화할 수 없는 유령 같은 존재가 될 수 있음을 인지하게 될 것이다. 그리고 이와 같은 정체성의 내용에는 분명 '남성'과 '여성'을 각각 다른 위치와 역할로 호명하는 젠더화의 기표가 숨어 있다.

라캉에 의하면 '부친살해'는 생물학적 아버지가 아닌, 아이가 환상 속에서 만들어내는 '상상적 아버지'에 대한 살해다.[3] 아이는 '상상적 아버지'에 대한 살해를 통해 상징적 질서로 진입하게 된다. 환상과는 다른 실재적 아버지의 개입으로 '상상적 아버지'에 대한 살해가 일어나고 이 '부친살해'를 통해 실체가 아닌 기표들의 세계, 결여와 의미로 가득한 상징적 세계로 진입하게 되는 것이다. 만약 아이가 '부친살해'를 실행하지 못해 상징계로 진입하지 못하게 되면 어떤 일이 발생할까? 정신분석학자들은 '상상적 아버지'의 포로가 되어 그의 그늘을 벗어나지 못한 아이에게 일어나는 파괴적인 현상들에 주목한다.[4]

파시즘의 광기에 휩싸인 청년들, '자기'를 잃어버린 채 대의명분에 집착하는 개인들, 법과 권력에 순종하느라 스스로의 생명과 삶을 파멸로 몰아넣는 개별 주체들이 모두 '아버지'로 표상되는 세계로부터 벗어나 자신의 세계를 건설하지 못한 채 '아버지의 그늘'에 고착된

---

3) 홍준기, 『오이디푸스 콤플렉스, 남자의 성, 여자의 성』, 아난케, 2005, 133면.

4) 필리프 쥘리앵, 앞의 책 참조.

'아들들'의 모습을 보여준다. '부친살해'가 회피되거나 반대 방향으로 움직여 '자식살해'로 나아갈 때 '아들들'은 '아버지의 세계'에서 벗어나지 못할 뿐 아니라 '아버지의 세계'에서 벗어났을 때 가해질 처단에 대한 불안과 공포에 휩싸이게 된다. 일종의 거세 불안 때문에 '아들들'은 점점 더 깊이 '아버지의 세계'에 고착될 수밖에 없는 것이다. '아버지'로 표상되는 법과 질서에 맹목적으로 순응하면서 자신의 개별적 가치를 지켜내기 위한 일체의 저항을 포기한다면, 이와 같은 주체는 누구라도 심각한 존재론적 위기를 경험하지 않을 수 없다.

최근 구전서사의 힘과 효과에 주목하여 이 힘과 효과를 활용하거나 응용하는 분야의 연구가 활발하게 진행되고 있다. 문화콘텐츠 창작이나 문화상품 생산 영역에서의 활용은 말할 것도 없고, 교육이나 심리치료 영역에서의 응용도 점차 활성화되는 추세다. 이 모든 자원화-문화콘텐츠 개발・생산 및 교육・문학치료 활동을 위한 자원화 등- 작업에서 선행되어야 할 것은 구전서사 작품에 대한 깊이 있는 이해이며 이는 곧 텍스트에 대한 해석 및 비평 관점의 다각화를 요구한다.

예를 들어 앞서 언급한 <아기장수>나 <우투리> 이야기를 단순하게 부모에 대한 자식의 분노가 표출되는 서사로만 이해할 경우[5] 이야기의 효과는 의도한 '치유'의 방향이 아닌 '억압'의 방향으로 작용할 수 있다. 어떤 경우에는 '심청'이나 '손순매아(孫順埋兒)' 등의 작품을 '시대적 가치와 문학적 아름다움을 구현하여 설화의 문학교육적 가치를 보여주는 대표적인 사례'로 제시하기도 한다.[6] '자식살해'

5) 문학치료 영역의 다수 논문이 분노 표출 및 조절과 관련된 심리치료 프로그램을 제안하는 과정에서 이들 구전서사를 언급하고 있다. 작품에 대한 표피적이고 단선적인 이해는 이야기에 내재한 다양한 힘을 끌어내지 못함으로써 좀더 생산적인 자원화의 길을 차단하기도 한다.

6) 신원기, 「설화의 문학교육적 가치에 관한 고찰」, 『국어교육』 120, 한국어교육학회, 2006, 405～433면.

를 구현하는 이들 서사에 대한 해석과 분석이 형식적・관념적 편향성을 띠거나 지나치게 낭만화될 때 이들 이야기를 활용한 교육 프로그램은 자칫 사회입문의 과정 중에 있는 학습 주체들에게 집단 가치와 규범에의 동화와 순응만을 강제하는 억압적 효과를 낳을 수 있다.

구전서사는 무엇이든 훌륭한 교육적 가치를 지닌다고 말하거나 우리의 서사적 전통은 어느 것이나 긍정적인 효과를 만들어낸다고 표방하는 것은 자칫 위험한 결과를 초래할 수 있다. 구전서사를 오로지 민중적인 서사로만 해석하거나 옛 이야기를 무엇이든 역사적인 서사로만 규정하는 것도 문제지만, 구전서사가 언제나 삶의 혜안을 제시하는 현명한 길잡이 역할을 한다고 믿거나 '치유'와 '해방'으로 이어진 내적 성찰의 길만을 인도한다고 믿는다면 구전서사의 힘은 왜곡되거나 부정적인 효과를 낳을 수 있다.

오랜 연원의 서사적 전통은 공동체를 유지・존속하는 데 기여하는 동화 및 순응의 효과와, 개별적 존재로서 자기를 발견하거나 기존 질서에서 벗어난 새로운 길을 모색케 하는 탈주와 해방의 효과를 동시에 드러낸다. 따라서 구전서사의 이와 같은 양가적 효과를 분별하고 비판적으로 재사유하면서 새로운 텍스트 자원으로서의 가치를 발견하는 생산적인 독해가 필요하다.

'부친살해'를 열쇠말로 한국 구전서사 전통을 횡단하는 것은 새로운 독해를 제안하는 한 과정이라 할 수 있다. 구전서사의 전통에서 '부친살해'가 회피되는 정황을 발견하거나 '부친살해' 역방향으로의 움직임을 포착하면, 이와 같은 서사적 징후가 만들어왔을 일정한 사회적 효과를 추론할 수 있게 되며 구전서사를 활용하는 문화자원화 과정에서 텍스트를 좀더 비평적 거리를 두고 사유할 힘을 얻게 된다.

물론 '부친살해' 탐색의 목표와 의의에 대해 여러 질문이 제기될 수 있다. 예를 들어 '부친살해'는 주인공의 독립과 자기 세계 건설을 서사화하는 이야기에서 반드시 나타나야 할 필연적인 모티프인가?

'부친으로의 회귀나 고착', 혹은 '부친 넘어서기나 끌어안기'가 아니라 반드시 '부친살해'여야 하는가?

'부친살해'가 모든 영웅 신화나 새로운 세계 건설의 주인공에 결부된 서사에서 필수적인 요소이거나 기준이 되는 모티프라고 말할 수는 없다. '부친살해'가 나타나는 서사를 '정상'이나 '보편'으로 규정하고 '부친살해'가 나타나지 않는 서사를 '비정상'이나 '특수'로 규정할 수는 없기 때문이다. 그러나 '새로운 질서 건설의 주체'를 서사적으로 구성하는 이야기에 대한 분석에서 '부친살해'는 유용한 해석적 틀, 곧 분석 렌즈(lens)로 활용될 수 있다.

'부친살해'가 새로운 세계 건설의 주인공의 내력을 풀어내는 이야기에서 반드시 등장해야 하는 모티프인 것은 아니지만 '부친살해'에 해당하는, '구질서와의 단절'을 표상하는 사건은 필수적인 것으로 말할 수 있으며, '부친살해'는 단절면을 만드는 이와 같은 부류의 모티프 가운데 상징적 표상으로서 가장 큰 유용성을 지닌다.

'부친살해'를 필수적인 모티프로 규정하지 않더라도 전반적으로 '부친살해'가 나타나지 않거나 다른 형태로 변주되는 것은 주목할 만한 현상이다. 특히 애초에 살해 대상이 되는 아버지를 부재하는 존재로 규정하거나, '부친살해'를 아버지가 주도하는 '버림'의 형태로 변주하거나, 아버지로 표상되는 질서가 자식을 죽이는 모티프로 변용되는 것은 한국 구전서사에서 나타나는 특징적인 현상이라 할 수 있다.

또한 이 글에서는 '아버지의 부재'를 '아버지의 보존이나 재생'이 아닌, '아버지 살해의 회피'로 해석하고자 한다. '부친살해'를 구현하는 이야기의 전통이 별도로 존재할 뿐 아니라, '아버지의 부재'를 '아버지 보존과 이를 통한 아버지 세계로의 회귀'로 볼 근거는 없다고 판단하기 때문이다. 이 글이 선택한 서사 텍스트들에서 '자기 세계 구축'은 필연적인 지향으로 구성되며 '아버지의 세계로의 회귀나 고착'의 징후는 발견되지 않는다.

한편, 바리공주 등의 캐릭터를 '아버지를 끌어안아 넘어서는 존재'로 규정할 수도 있으나 이들 서사에서 주목할 것은 '왜 아버지를 끌어안지 않고서는 새롭게 건설할 자기 세계의 주인공이 될 수 없는가' 하는 점이다. '아버지 살해'가 아니라 '아버지 구원'을 통해 자기 세계의 주역이 될 수 있다는 점에서 이들 이야기는 다른 종류의 정체성을 지시하는 서사라고 할 수 있다. 특히 이들 이야기의 주인공이 '여성'이라는 점에 주목할 필요가 있으며 이는 이 글에서 언급한 이야기들과는 다른 종류의 효과를 만들어내는 서사임을 암시한다.

결국 '부친살해'를 서사 탐색의 열쇠말로 삼은 것은 모든 서사에 '부친살해'가 존재하거나 모든 서사에서 '부친살해'를 발견해야 하기 때문이 아니다. '부친살해'라는 주제를 한국 구전서사의 맥락을 이해하는 하나의 해석 틀로 삼는 것은 이 글이 설득해야 하는 핵심 내용이지 자연적인 전제가 아니다. 그러나 만약 '부친살해'가 한국 구전서사 전통을 읽어가는 유효한 주제로 인정될 수 있고 '부친살해' 모티프의 부재나 '자식살해'의 등장을 일종의 회피나 반동적 움직임으로 해석할 수 있다면, 이것은 해당 서사를 연행하고 전승해온 젠더 주체의 의식적·무의식적 편린을 이해하는 한 단초를 제공할 수 있을 것이다.

여전히 아버지의 그늘 아래 있는 아들들의 세상에는 미래가 없다. 아들들은 아버지로 표상되는 공동체의 가치와 법의 권위, 권력의 힘을 동경하고 숭배하는 동시에 그 구속에서 벗어나고자 애쓴다. 이와 같은 양가감정은 아들들에게는 자연스러운 일이고, 아들들은 아버지를 살해한 죄의식과 결여 속에서 비로소 자신들이 일으켜세울 세상의 주인이 될 수 있다. 아버지로 표상되는 기존 질서의 부정과 극복 없이 새로운 세상은 도래하지 않는 것이다. 그렇다면 아버지를 살해하지 못한 아들들은 어떻게 될까? 혹은 그런 아들들의 세계라면 그 속에서 미래나 진보, 혹은 변화는 어떻게 담보될 수 있을 것인가?

'부친살해'가 회피되거나 우회되는 것은 분명 신경증적인 상황이다. 아들들은 상상적 아버지에 포섭되어 상징계로 나아가지 못한 채 퇴행하거나 깊은 우울 속에 빠져들 수밖에 없는 것이다. 더구나 '부친살해'가 역방향으로 변주되어 '자식살해'로 나아갈 때 상상적 아버지의 망령은 아들들의 내면 깊숙이 파고들어 불안과 우울의 똬리를 만든다. 아들로 표상되는 새로운 세계의 주인공들은 자신들의 세계를 건설할 동력을 잃어버린 채 유령처럼 낡고 병든 아버지의 세계를 떠돌게 되는 것이다. 아버지의 세계가 아무리 낡고 병들어도 아들들은 변화를 꿈꾸지 못한다. 기존 질서에 반항하려는 순간 '살해'의 공포와 위협이 엄습하기 때문이다. 따라서 아들들은 기존 가치와 질서에 순응하고 아버지의 명령을 묵수할 뿐이다.

그러나 '자식살해'의 정황이 부조리와 모순으로 가득차 있을 뿐 아니라 극단의 파토스를 자아내도록 형상화된다면 이와 같은 서사는 불안과 함께 회의와 반항을 자아내지 않을 수 없다. '부친살해'를 역방향으로 돌리는 반동적 움직임이 '부친살해'적 충동을 부추기는 역설적 효과를 만들어낼 수 있는 것이다. 또한 이른바 '아지설화(兒智說話)'로 분류되는 이야기들[7]에서 발견되는, 기성세대의 권위와 기존 권력 질서에 대한 '아들들의 승리'는 '부친살해'의 변주 서사로서 또 다른 가능성을 보여준다. 특히 아버지의 세계를 박차고 나와 스스로 자기의 존재 가치를 증명하고 독립된 자기 세계를 구축했던 <내 복에 산다>류 이야기의 주인공들 역시 '심청'류의 캐릭터와는 다른, '부친살해'의 새로운 주역으로서의 가능성을 예고한다.

7) 윈님 놀이를 하면서 박문수가 해결하지 못한 문제를 해결하는 어린 아이의 이야기, 난관에 봉착한 어른의 문제를 대신 풀어 남다른 지혜를 드러내는 아이의 이야기를 '아지설화(兒智說話)'로 부른다. 이야기 속 아이들은 '아버지'로 표상될 만한 어른들의 한계를 지적하고 이들의 한계를 극복한다는 점에서 충분히 '부친살해'적 주체들이라고 할 수 있다. 이에 대해서는 이 책의 4장 내용 참조.

장강의 뒷물결이 앞물결을 밀어내듯이 아들들의 승리와 아버지의 패배는 필연적인 흐름이다. 혹자는 아버지와 아들이 대결없이 조화롭게 공존하면 되지 않냐고 물을지도 모른다. 진정한 공존은 차이의 무화나 갈등의 배제가 아니라 차이의 인정과 갈등의 해결에 토대를 둔다. 존재하고 있고 존재할 수밖에 없는 갈등을 회피하거나 부정하는 것은 더 큰 갈등과 모순을 은폐하고 정당화하는 효과를 만들어낼 수 있기 때문이다.

미래가 아들들의 세계라면 아버지의 세계를 극복하고 벗어나고자 하는 아들의 도전과 싸움은 피할 수 없는 대결이요, 숙명적인 과정이다. 아버지에게 도전할 수 없는 아들, 아버지의 세계를 벗어날 수 없는 아들에게는 미래가 없다. 무엇보다 그와 같은 아들들은 자기 세계의 주인이 되지 못한다. '부친살해'의 회피나 반동이라는 흐름을 뚫고 아버지의 세계에 도전하는 아들과 딸의 서사가 새로운 의미로 다가오는 까닭도 여기에 있다.

프로이트의 '부친살해'는 종종 남성 주체의 형성 과정이나 심리적 단계만을 다룬다는 한계를 지적받곤 한다. 물론 '부친살해'는 '모친살해'를 포함하는 상징성을 지니며, 아들들만의 결행이 아닌 딸들의 결행을 은유적으로 포함한다. 그러나 아버지와 아들 사이의 관계와는 다른 어머니와 딸 사이의 관계가 드러나지 않는 것은 사실이며, 아들들의 '부친살해'가 정상의 지위를 차지하면서 그와는 다른 딸들의 '모친살해'가 제대로 다루어지지 않는 것 또한 부정할 수 없는 현실이다. 이 글은 다만 첫 번째 탐색으로서 의의를 지닐 뿐이며, 미처 다루지 못한 많은 주제들은 앞으로 해결해갈 과제로 남기고자 한다.

■ 참고문헌

1. 자료

N. G. 가린-미하일로프스키 저, 안상훈 역, 『조선설화』, 한국학술정보(주), 2006.

강원대학교 인문과학연구소, 『강원의 설화』 1～3, 강원도, 2005.

강진옥 외, 『양주의 구비문학』 2, 박이정, 2005.

건설부 국립지리원, 『지명유래집』, 건설교통부, 1987.

「경상도읍지(慶尙道邑誌)」(규장각소장본), 『읍지(邑誌)』, 아세아문화사, 1982.

경상북도 안동 교육청, 『안동의 설화』, 안동시, 1992.

광주직할시, 『광주의 전설』, 광주시, 1990.

광주문화원, 『광주의 설화』, 광주시, 2001.

국민대학교 국어국문학과, 『구비문학 현지답사 보고서』, 1999～2007.

김광순, 『한국구비문학』, 국학자료원, 2001.

김광순, 『한국구비문학』 II, 국학자료원, 2002.

김광순, 『새로 발굴한 한국구비문학-경북 고령군』, 박이정, 2006.

김균태・강현모, 『금내 유역의 구비설화』, 금산문화원(역락), 2006.

김부식, 『삼국사기(三國史記)』, 조선민주주의 인민공화국 과학원, 1958.

김선풍・장정룡・김경남, 『평창군의 설화』, 국학자료원, 2002.

김영돈・현용준・현길언, 『제주설화집성』 1(탐라문화총서 2), 제주대 탐라문화연구소, 1985.

김태곤, 『한국무가집』 1～4, 집문당, 1971～1980.

두창구, 『한국 강릉지역의 설화』, 국학자료원, 1999.

두창구, 『고성・속초 지역의 설화』, 국학자료원, 2000.

두창구, 『동해시 지역의 설화』, 국학자료원, 2001.

두창구, 『삼척지역의 설화』, 국학자료원, 2003.
류증선 편, 『영남의 전설』, 대구: 형설출판사, 1971.
문화공보부, 『한국민속종합조사보고서』, 문화공보부, 1977.
문화재관리국 예능민속연구실, 『구비전승자료-전라남・북도』, 문화재관리국 문화재연구소, 1987.
박종수・강현모, 『용인 남부지역의 구비전승』, 태학사, 1998.
박종수・강현모, 『용인 서부지역의 구비전승』, 태학사, 1999.
박종익, 『한국구전설화집』 1～3, 민속원, 2000.
서해숙 외, 『우리 전주, 전주 설화』, 전라문화연구소(신아출판사), 2001.
성현, 「용재총화(慵齋叢話)」, 『대동야승(大東野乘)』(고전국역총서) 1, 민족문화추진회, 1973.
『세종실록지리지(世宗實錄地理志)』(세종 14년, 1432년), 아세아문화사, 1982.
손진태, 『조선민담집(朝鮮民譚集)』(손진태선생전집 3), 향토연구사, 1930.
손진태, 김헌선・강혜정・이경애 옮김, 『한국 민화에 대하여』, 역락, 2000.
연세대학교 국어국문학과 고전문학반, 『구비문학답사 자료집』, 1994～1998.
영종・용유 향토지 발간회, 『영종・용유 향토지』, 영종・용유 향토지 발간위원회, 1992.
이기형, 『이야기꾼 이종부의 이야기 세계』, 보고사, 2007.
이복규 편저, 『이강석 구연설화집』, 민속원, 1999.
이수자, 『설화 화자 연구』, 박이정, 1998.
이인경, 『<한국구비문학대계> 소재 설화 해제』(한국학중앙연구원 장서각연구총서 4), 민속원, 2008, 1-446면.
이행 외, 『신증동국여지승람(新增東國輿地勝覽)』 1-6, 민족문화추진회 편, 솔, 1996.
인천가톨릭대학교 겨레문화연구소, 『강화 구비문학 대관』, 인천가톨릭대, 2001.
일연, 이민수 역, 『삼국유사(三國遺事)』, 을유문화사, 1994.
일연, 리상호 역, 『사진과 함께 읽는 삼국유사(三國遺事)』, 까치, 1999.
임석재, 『임석재 구전설화전집』 1～12, 평민사, 1987～1990.
조희웅・노영근・임주영, 『경기북부 구전자료집』 I, 박이정, 2001.
조홍욱・박인희・조재현, 『경기북부 구전자료집』 II, 박이정, 2001.
조희웅・노영근 엮음, 『영남 구전설화자료집』 1～8, 박이정, 2003.

진성기, 『제주도 무가본풀이사전』, 민속원, 1991.
최상수, 『조선민간전설집』, 을유문화사, 1947.
최운식, 『전설의 현장을 찾아서』, 민속원, 1997.
최웅・김용구・함복희, 『강화설화총람』 1～8, 북스힐, 2006.
정인섭, 최인학・강재철 역편, 『한국의 설화』, 단국대학교출판부, 2007.
충청북도 문화공보담당관실, 『전설지』, 충청북도, 1982.
평안북도지 편찬위원회, 『평안북도지』, 평안북도지 편찬위원회, 1973.
한국정신문화연구원 어문연구실, 『한국구비문학대계』 전 82권 및 부록, 한국정신문화연구원(현 한국학중앙연구원), 1980～1989.
한글학회, 『한국지명총람』 1-18권, 1966.
한림대학교 국어국문학과, 『강원구비문학전집-홍천군1』, 한림대학교출판부, 1989.
현길언, 『제주도 장수설화』(뿌리를 캐는 글들 12), 홍성사, 1981.
현용준, 『제주도 무속자료사전』, 신구문화사, 1980.
현용준, 『제주도전설』, 서문당, 1996.
황인덕, 『이야기꾼 구연설화-이몽득』, 박이정, 2007.

2. 논저

Clifford Leech, 문상득 역, 『비극』, 서울대학교 출판부, 1979.
H. 프랑크포르트, 이성기 옮김, 『고대 인간의 지적 모험』, 대원사, 1996.
J. 크리스테바 외, 김열규 외 공역, 『페미니즘과 문학』, 문예출판사, 1988.
가야트리 스피박, 태혜숙 옮김, 「하위 주체가 말할 수 있는가」, 『세계사상』 4, 1998.
강은해, 「한국 신화와 여성주의 문학론」, 『한국학논집』 17, 계명대 한국학연구원, 1990.
강진옥, 「여성문학적 관점에서 본 구비문학 연구현황과 과제」, 『한국고전여성문학연구』 창간호, 한국고전여성문학회, 2000.
고미영, 「가능성을 불러오는 이야기의 힘」, 『국어국문학』 146, 국어국문학회, 2007.
고은지, 「세경본풀이 여성인물의 형상화 방향과 내용 구성의 특질」, 『한국민속학』 31, 민속학회, 1999.
김영일, 「당신설화의 서사구조 연구-송당리 당신본풀이를 중심으로」, 『가라문화』 6, 경남대학교, 1998.

김영희, 「'아버지의 딸' 이기를 거부한 막내딸의 入社記」, 『온지논총』 18, 온지학회, 2008.

김영희, 「비극적 구전 서사의 연행에서 나타나는 비밀폭로자로서의 여성 이미지 연구」, 『한국고전여성문학연구』 10, 한국고전여성문학회, 2005.

김영희, 「비극적 구전서사의 연행과 '여성의 죄'」, 연세대 박사학위논문, 2009.8.

김영희, 「아기장수이야기의 전승력 연구」, 연세대 석사학위논문, 1999.8.

김은지, 「부친탐색담 연구」, 연세대 석사학위논문, 1996.

김헌선, 『한국의 창세신화』, 길벗, 1994.

뤼스 이리가라이, 박정오 역, 『나, 너, 우리』, 동문선, 1996.

뤼스 이리가라이, 이은민 옮김, 『하나이지 않은 성』, 동문선, 2000.

르네 지라르, 김진식 역, 『폭력과 성스러움』, 민음사, 1997.

르네 지라르, 김진식 역, 『희생양』, 민음사, 1998.

리차드 커니, 이지영 옮김, 『이방인, 신, 괴물』, 개마고원, 2004.

말리노우스키, 서영대 옮김, 『원시신화론』, 민속원, 1996.

문무병, 「제주도 당신앙 연구」, 제주대 박사학위논문, 1993.

미셸 푸코, 오생근 역, 『감시와 처벌』, 나남출판, 1994.

미셸 푸코, 이정우 옮김, 『담론의 질서』, 새길, 1993.

미셸 푸코, 이규현 역, 『성의 역사 1-앎의 의지』, 나남출판, 1990.

미셸 푸코, 문경자·신은영 공역, 『성의 역사 2-쾌락의 활용』, 나남출판, 1990.

미셸 푸코, 이혜숙·이영목 공역, 『성의 역사 3-자기에의 배려』, 나남출판, 1990.

민긍기, 「문학작품의 형식에 관한 한 생각-문학작품에서 구성 혹은 구조의 개념은 어떻게 적용되어야 할 것인가」, 『사림어문연구』 7집, 사림어문학회, 1990.

사라 살리, 김정경 옮김, 『주디스 버틀러의 철학과 우울』, 앨피, 2007.

서대석, 『한국 신화의 연구』, 집문당, 2001.

신동흔, 『살아있는 우리 신화』, 한겨레신문사, 2004.

신원기, 「설화의 문학교육적 가치에 관한 고찰」, 『국어교육』 120, 한국어교육학회, 2006.

신월균, 「한국 신화에 나타난 여성상과 여성관」, 『한국민속학보』 11, 한국민속학회, 2000.

신형기, 「이야기의 역능(力能)과 김일성」, 『문화/제도의 형성과 이야기의 힘』, 연세대 국어국문학과 <이야기와 문화> 사업단 학술대회 발표문, 2010.2.20.
아리스토텔레스, 천병희 역, 『시학』, 문예출판사, 1998(개역판).
알랭 바니에 지음, 김연권 옮김, 『정신 분석의 기본 원리』, 솔, 1999.
에른스트 캇시러, 최명관 옮김, 『국가의 신화』, 서광사, 1988.
에릭 홉스봄 외, 박지향·장문석 옮김, 『만들어진 전통』, 휴머니스트, 2004.
에밀 뒤르케임, 노치준·민혜숙 옮김, 『종교 생활의 원초적 형태』, 민영사, 1992.
엘리아데, 이은봉 옮김, 『성과 속』, 학민사, 1983.
엘리아데, 『신화와 현실』, 성균관대 출판부, 1985.
엘리아데, 이재실 옮김, 『이미지와 상징』, 까치, 1997.
엘리아데, 이은봉 옮김, 『종교형태론』, 한길사, 1996.
월터 J. 옹, 『구술문화와 문자문화』, 문예출판사, 1995.
유달선, 「제주도 당신본풀이 연구」, 대구대 박사학위논문, 1994.
이경하, 「바리공주에 나타난 여성의식의 특징에 관한 비교 고찰」, 서울대 석사학위논문, 1997.
이수자, 「농경기원신화에 나타난 여성 인식과 의의」, 『이화어문논집』 11, 이화여대 한국어문학연구소, 1990.
이지영, 『한국 신화의 신격 유래에 관한 연구』, 태학사, 1995.
자크 라깡, 『욕망 이론』, 문예출판사, 1994.
장영란, 『신화 속의 여성, 여성 속의 신화』, 문예출판사, 2001.
조동일, 『동아시아 구비서사시의 양상과 변천』, 문학과 지성사, 1997.
조르조 아감벤, 박진우 옮김, 『호모 사케르』, 새물결, 2008.
조르주 바타유, 조한경 옮김, 『어떻게 인간적 상황을 벗어날 것인가』, 문예출판사, 1999.
조셈 캠벨, 이윤기 옮김, 『세계의 영웅 신화』, 대원사, 1989.
조셈 캠벨, 과학세대 옮김, 『신화의 세계』, 까치, 1998.
조셉 캠벨, 이윤기 옮김, 『세계의 영웅 신화-아폴로, 신농씨 그리고 개구리 왕자까지』, 대원사, 1989.
조셉 캠벨, 이윤기 옮김, 『천의 얼굴을 가진 영웅』, 민음사, 1999.
조셉 캠벨-빌 모이어스, 이윤기 옮김, 『신화의 힘』, 고려원, 1992.
조현설, 「여신의 서사와 주체의 생산」, 한국고전여성문학회 2차 학술발표대회 자료집, 2000.

조현설, 「웅녀・유화 신화의 행방과 사회적 차별의 체계」, 『구비문학연구』 9, 한국구비문학회, 1999.

존 맥클라우드, 박종성 외 편역, 『탈식민주의의 길잡이』, 한울, 2003.

죠르주 바따이유, 『에로티즘』, 민음사, 1993(1판 2쇄).

줄리아 크리스테바, 서민원 옮김, 『공포의 권력』, 동문선, 2001.

쥬느비에브 프레스, 뤼스 이리가레 외, 권현정 편역, 「성적 차이의 철학적 역사」, 『성적 차이와 페미니즘』, 공감, 1997.

지그문트 바우만, 정일준 옮김, 『쓰레기가 되는 삶들』, 새물결, 2008.

천혜숙, 「신화로 본 여계신성의 양상과 변모」, 『비교민속학』 17, 비교민속학회, 1999.8.

천혜숙, 「여성신화연구(1): 대모신 상징과 그 변용」, 『민속연구』 1, 안동대 민속학연구소, 1991.

천혜숙, 「전설의 신화적 성격에 관한 연구」, 계명대 박사학위논문, 1987.

칼 야스퍼스, 황문수 옮김, 『비극론・인간론』, 범우사, 1975.

테리 이글턴, 이현석 옮김, 『우리 시대의 비극론』, 경성대 출판부, 2006.

폴 벤느, 김운비 옮김, 『그리스인들은 신화를 믿었는가?』, 이학사, 2002.

프레이저, 『황금가지』, 까치, 1996.

프로이트, 「토템과 터부」, 『프로이트총서 16 종교의 기원』, 열린책들, 1997.

필리프 쥘리앵, 홍준기 옮김, 『노아의 외투-아버지에 관한 라캉의 세 가지 견해』, 한길사, 2000.

현용준, 『무속신화와 문헌신화』, 집문당, 1992.

호미 바바, 나병철 옮김, 『문화의 위치』, 소명출판, 2002.

홍준기, 『오이디푸스 콤플렉스, 남자의 성, 여자의 성』, 아난케, 2005.

홍태한, 「무가와 여성」, 『한국민속학보』 11, 한국민속학회, 2000.

한국 구전서사의 '부친살해'

초판 1쇄 인쇄 • 2013년 7월 26일
초판 1쇄 발행 • 2013년 7월 31일

저 자 • 김영희
발행인 • 박성복
발행처 • 도서출판 월인
서울특별시 강북구 노해로25길 61(수유2동 252-9)
등 록 • 제6-0364호
등록일 • 1998년 5월 4일
전 화 • (02) 912-5000
팩 스 • (02) 900-5036
www.worin.net

ISBN 978-89-8477-545-9 93810

값 16,000원